高校育人与学生管理新探

谭小雄　邓喜英 ◎著

中国商务出版社
CHINA COMMERCE AND TRADE PRESS

图书在版编目（CIP）数据

高校育人与学生管理新探 / 谭小雄，邓喜英著. --北京：中国商务出版社，2023.6
ISBN 978-7-5103-4717-7

Ⅰ．①高… Ⅱ．①谭… ②邓… Ⅲ．①高等职业教育－辅导员－工作－研究②高等职业教育－思想政治教育－研究－中国③高等职业教育－学生－学校管理－研究 Ⅳ．①G71

中国国家版本馆 CIP 数据核字(2023)第 092376 号

高校育人与学生管理新探
GAOXIAO YUREN YU XUESHENG GUANLI XINTAN

谭小雄　邓喜英　著

出　　版：	中国商务出版社		
地　　址：	北京市东城区安外东后巷28号	邮　编：	100710
责任部门：	教育事业部（010-64283818）		
责任编辑：	刘姝辰		
直销客服：	010-64283818		
总 发 行：	中国商务出版社发行部　（010-64208388　64515150 ）		
网购零售：	中国商务出版社淘宝店　（010-64286917）		
网　　址：	http://www.cctpress.com		
网　　店：	https://shop595663922.taobao.com		
邮　　箱：	347675974@qq.com		
印　　刷：	北京四海锦诚印刷技术有限公司		
开　　本：	787毫米×1092毫米　1/16		
印　　张：	11	字　数：	227千字
版　　次：	2024年4月第1版	印　次：	2024年4月第1次印刷
书　　号：	ISBN 978-7-5103-4717-7		
定　　价：	65.00元		

凡所购本版图书如有印装质量问题，请与本社印制部联系（电话：010-64248236 ）

版权所有　盗版必究　（盗版侵权举报可发邮件到本社邮箱：cctp@cctpress.com）

作者简介

谭小雄，男，1976年3月出生，汉族，中共党员，株洲茶陵人，历史学硕士研究生，教授；主要从事大学生思想政治教育、学生管理、辅导员队伍建设等方面的研究与应用；主持省、市级课题6项，参与国家、省（部）、市级课题10项，荣获国家、省、市级科研成果奖4项，出版专著2部，发表论文30余篇，其中8篇分别获得各等级省（市）优秀论文奖，荣获"2021年湖南省教育系统优秀党务工作者"荣誉称号。

邓喜英，女，1976年1月出生，汉族，中共党员，株洲攸县人，历史学硕士研究生，副教授；主要从事大学生思想政治教育、学生管理、辅导员队伍建设等方面的研究与应用；主持省、市级课题5项、参与国家、省（部）、市级课题8项，荣获市级科研（优秀）成果奖1项；出版专著1部，发表论文20余篇，其中5篇分别获得各等级省（市）优秀论文奖，先后荣获"2020湖南省高校辅导员年度人物"、"湖南省高校思想政治教育研究与实践先进个人"、湖南省第八届高校辅导员素质能力大赛决赛二等奖等荣誉。

内容简介

本书是一部关于高校辅导员铸魂育人与学生管理相关问题研究的著作，主要论述了大数据、新媒体时代及"四自管理"模式下高职院校学生管理与辅导员铸魂育人、思政教育政策探究、课程育人、教改创新等主题研究及辅导员工作的学思践悟，并附录了大学生教育管理工作自创制度成果。

该著作为2021年湖南省高校优秀思想政治工作者优秀团队建设项目"新时代高校辅导员素质能力提升研究"的阶段性成果。

前　言

高校辅导员作为一线思想政治教育工作者，其职责就是贯彻落实"立德树人"根本任务，铸魂育人，"辅"学生成长，"导"学生成才，"员（圆）"学生梦想。所以，高校辅导员在学生管理教育中不应局限于"三保（保姆、保洁、保安）"的职业角色，而应围绕"育什么人、怎样育人、为谁育人"这个根本问题，坚持"思想引领"和"价值引领"，做学生思想的领航者、成长成才的护航者和心灵的守护者。

一

"愿作春泥护桃李，铸魂育人写芳华"。

十余年来，我们始终恪守"为党育人、为国育才"的初心与使命，铭记辅导员誓词，以做学生的"人生导师"和"知心朋友"为自励格言，聚焦思想理论教育和价值引领，为学生点亮理想的灯、照亮前行的路。坚持思想引领与学生管理服务相结合，把思想引领融入对学生繁杂琐碎的日常管理中，渗透到对学生点点滴滴的服务中；坚持以文化人、以文育人，用中华优秀传统文化、革命文化、社会主义先进文化，爱国主义精神、中国共产党精神谱系、社会主义核心价值观等浸润学生、陶冶学生，引领学生做"真"的追求者、"善"的传播者、"美"的创造者和"爱"的践行者。

十余年来，我们坚持因事而化、因时而进、因势而新，不断创新思想政治教育方式方法。运用互联网、大数据、新媒体等现代化技术，不断创新思想政治教育路径和管理策略，不断推动传统媒体与现代媒体技术在思想政治教育领域的融合，实现数据化、信息化学生管理。契合"80后""90后""00后"学生的思想特点和行为特质，改变传统的"说教"，化传统的"灌输"为"引导"，把"教他们怎么做"转化为"引导他们自己思考怎么做"，用学生喜爱的语言风格和交流方式，创设"五步育人法"，在学生日常教育管理与生活、概论课、军事理论课的课堂教学等各个环节中，实施"培土"抓理想信念教育"培根固本"、"浇水"抓核心价值观教育"塑造灵魂"、"整枝"抓道德品行教育"立德树人"、"施肥"抓学风建设教育"强技提能"，"打药"抓防微杜渐教育"去疴除瘴"，潜移默化影响学生的思想观念、价值理念和行为方式，引导大学生在"拔节孕穗期"健康成长。

十余年来，我们坚持"仁而爱人"，用仁爱之心呵护每一位学生，时刻把这种"生之爱"融进每一项具体的工作中，化作对学生身心健康的"嘘寒问暖"、对学生心理情绪变化的"观察入微"、对学生成长成才的"帮扶指引"。诚如习近平总书记指出的那样，"教育是一门'仁而爱人'的事业，爱是教育的灵魂，没有爱就没有教育。"我们是这么领悟的，也是这样做的。

十余年来，我们常以"做懂理论的实践者，做会实践的理论者"自励，以做一名"教学—科研型"辅导员为目标，坚持"以工带研、以研促工、工研结合"，把论文写在铸魂育人的工作实践上，总结提炼经验做法，形成可复制可推广的学生管理模式、思想政治教育的机制、思路和路径，教育学生如何"为学、为事、为人"，引导学生养成幸福人格。

二

辅导员工作是一项"精细活"，也是一份"累活"，朝九晚五、劳心劳力，但只要我们乐于为事业而奋斗、乐于爱人，我们就是幸福的。

曾几何时，面对辛酸苦辣的辅导员生活，我们也有过职业倦怠，甚至还打过转岗申请，但我们也深知"格局决定出路"，一个人的格局有多大，成就就有多大。如果我们仅仅把辅导员工作当作我们谋生的手段，我们就会工作动力不足，工作热情欠缺。所以，我们要把辅导员工作看作自己终身的事业，把辅导学生成长成才、培育时代新人作为我们的奋斗目标和成就点。那么，我们所看到的就不是我们的工作有多累，地位有多低，平台有多窄，而是我的学生有没有高质量就业，有没有高素质发展，有没有健康成长成才，学生的满足感、幸福感、成就感有没有提升，我们的关注点和成就点就会从自己的个人得失向学生的健康成长、成人成才转变。

"教育无他，唯爱与责任。"我们要始终牢记教育者的初心和本分，坚守"用仁爱之心"，始终围绕学生、关爱学生、服务学生，把学生当亲人、朋友，用真爱言传身教。秉持"没有教不好的学生、只有不会教的老师"的工作理念，在我们眼中，学生没有好坏之分，每个学生都有其闪光点，也有其阴暗点，我们要做的就是坚持思想价值引领，在学生关心关注的身边小事上下功夫，将理想信念教育、思想品德教育、革命传统教育、社会主义核心价值观教育等融入小事关怀中，以小见大，以我们的"仁爱之心"驱逐学生心中的阴霾，照暖其心灵，实现日常关怀把学生心扉打开、高尚品质让学生心灵触动、家国情怀令学生心潮澎湃、真理信仰将学生心力凝聚的育人目标。

三

回顾总结过去，展望未来发展。在我们看来，辅导员要履行好九大工作职责，担负起"三辅六导四员"职能角色，当好学生的"引路人"，需要做到：

（一）要有"本领恐慌"的危机意识，树立"终身学习"理念，坚持"归零思维"，以"甘为小学生"的姿态虚心求学、求教，多维度全方位地锤炼提升自身的"六度"素能和"七种核心能力"，努力成为大学生健康成长的指导者、引路人。

（二）要立足工作岗位，善于根据变化了的社会形势、高等教育发展态势和学生特点，坚持"以工学带研，以研用促工，工学研用相结合"思路，把辅导员工作当作终身课题进行研究，不断探索思想政治教育工作的新方法、新举措，成为辅导员"资深专家"。

（三）要遵循"三因理论""三个规律"，坚持协同联动、改革创新，不断探索思想政治工作品牌和特色，完善"五步"育人法，以"孺子牛、拓荒牛、老黄牛"和"功成不必在我"的精神境界以及"功成必定有我"的责任担当，以大爱情怀用心呵护学生成长成才，成为他们的知心朋友。

辅导员工作虽然是烦琐和平凡的，但是只要我们勇于改革创新，敢于担当作为，用"教育无他，唯爱与责任"的信念，用"科研写在铸魂育人"的实际行动，用丰硕的育人成果坚定自己的职业目标，一样可以舞出辅导员色彩斑斓的非凡人生。

目 录

第一章 新时代高职院校学生管理工作的思考 ··················· 1
 第一节 二级院系学生治理组织架构及其制度新探 ··················· 1
 第二节 大数据时代的学生管理信息化建设 ··················· 10
 第三节 新媒体时代的学生管理工作 ··················· 13
 第四节 "四自"管理模式下的班级建设 ··················· 17
 第五节 "四自"管理模式下的学生干部队伍建设 ··················· 22

第二章 高校思想政治教育政策探究 ··················· 27
 第一节 改革开放后高校思政教育政策变迁及其主要特征 ··················· 27
 第二节 改革开放后高校思政教育政策的演变规律及方法论探析 ··················· 35

第三章 高校辅导员铸魂育人之我见 ··················· 41
 第一节 辅导员铸魂育人的基本素养 ··················· 41
 第二节 价值引领：辅导员的首责 ··················· 47
 第三节 辅导员工作之学思践悟 ··················· 75

第四章 课程育人的教学改革创新 ··················· 114
 第一节 生态文明视域下"毛特概论"课程资源开发与教学考量 ··················· 114
 第二节 "互联网+"视域下高职思政课创新移动学习的考量 ··················· 118
 第三节 基于微信平台构建"概论课"交互式移动学习模式 ··················· 123
 第四节 故事述评教学法在高校思政课中的实践运用 ··················· 128
 第五节 产教融合下高职思政理论课实践教学的创新 ··················· 134
 第六节 "中国国防"语境下高校军事理论课教法探索 ··················· 137

附　录：大学生教育管理工作的自创制度成果 ··················· 143
 二级院部辅导员管理暂行规定 ··················· 143

"主席治会"管理暂行规定 …………………………………… 146
　　"班长治班"管理暂行规定 …………………………………… 150
　　"舍长治寝"管理暂行规定 …………………………………… 154
　　"学情"研判工作会议规则 …………………………………… 156
　　约谈"落后班级"班长及团支书的实施意见 ………………… 158

参考文献 ……………………………………………………………… 160

后　　记 ……………………………………………………………… 164

第一章 新时代高职院校学生管理工作的思考

进入21世纪以来，互联网、物联网、大数据、人工智能和5G通信技术等越来越成熟和发展，在给人民的生活带来红利的同时，也给大学生的学习和生活带来了巨大影响，更给高校辅导员的学生管理工作带来巨大的挑战。为此，高校辅导员应因势而新，充分利用大数据和微媒体，不断创新学生管理策略和路径，实现学生自我管理、自我服务、自我教育、自我监督。

第一节 二级院系学生治理组织架构及其制度新探

当前，"中国特色社会主义进入了新时代"，我国经济已转入高质量发展阶段。高职教育作为一种与我国经济社会发展相适应的"类型教育"，其"重要地位和作用越来越凸显"。2019年，我国高职（专科）院校达1423所，占全国高校总数的52.94%；高职院校平均在学人数达7776人，占全国高校在学总规模数的77.68%。[①] 然而，伴随高职教育的快速发展，学生规模的急剧扩大与高职院系学生治理组织架构及其运行机制相对滞后之间的矛盾，高职学生不同程度存在的诸如学习兴趣不浓、学习动力不足、自觉性与自制力较差、自信心不够、"佛系"心理、"躺平"等消极特性与学生治理效能提升之间的矛盾等日益凸显，成为高职学生管理工作的重大挑战。如何创新思路、化解矛盾，是我们所必须正视和认真探索的现实课题。

为此，我们立足于二级院系的"学情""治情"，紧密依靠学工团队力量，按照"党建引领、优化架构、创新机制"的思路，构建了以"党总支领导下的副书记负责制"为主、学生"四自"管理为辅的院系学生治理组织架构，并从中观、微观治理角度，探索实施了系列制度及机制，取得了较好效果。

---

① 《2019年全国教育事业发展统计公报》，http://www.moe.gov.cn/jyb_sjzl/sjzl_fztjgb/202005/t20200520_456751.html，2020年5月29日。

一、适应大学治理结构改革新形势，贯彻落实"立德树人"根本任务，构建二级院系学生治理"领导管理"组织框架

党的十八届三中全会就提出了"完善学校内部治理结构"①的教育综合改革任务。党的十九届四中全会更是明确"坚持和完善中国特色社会主义制度、推进国家治理体系和治理能力现代化，是全党的一项重大战略任务。"②作为承载着"优化高等教育结构，培养大国工匠、能工巧匠"③"服务中华民族伟大复兴"重要使命的高等职业院校，完善校内治理结构，提升治理能力，关乎我国职业教育现代化，关乎"现代化经济体系"和"教育强国"建设等。与此相适应，创新二级院系学生治理组织架构，提升学生治理能力，便是高职院校治理结构及治理能力现代化建设的题中之义。与此同时，"党政军民学，东西南北中，党是领导一切的"④。坚持党对教育事业的全面领导，是各高校"为党育人、为国育才"的根本遵循。

为此，我们构建了"党建引领、职责明晰、分工合作、运作有序"的二级院系学生治理领导管理组织架构。

（一）坚持党对一切工作的领导，坚持社会主义办学方向，坚持"四为"服务，落实"立德树人"根本任务，培养担当民族复兴大任的"时代新人"和"德智体美劳全面发展的社会主义建设者和接班人"⑤。从这一教育方针及育人目标出发，以习近平新时代中国特色社会主义思想为指导，突出党建引领作用，构建了"党总支领导下的副书记负责制"院系学生治理领导架构（详见图1），由党总支统筹领导学生支委，学生支委领导学生分会；党总支副书记兼任学生支部书记对党总支负责，辖治学生党支部及学生管理工作办公室（简称"学工办"），各辅导员则在学工办主任或副主任的督治下，切实履行"九大工作职责"，负责所带班级学生的意识形态监管工作，相应承担党建、团总支、心理健康教育等某项行政事务性工作。以此架构，自觉将学生治理置于院系党总支的全面领导和学生党支部的直接辖治之下。党总支副书记通过"一手抓党建，一手抓管理；一手抓组织建设，一手抓思想建设；一手抓学生管理，一手抓队伍建设"等"两手抓"工作法，努力从思想组织管理上解决"培养什么人、怎样培养人、为谁培养人"这一学生管理工作者所必须回答的根本问题。

---

① 《中共中央关于全面深化改革若干重大问题的决定》，http://www.gov.cn/jrzg/2013-11/15/content_2528179.htm，2013年11月15日。
② 《中共中央关于坚持和完善中国特色社会主义制度、推进国家治理体系和治理能力现代化若干重大问题的决定》，http://www.gov.cn/zhengce/2019-11/05/content_5449023.htm，2019年11月5日。
③ 《国务院关于印发国家职业教育改革实施方案的通知》，2019年2月13日。
④ 《党的十九大文件汇编》，党建读物出版社，2017年。
⑤ 习近平：《在学校思想政治理论课教师座谈会上的讲话》，《人民日报》，2019年3月19日。

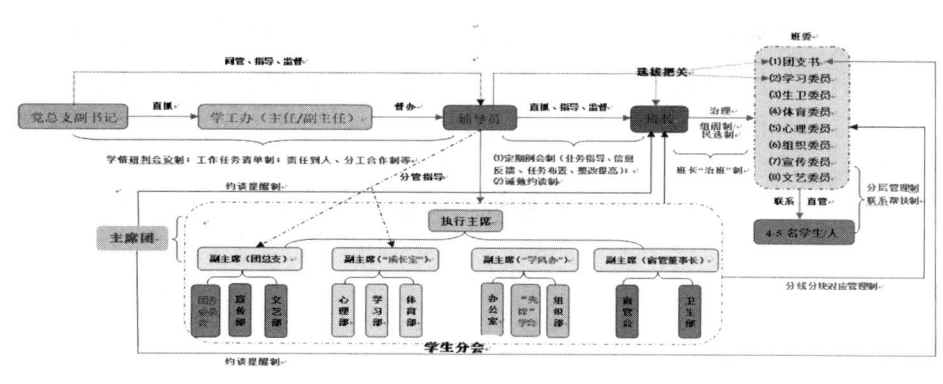

图 1

(二) 不断提升学生"自我管理、自我服务、自我教育、自我监督"①(简称"四自")能力,共同推动院系学生治理效能提升。从这一理念出发,按照"理顺关系、明确职责、运作有序"的原则,构建了"党总支副书记→学工办主任/副主任→辅导员→班长"的学生"四自"管理组织架构(详见图2),实施"责任到人、分工合作;联系帮扶、分层管理;工作清单、诫勉约谈"等制度,大力推行主席治会、班长治班、舍长治寝,学生治理呈现良好态势。

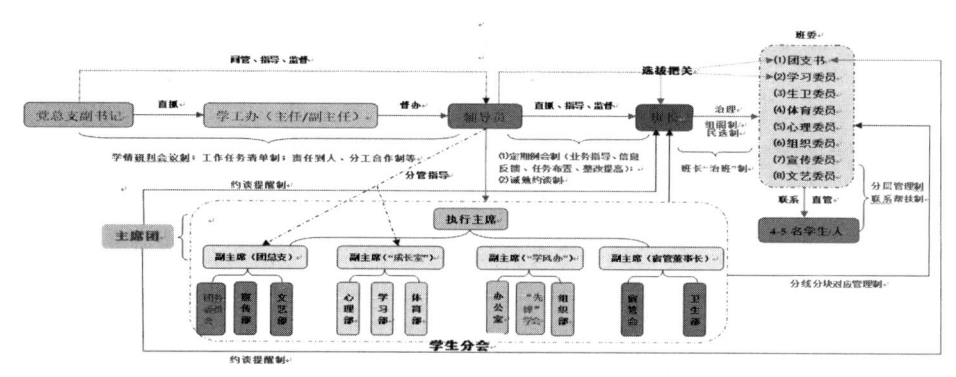

图 2

二、从"中观"治理角度,建立系列与院系学生治理领导组织架构相适应的制度机制,确保院系学生治理的可持续性

运用现代治理结构理论,深化高校教育综合改革,旨在构建科学合理、全面完善的大

---

① 中华人民共和国教育部:《普通高等学校学生管理规定》,2017年2月4日。

学治理结构，其核心就是"建立健全立德树人的治理理念、制度框架和运行机制"[①]。对此，我们围绕提升学生"四自"管理能力，提高学生治理效能，运用"实事求是、群众路线"根本工作方法，通过调查研究、头脑风暴法等方式，尝试探索了以下主要制度及工作机制：

（一）实施"主席治会、班长治班、舍长治寝"制度

所谓"主席治会"是指实施执行主席领导下的主席团成员分工合作制，执行主席和副主席各司其职、各负其责，共同治理学生分会。执行主席统筹协调，承担学生分会事务管理的主体责任，副主席及其管辖下的部门负责人承担学生分会事务管理的直接责任，担负学生分会治理的执行、实施、组织等职责。"班长治班"则是实施班长领导下的班委分工合作制，班长及班委成员各司其职、各负其责，共同治理班级。班长是班级治理的"领头雁"、统筹协调者，其他班委成员是班级治理的执行者、实施者、组织者，充分发挥学生的主体作用，通过班长与班委之间、班委与学生之间、辅导员与班委、学生之间以平等、合作、互动的方式，对班级事务进行规范与管理，实现辅导员、班委、学生之间的良性互动，促进学生在遵纪守规中实现人格健康成长。"舍长治寝"是指寝室长应以主人翁的姿态主动承担起管理本寝室安全、卫生、内务、公物、就寝纪律等重要职责，推动室友自我管理、自我服务、自我教育、自我监督，团结带领全体室友争创"学习型、和谐型、生态型"文明宿舍。

（二）推行"落后班级"班长及团支书三级约谈制度

对在院系每周班级综合量化考核成绩中排名倒数1—3名，或者班级综合量化考核扣分相当严重，或者班级管理及"三风"建设长期较差的班长与团支书，由学生分会主席团、辅导员、党总支副书记根据班级管理的落后程度逐级深化对其诫勉约谈，酌情实行"通报、解聘"整改措施，以强化班长、团支书共同管理班级的责任心，充分调动班委齐心协力管理班级的主动性、积极性和创造性，切实推动班级"四自"管理水平提升。

（三）建立学生支部党员联系制度

每名支委成员联系1个在月班级综合量化考核排名中居倒数3—4名的任一后进班级；每名辅导员党员联系2—3名特别困难学生（含家困生、心困生、学困生等）；每名发展对象或入党积极分子联系1—2个寝室。联系人通过个别谈心谈话、群体座谈、问卷调查、深入宿舍或教室巡查等方式，了解掌握被联系对象的基本情况、存在的问题，针对性地开展指导与督促，以推动班级、宿舍治理建设和帮扶"重点学生"克服困难、健康成长（详见图3）。

---

① 李旭炎：《全面完善大学治理结构》，《教育与职业》，2015年第4期。

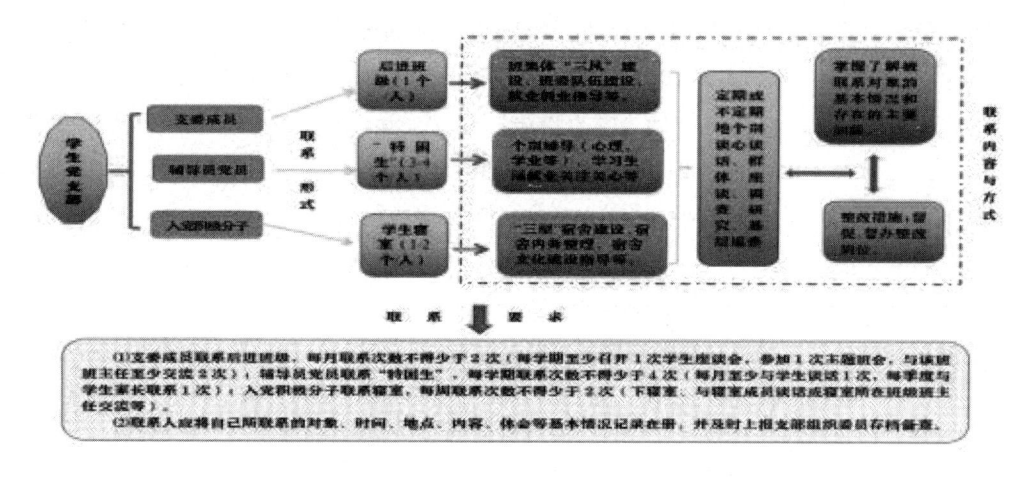

图 3

（四）实行"四层级联系指导帮扶"机制（详见图4），指导主席团成员有效开展工作，督促学生干部认真履职

第一层级由党总支副书记联系指导学生分会执行主席，辅导员分工联系指导学生分会副主席，定期或不定期听取汇报、指导协调、鼓励督促、批评教育；第二层级由学生分会主席团分工联系帮扶本会的各部门部长及其成员，统筹协调、上传下达、督查督办；第三层级由学生分会各部门分工联系帮扶各班长及其班委成员，统筹协调、上传下达、督查督办、整改落实；第四层级由各班班委成员分工联系帮扶本班4—5名学生，了解情况、监管掌控、管理引导、及时反馈。

院系学生管理四级分工联系指导帮扶制示意图

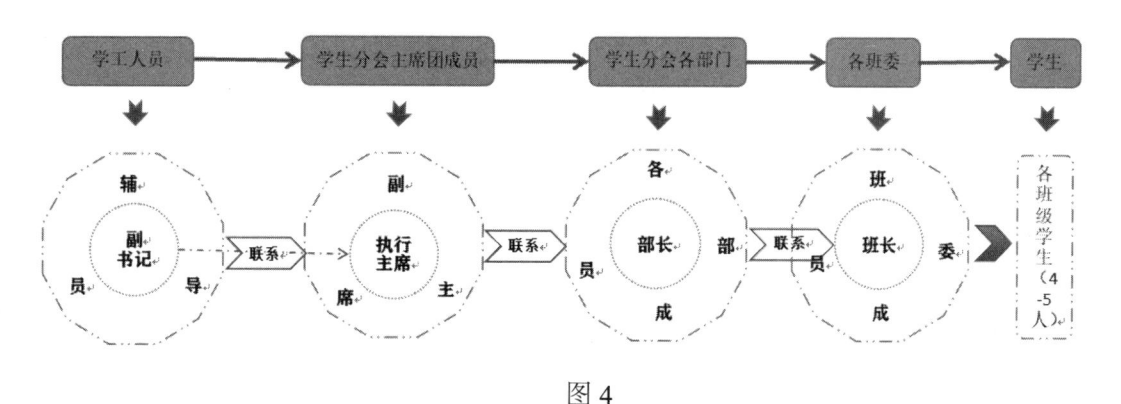

图 4

（五）实施班级学生"三分法"分类分层管理机制

遵循"抓关键少数、抓两头、促中间"理念，按"三分法"原理，以思想政治表现、

活动参与度、学习态度与动机等为参照，将班级学生划分为进步学生、游离学生、落后学生，其下又分为"左、中、右"，分类精准施策，联系帮扶改进。即以"奖优罚劣、通报表彰、典型示范"的策略引领"进步学生"发展，并发挥其先锋示范作用；以"导"为抓手，以"化"为目的，鼓励引导"左"、教育劝导"中"、规划指导"右"帮扶"游离学生"，发掘闪光点，克服消极性，促其循序渐进、向上向善；以教、扶、盯、联为主，惩戒为辅，联合帮扶"左"、家校共育"中"、盯防惩戒"右"治理"落后学生"，尽最大可能地教育转化他们。通过引、劝、扶、惩等策略，多管齐下，推动班级学生良性发展（详见图5）。

班级学生群体"三分法"及其管理策略

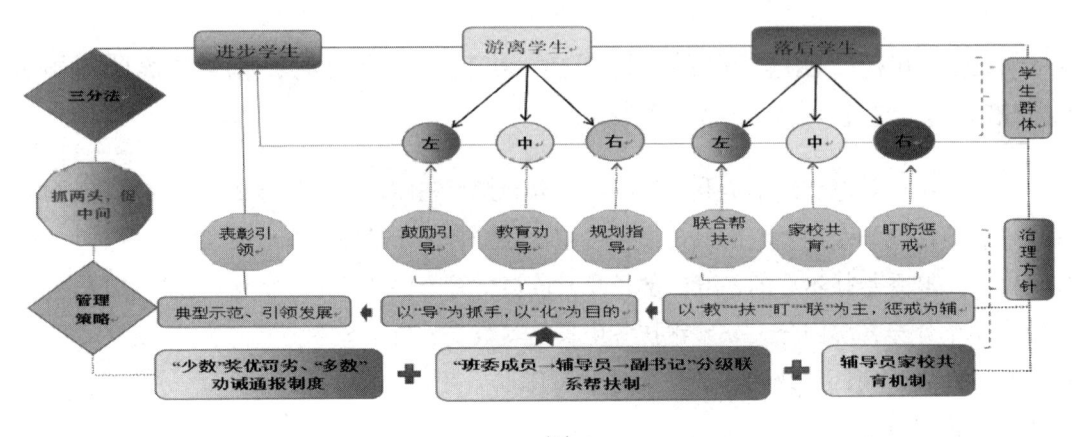

图 5

（六）推行分块分线多渠道"教管"机制

按照"党总支副书记→辅导员→学生分会及班委干部、寝室长→班委、班级学生、室友→学生个体自我管理"的教育管理思路，教育引导"教管对象"实现"被管"→"慎独"→"自管"的思想及行为转化(详见图6)。具体为：副书记采取"学情研判、业务指导、成长引导、督查督办"等方式，学中做、做中学，指导、教育、引领辅导员快速成长成才；辅导员以"成长引领、培养训练、解惑释疑、监管督办"的方法，"教、培、练、导"提升学生干部及寝室长的"四自"管理综合素能；学生干部则通过"分层管理、联系帮扶、上传下达、跟踪反馈"等策略，推动班级与寝室良序发展；学生个体则按照"四自"要求，慎独反省、锤炼品行，争做新时代合格大学生。

图 6

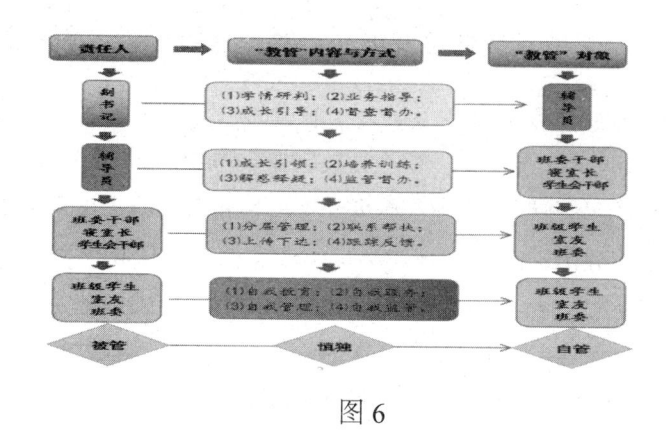

（七）实行"楼栋长→楼层长→寝室长"三级负责宿舍管理机制

由学生分会主席团成员担任楼栋长，宿管会干部担任楼层长。楼栋长承担某栋楼的院系所辖宿舍的卫生、安全等督查、监管责任；楼层长承担栋楼中某层院系所辖宿舍的卫生、安全等管理、督查督办责任；寝室长对所在宿舍的卫生、安全等承担直接管理责任，各司其职、各尽其责、分工合作，共同"治寝"，营造良好的宿舍生态。

三、聚焦"微观"治理，抓关键点，实施"1334"工程建设，"人、场、网"齐抓并重，提升院系学生治理能力

院系学生治理是一项面广而又复杂的系统工程。从纵向构架与运行看，它既涉及"宏观"顶层架构设计，又牵涉"中观"制度机制创新，还包括"微观"具体操作执行。从横向治理内涵看，它又涉及党建、团学、安全、心理健康教育、学生日常管理等诸多方面。为此，如何既系统规划又选择"突破口"，重点推进、以点带面，推动院系学生治理能力快速提升，成为目前我们亟须探究的现实难题。实践中，通过反复研判院系"治情"，在完成院系学生治理的"领导管理"组织框架构建并与此相适应创设了一系列制度机制的前提下，适时提出并实施了"1334"工程建设(详见图7)，纲举目张，确保了学生治理稳定有序发展。

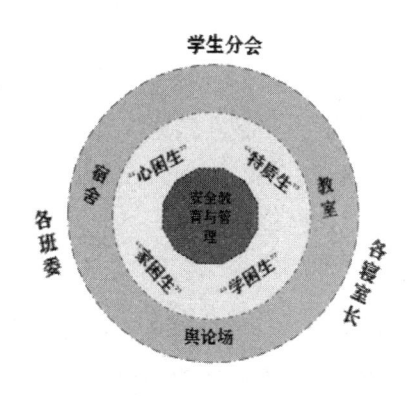

图 7

（一）"1"：以安全教育为重要抓手，坚持底线思维，警钟长鸣，常抓不懈

习近平总书记强调，"统筹发展与安全，增强忧患意识，做到居安思危，是我们党治国理政的一个重要原则。"[①] 要"进一步加强校园安全防护工作"，"为学校安全托底"，"保护学生生命安全。"[②] 这无疑是我们强抓学生安全教育与管理的行动指南。事实上，"学生安全无小事"，学生安全管理效应就是"100－1=0"。这就决定了我们必须高度重视学生安全教育与管理，坚持底线思维，强化红线意识，牢固树立"抓安全就是抓稳定、抓发展、抓民生"的理念，始终把"学生的生命安全作为一条不可逾越的红线"摆在首位，加强组织领导，明确责任，常抓不懈。对此，我们的主要做法是：

（1）"警钟长鸣"：利用主题班会、辅导员会议、学生干部例会等载体不断"讲安全"；利用寒暑假、节假日等重要时间节点，发布温馨提示，时时"明安全"；学典型安全案例，以案为鉴"知安全"；每周开展宿舍安全例行巡查"排安全"等等。

（2）"寓教于行、寓管于事、教管结合"：针对学生看手机或戴耳机横过马路、校内驾驶无证电动车、交通干道溜滑板等"不安全"行为或现象，除就事论事，及时干预、制止、管教当事人外，还要举一反三，广而导之，提醒学生自觉拒绝此类行为，谨防发生安全事件。

（二）"3"：重点监管"宿舍、教室（含实验实训室）、网络阵地"三个重点场所，及时了解掌握学生的思想动态与行为动向

大学校园里，宿舍是学生休闲、生活的重要场所，教室是学生学习的重要场所。两者是大学生行为习惯的重要养成点，也是辅导员管控人学生行为的重要监控点，还是大学生矛盾纠纷的重要滋生点。现如今，网络也已成为新时代大学生的主要生存空间，深刻改变着他们的生活和交往方式及思维方式，深刻影响着他们的思想观念和精神世界。"许多新情况、新问题往往因网而生、因网而增，许多错误思想也都以网络为温床生成发酵，互联网已成为意识形态斗争的主战场"[③]。因此，要牢牢掌握意识形态领域的领导权、主动权和话语权，就必须主动占领网络"阵地"。为此，我们按照"跟踪监管、及时反馈、信息畅通、管理规范、和谐有序"的工作思路，一是建立班级上课考勤报告制度，每大节课上课前由各班学习委员进行认真考勤，并将学生上课出勤情况及时上报至年级班委QQ群，辅导员及时察看；二是实行就寝签到制，按照"舍长治寝"要求，寝室长须每晚督促舍友就寝签到并及时上报至寝室长工作QQ群；三是实施意识形态管理工作责任制，辅导员各负其责、各尽其职，加强网络安全监控与引导，密切关注与监管所带班级学生的QQ群、微信群等舆情，节假日指派专人专职负责网络舆情监控与处置，严防非政府组织、宗教组织、邪教势力、境内外敌对势力对学生的思想渗透，营造一个风清气正、生态良好的学生网络

---

① 中共中央宣传部：《习近平新时代中国特色社会主义思想学习纲要》，学习出版社、人民出版社，2019年6月。
② 习近平：《坚持中国特色社会主义教育发展道路 培养德智体美劳全面发展的社会主义建设者和接班人》，http://cpc.people.com.cn/n1/2018/0910/c64094-30284598.html，2018年9月10日。
③ 中共中央宣传部：《习近平新时代中国特色社会主义思想学习纲要》，学习出版社、人民出版社，2019年6月。

空间。

（三）"3"：抓好"学生分会、班委、寝室长"三支学生干部队伍建设，发挥其参谋助手作用，使之成为学生治理的坚强后盾

毛泽东同志曾明确指出"政治路线确定之后，干部就是决定的因素。"[①] 所以说，抓好学生治理，关键在学生干部。只有把学生干部队伍建设好了，其"积极性、主动性、创造性"得以充分调动，其"参谋助手、示范引领"作用得以充分发挥，院系学生治理工作就会事半功倍。为此，我们确立了"分工负责、从严管理，教育培训、塑魂强能，榜样引领、示范带动"的工作思路，由辅导员按照岗位工作职责，围绕"为什么当学生干部""为什么人"、"怎样做事"等根本问题，通过"做中带、带中学""培训学习＋实践训练""结对帮扶"等方式，分线分块教育引导、培养指导他（她）们，将其塑造成为有灵魂、有担当、有能力的学生管理"骨干"。

（四）"4"：重点关注"心困生""特质生""学困生""家困生"四个对象，精准管理，防患于未然

这是"重点论""分层管理""精准管理"和"抓关键少数"等思想在学生治理实践中的具体运用。事实证明，这四类重点关注对象确实是学生治理中的"难点"，也是学生管理中的"不确定因素"和重要"风险点"。尤其是心困生、特质生成为院系学生管理的最大"安全隐患"与"难题"，也是学工人员最大的"忧患"。为此，我们采取以下应对策略：

（1）"精准识别，建库立档"。通过问卷调查、谈心谈话、电访走访等方式，精准识别这四类人员，分类建库建档，以备随时查阅关注；

（2）"明暗眼线，重点盯防"。通过班委、寝室长等"明线"人员的"一对多"式的关心、关注、关怀，以及设置信息员，暗中留意观察，及时掌控他们的思想动态与行为动向；

（3）"全时掌控，信息通达"。要求班委、寝室长、信息员与辅导员、班主任之间互通有无、及时反馈。尤其是发现异常情况，应第一时间向辅导员、班主任报告；

（4）"精准施策，一人一策"。坚持具体问题具体分析，从原生家庭、父母婚姻、留守情况、家庭经济、现实表现等因素，全面、客观、翔实地了解把握这四类人员的"痛点""致因"等，一对一地提出具体可行的解决方案。

作为大学治理结构及其治理能力现代化的重要组成部分，二级院系学生治理组织架构及其治理能力是一个与时俱进的课题。当前，作为"类型教育"的高等职业教育面临着前所未有的发展机遇与挑战。高职院校要占据制高点，步入高质量发展，赢得主动、赢得未来，探索与此相适应的院系学生治理结构及其治理能力建设，既是深化高职教育综合改革的必然要求，也是谋求自身发展的必然选择。我们的探索实践，只是一种粗浅的尝试，需

---

① 《毛泽东选集（第二卷）》，人民出版社，1967年。

要更多的时间、精力去实践检验、改进调整、优化完善；更何况不同的校情、系情，也决定了院系学生治理架构设计的不同"形态"和治理能力提升方式的不同"路径"。"他山之石，可以攻玉。"总结归纳我们的探索实践成果，权作商榷、抛砖引玉，以资裨益。

第二节 大数据时代的学生管理信息化建设

进入信息化社会后，物联网、大数据迅速发展，在学生管理工作中，时刻会产生数据，尤其是移动电子产品、社交网络的普及，让大学生的学习、生活等发生了显著变化。大数据对于各行各业都产生了深远影响，对高职院校的学生管理工作也不例外，在信息技术的不断更新下，智慧校园已经建设完毕，针对大学生的日常学习、消费、成绩记录、档案等，均可使用大数据来记录、分析，在这一时代下，如何利用大数据来提升学生管理工作的质量成为高职院校与学生管理者关注的热点问题。

一、学生管理信息化的意义分析

（一）提升管理工作效率

在传统学生管理工作中，一般是采用调查统计、发放表格、信息调取等方式，对于管理者而言，这是庞大的数字基数，需要花费大量时间才能完成。但是，利用大数据等技术，让数据分析变得快捷、便利，借助人脸识别系统，可以在短时间内迅速掌握学生各项信息，省去后续统计的麻烦，大幅提升了工作效率。

（二）满足人本管理要求

大数据时代下各类技术的应用，满足了学生管理工作中以人为本的要求。例如，在教育扶贫中，尽管传统扶贫方式可以帮助贫困学生解决困难，但是公开的扶贫方式会给其心理造成一定影响，而利用大数据分析、人工审核相结合的方式，避免了传统扶贫管理工作的尴尬，不仅管理工作更加科学，也具备了人性化特色。

（三）实现学生信息的动态化

学生信息并非一成不变，在就学的三年里会时刻变化。在传统学生管理工作中，信息一般是在大一登记后，就很少更新；学生各项信息录入系统后应定期更新，帮助管理者掌握学生信息在各个阶段的变化，从而实现精准化的管理和扶持。

二、大数据时代下学生管理信息化建设的路径

（一）转变管理思维，提升工作认识

目前，在高职院校中，学生管理工作的占比并不多，管理者数量有限，面对复杂的工作形势显得力不从心，信息化可以有效解决这一问题，要充分发挥出大数据等技术的作用。首先，管理者要树立数据思维。对于管理者而言，要用全新的信息化思维来看待数据化时代的学生管理工作，认识到传统管理模式的局限性，取其精华，去其糟粕，借助数据思维来找到适合的解决方案。其次，管理者要具备大数据预判力，在应用大数据过程中，不能盲目信任，也不能以此作为长期预判，要具备数据控制力，如，在针对学生的精准扶贫上，数据的采集、变化都要根据学生情况来及时改变，否则就很容易由于信息不准确而出现经验主义错误。

对于高职院校而言，要将与学生相关的信息数据化，将其学习、生活、评价、实习、行为、心理健康等数据纳入学生管理系统中，确保对各类数据都能够及时查询，发现其中的问题，为学生提供科学引导，管理系统的构建要以学生作为中心，充分体现以人为本的原则，对人与资源、人与人之间进行深度融合、开发，让学生更好地接收。同时，提升教师队伍的大数据使用水平和意识，通过持续性的培训，让教师能够掌握教学资源及教学信息的搜集方式，通过大数据来调整教学模式，使教学内容、方法更加贴近学生需求，并引入高素质大数据人才，弥补学校技术人才缺乏的困境。

另外，管理者作为学生管理工作的实践者，其数据管理能力对于学生管理工作的质量有直接影响，对此，高职院校要针对管理者开展专项培训，提升其数据素养，除了要提升管理者的数据采集、处理能力外，还要帮助管理者养成良好的数据使用习惯，让学生管理工作朝着前置预判、科学决策的方向发展。在学生管理工作中，管理者身份多元，既是知识的传递者，也是思想的领路人、学生职业规划的人生导师，在培训上，要涉及多项内容，让管理者能够利用大数据引导学生走出困境，更好地为学生发展而服务，帮助其科学制订学习计划与职业生涯。

（二）建设管理平台，打造采集链条

物联网、大数据、移动互联以及云计算推动了高职院校学生管理体系的改革，为了满足管理要求，需要构建学生管理平台，将学生管理工作中的各项核心业务纳入其中，包括智慧学习、心理预警、思想教育、综合考评、舆论引导、生涯规划等，构建统一的访问入口。平台的建设需要关注几个问题：首先，确保各类信息数据之间可以连通，促进信息的共享，避免重复建设；其次，各个业务数据应当是无缝流通的，以促进数据、信息的多元

共享，提高数据利用率，挖掘数据背后的价值；再次，平台使用者要面向学生管理者、学校各级领导、学生、家长等，根据不同角色需求将业务功能放开，实现多个主体的联动；最后，以学生管理工作的业务需求着手，深度研发其他数据分析系统，强化信息挖掘，充分发挥信息资源的作用与价值。

在学生管理工作中，其数据来源包括传统学生工作的数据、校园基础系统数据、网络社会平台监控数据，在数据采集上，要将线上、线下结合，融合数据采集模式，进一步扩充采集渠道，构建完整的数据采集链。在具体工作上，需要针对性采集关键数据，包括学习、一卡通消费、社团活动、图书借阅、宿舍进出、网络社交、关注话题、生活困难等数据，作为一手管理数据。同时，有目的地针对个别学生采集数据，通过网络测试、问卷调查等了解特殊群体的生活情况、学习状态、思想变化、心理状态，确保数据采集的全面性与代表性，充分利用好平台，对零散数据进行梳理、清洗，将其转化为适合分析、利用的数据。

（三）整合管理信息，优化管理决策

在高职院校的学生管理工作中，既要关注学生技能的养成，更要让学生学会做事、学会生活，而传统学生管理工作在这一方面稍有不足，对于学生信息的了解主要依靠入学时输入的信息，采用静态的获取方式，滞留时间长，一些潜在性的问题无法被及时发掘，对此，需要对各类管理信息整合，让学生在享受高质量学生管理服务的同时，能够树立良好的品德。在大数据的应用上，需要关注学生实际需求，来为学生提供便利，借助技术了解学生动态。高职大学生数量多、性格各具差异，在数据的整合、处理上要突出个性化。在数据整合环节，汇总各个子系统的数据，清理出其中错误的、不完整的数据，对可信赖数据加以汇总和完善，根据数据应用范围将其纳入不同子系统中。在数据处理环节，充分发挥出数据挖掘技术的作用，了解学生行为和生活动态的联系，根据学生活动频率、男女消费差异、学生消费水平、消费偏好、阅读兴趣等分析出不同经营活动对学生造成的影响、食堂餐单调整后学生的满意度等，准确分析学生的生活状态，设置预警阈值发现学生异常，予以及时有效的干预和处理。此外，还可以借助平台来跟踪学生的学习、心理、思想、就业规划等，并对学生就业后的发展数据进行持续分析，了解其成长轨迹，弥补传统学生管理工作的问题。

（四）完善管理机制，优化制度内容

在高职教育事业的发展下，大学生的自由度显著提升，学生与高职院校、学生与教师、学生与学生之间的利益关系也变得复杂，针对大数据时代下的学生管理信息化方面，

要构建完善的学生管理规章制度，规范主体联系，激发学生的积极性，构建平等、自由、和谐的校园。首先，将各个部门统一起来，科学分析学生管理工作的各项问题，对信息做出规范整理，根据信息化管理要求完善学生工作机构，明确各个岗位的工作职责，提升管理者责任意识。在制度内容上，要注意保护好学生隐私，确保学生隐私不受侵犯，强化个人隐私的保护力度，信息安全并非单单是技术层面的问题，与管理、制度息息相关，在搜集数据前，要做好宣传、说明工作，让学生知晓学校搜集了什么信息、数据分析结果的使用对象，减少学生的抵触情绪。另外，还要充分尊重学生的自主选择权和隐私权，在搜集数据信息时，不能违背学生意志。

（五）避免过分依赖，发挥主观能动性

大数据时代下各类信息化技术在学生管理工作中的应用，只能作为决策参考，不应让技术成为决策主宰。尽管各类技术为学生管理工作带来了便捷，但是也出现了另一种倾向，即过于依赖大数据。大数据可以提升数据分析的准确性，但却无法做到百分百描述，人们选择和接受大数据，是因为大数据让管理活动变得便捷，提高了管理工作效率，如果过于依赖数据分析结果，那么必然会被大数据所支配。因此，管理者要注重自身意识的培育，发挥出自身在管理工作中的主观能动性。另外，数据处理要关注个体差异，在得到分析结果后，要深入了解学生实际情况，为其提供针对性的建议和帮助。

大数据时代，各类技术飞速发展，数据化发展浪潮对于高职院校学生管理工作也产生了深刻影响。大数据时代让学生管理工作面临着改革的挑战，这对于管理者，是一种新的机遇，新时期的学生管理工作，不能局限在传统理念中，要与社会浪潮与时俱进，发挥出各类技术的作用和价值，对管理工作做出短期预判，为学生管理提供深入、精准的支持依据。高职院校要做好管理者的培训工作，改变思想，从而更好地借助相关技术解决传统管理工作的问题，提高学生管理工作的质量与效率，做到管理模式的人性化发展。

第三节 新媒体时代的学生管理工作

近年来，国家对于职业教育高度重视，高职院校迎来了新的发展机遇，学生管理工作属于高职管理工作的重中之重，是培育复合型人才的支撑与保障。当前，"00后"大学生已经成为学生管理工作的主体，其思想观念、性格特征以及心理状况，与"90后"、"95后"都有了显著差异，"00后"大学生创新意识强，是追求新潮流、新科技的主力群体。新媒体的诞生也让高职院校学生管理工作变得更加复杂，在新媒体时代下，要以此为着力

点，创新学生管理工作，提升管理实效。

一、新媒体对当代大学生的影响

（一）对学生生活的影响

新媒体对于当代大学生的生活产生了明显影响，如，在购物上，他们青睐于网络购物；吃饭常用饿了么、美团等购物平台；日常交流、开会等常用微信；出行时热衷于使用滴滴。如今，学生生活与新媒体之间联系更加紧密，新媒体为大学生的生活提供了种种便利，但也造成了一些负面影响。如，在校园中，常常可见低头族，他们上课、吃饭、走路、睡觉前都盯着手机，在虚拟世界如鱼得水，但在现实生活中却变得迷茫、不自信，长此以往，大学生变得更加自我，集体观念逐渐缺失，后续发展收到影响。

（二）对学生学习的影响

新媒体的诞生带来了海量知识，学生可以通过新媒体找到各类前沿内容，知识获取的渠道也更加丰富、多元。但是，新媒体平台中的知识往往是分散的，学生无法将碎片化知识加工成型，获取的也多是浅显、表面的知识。在学习、作业时，遇到不同的问题，学生也很少主动深入分析，而是直接通过搜索引擎寻找答案，过于依赖自媒体，这会在一定程度上影响学生的创新意识。

（三）对学生心理的影响

新媒体具有互动性、广阔性的特征，学生可通过新媒体了解整个世界，在失落、郁闷时，也可通过网络来排遣、宣泄，以此来调节心理状态，但是，新媒体也对学生的心理带来消极影响。面对海量信息，学生的选择渠道更多，有时会无所适从，容易产生疲惫心理，长期处于虚拟的网络世界中，也会产生冷漠、孤僻的心理，当代"00后"大学生，独生子女比例较高，本身性格就比较自我，容易沉迷于虚拟网络，在新媒体上发布言论，很多时候并不需要负责，久而久之，会导致学生责任心、道德感的丧失。

二、适应新媒体时代的学生管理工作思路

（一）加强投入，强化队伍建设

目前，新媒体已经在高职院校学生管理工作中得到了推广，但新媒体的应用仅发挥出部分功能，其优势未得到充分发挥。究其原因，一方面是由于缺乏资金投入，管理者只能使用新媒体的简单功能，另一方面则是由于缺乏技术投入，管理者对新媒体技术的掌握不

深入，无法对新媒体功能做出深度挖掘。要发挥出新媒体在学生管理工作中的价值，要增加资金、技术投入，并加强对管理者的教育与培训，建设一支综合素质过硬的管理者队伍，不仅要求其掌握新媒体技术、学生管理等方面的知识，还要掌握传播学、心理学等内容，具备良好的媒介素养。对于管理者自身，要转变思想观念，加强认识，强化"全员育人"理念的渗透，重服务、轻管理，突出学生主体地位，尊重大学生群体的个性化特征，从其学习、思想、生活、学习上予以引导，从学生角度着手与其共同探讨，维护其合法权益，营造出和谐、民主的管理氛围，发挥出新媒体在家校沟通中的作用。

（二）创新方法，提高管理效率

新媒体为学生管理工作提供了新机遇，在管理工作上，要创新方法，趋利避害，发挥出新媒体的优势：

1. 团队式工作模式

团队式工作模式是基于专项管理工作构建的管理者团队，将心理健康教育、思政教育、就业创业、奖勤助贷、宿舍管理、团学工作、网络思政等板块纳入其中，根据管理者团队的情况划分为高级、中级、初级管理者，高级管理者负责对学生管理工作的统筹规划、理论研究、课程开发，是管理工作的第一责任人；中级管理者负责学生教育、学生管理和学生服务工作，带领初级管理者开展专项研究；初级管理者负责专项工作的落实。除采用常规管理模式外，利用微信公众号、微博等平台，将与学生管理工作相关的流程、内容制作为视频、PPT 等，学生关注后，可随时观看，对于不清楚的各项事宜，学生可随时通过新媒体咨询，通过微信终端来申请、预约相关事务，让管理过程更加便捷。

2. 一站式学生管理模式

一站式学生管理也是当前颇受欢迎的管理模式之一，由管理者团队带领学生干部、勤工助学学生为大学生提供服务，利用新媒体开展集齐线上、线下的一站式服务，服务内容涉及学生管理工作的各项事务，小到饭卡充值、团活动申请、学生证办理、后勤保修等事宜，均可通过线上办理。同时，还具备反馈、评价功能，一站式学生管理模式真正做到了服务育人，充分体现出学生的自我服务意识，提高了学生管理工作的效率。

3. 三位一体管理网络

三位一体学生管理网络即"家庭—学校—社会"管理网络，在学生管理上，高职院校是主阵地，家庭、社会也必不可少。管理者要发挥出新媒体的作用，与学生家长强化联系，做到家校沟通面对面、家校育人心连心，增进彼此之间的认可，共同为学生的学风建设、精准扶贫、职业规划、养成教育、危机预警提供支持。通过家校沟通，可以帮助管理者掌握学生家庭信息,及时将学生在校期间的表现告知家长,明确双方责任,共促学生成长。同时,高职院校也要积极吸纳社会资源,联合合作企业、行业等,共同优化教育资源配置,发挥出新媒体在宣传教育、传递信息上的功能,实现家庭教育、社会教育和学校教育的深度融合。

(三)发挥合力,吸纳学生干部

学生干部属于学生管理工作的一个重要成员,在学生管理工作上具有重要意义,尤其是在自我教育方面,学生干部起着不可忽视的作用,新媒体时代下,要充分发挥出各方合力,吸纳更多的学生干部参与到其中。对此,管理者可利用新媒体对学生干部开展培训,通过线上教育让学生干部掌握各项事务的制度、学生管理工作处理流程,提升其制度意识、规则意识,让各项管理工作可以落实到人。在开展具体工作时,也可利用新媒体,将工作情况及时反馈至管理者,若遇到特殊情况,要及时与管理者沟通,争取时间,提高效率,每月定期归纳总结。管理者要定期深入学生干部群体中,了解其工作情况和状态,予以辅导和帮助,提高学生干部的自信心,对于无法满足管理要求者,及时更换,做到奖惩分明,通过完善的激励机制来提高学生干部的工作积极性。通过该种方式,让学生管理工作可以实现联动,发挥出管理合力,更好地为学生提供支持和服务。

(四)加强监管,提高信息素养

在新媒体时代下,学生信息素养的缺失成为普遍问题,给学生管理工作带来了负面影响,在这一方面,学生管理者要发挥出自身作用,负责新媒体管理,为学生传递正能量。对于高职院校学生、学生组织开通的新媒体平台,都要求登记备案,将管理者、运营者信息填写清楚,推行责任制,由专人负责审核,严禁传播违背公序良俗、社会公德的信息。针对学生管理制度,也要定期修订,增设与新媒体使用的相关内容,要求学生文明、正确用网,加强网络舆情的监控,及时处理各类不良信息,帮助学生过滤庸俗、非法、暴力信息,加强对学生信息素养的培育,使之能够主动过滤负面信息。

(五)民主管理,实现管理目标

在管理学理论中,人本原理是首要原则,在各项管理工作中,要以人的权利作为根本,力求促进人的自由、全面发展,在高职学生管理工作中,也要坚持以学生为本,这是发挥新媒体作用的前提。在应用新媒体时,也要将尊重、理解、鼓励学生作为主要内容,借助新媒体平台提高学生学习能力和综合素质,学校要为学生创设使用新媒体的渠道,鼓励学生对学校组织决策、管理活动提供科学建议,引导学生利用新媒体来建言献策,畅通网上沟通渠道。例如,可通过学校微信公众号开展"感动校园人物""我最喜欢的老师"投票活动,让学生表达诉求,通过双向沟通的方式,让学生充分认识到学校对自身的重视,有了新媒体后,意见发表渠道更加畅通,让师生在相互交流中更加理解、信任。另外,新媒体支持下的学生管理工作还要考虑到学生特点,不同家庭背景、不同年级学生,对于管理工作的需求也是千差万别,在开展管理工作时,要把握好学生的需求、点,分析其需求原因,从学生实际情况着手,为其创设机会,使每个学生都可以得到发展。

新媒体的迅速发展对人们的生活领域产生了深刻影响,高职大学生的学习、生活、行为模式等,也在新媒体的影响下发生了显著变化。在高职院校学生管理工作中,要发挥出新媒体作用,利用新媒体的交互性、便捷性强化与学生的沟通,为学生赋予多样化选择,满足不同层次、不同个性学生的需求。同时,也要认识到新媒体对高职大学生造成的消极影响,新媒体时代下,环境更加复杂,对于尚未进入社会的大学生,他们对世界缺乏准确判断,容易被新媒体中传递的虚假信息所影响,因此,在开展管理工作时,要引导学生正确对待新媒体的负面影响,树立正确的价值观。

第四节 "四自"管理模式下的班级建设

班级是大学生的基本组织形式,是大学生自我教育、自我管理、自我服务、自我监督的主要组织载体,也是学校进行教育和管理最基本的组织构成。高职院校作为一种新的高等教育类型,其生源较之普通本科院校学生,具有某些特殊性。以此为基石,如何建设高职院校班集体则是一个随实践发展变化而涤故更新的研究课题。

一、当代高职学生的特性

(一) 双重心理特性

长期以来,在"高分高能、低分低能"等传统思维观念支配下和就业过程中大部分企事业单位过分注重文凭证书高位效应的社会风气影响下,我国社会各界人士对高职院校及其学生总是带有某种偏见,武断地认为高职院校就是差等学生的"集中营",高职生便被人为地扭曲为低分、低智、低能的弱智群体。面对这种残酷的现实偏见,饱受高考失利痛苦的高职学生表现出自卑、自闭、孤独、寂寞、烦躁等消极心理特性;同时又不甘心被他人视为差等生,急于冲破世俗偏见,表现出积极向上的进取心理,以通过自己的努力证明自身实力,渴望得到他人及社会的认可。

(二) 个体意识较强

目前,在校高职生都属于00年代出生的孩子,基本上是独生子女。据有关资料统计,近两年高校学生群体中，有70%—80%的学生是独生子女。这些学生长期在家长及亲人的百般呵护下，个体意识极强，非常注重强调自我价值，讲求物质利益、大多团体意识淡化。他们想问题、做事情常常以自我为中心，凡与己有利的事情就会想方设法地去做，对己不利的事情就消极懈怠尽量少做，甚至千方百计找借口推脱不做；在班级学习实践活动中注重竞争与参与，却缺乏合作精神；处理日常生活事务强调自我感受，罔顾老师、同学及身边周围人的感受与看法。这些体现在独生子女身上的个体主义因子严重影响了班集体的凝聚力。

（三）集体情感弱化

当前，高职院校的生源来自于不同省份、地区，由于生活习惯、文化背景、言语行为等差异，将学生融合起来相对比较困难。加之近年来高职院校规模不断扩大，大学班级缺乏固定教室，开展集体活动缺乏固定场所，班级所属成员在空间上的流动性较大，相聚在一起进行交流、沟通的时间与机会大大减少。于是，地缘环境相同、兴趣爱好相近、性格特征相吸的学生就会自发地聚集一团，组成众多非正式群体。据有关学者调查统计，大学生参加文学社、笔友会、老乡会、网友会、学生社团、各种协会等非正式群体的比例高达67.2%。这些娱乐兴趣爱好型、亲缘型、理论信仰型、科研学术型、志愿实践型、网络虚拟群体等非正式群体的存在，在一定程度上淡化了学生的集体情感，弱化了他们对班集体的认同感与归属感。

（四）价值观多维性

当代大学生是属于在全球经济一体化、数字化信息时代以及我国经济社会快速转型的关键时期而踏入校园的思想活跃、观念超前的新生代。他们通过新闻广播媒体、报纸杂志、互联网等多种渠道接触、吸纳大量纷繁的信息流。于是，在市场经济和外来文化的激荡与冲击下，学生不再沉寂于"两耳不闻窗外事，一心只读圣贤书"唯一价值取向的治学理想境界，而是呈现出较强的社会群体特征，表现出鲜明的社会化色彩，具有多元化的价值取向和思想认识。

二、班级"四自"管理的对策举措

根据当代高职学生的特点，进行高职院校班集体建设，从根本上在于激发学生对班集体的认同感和归属感，帮助他们形成集体概念，增强集体荣誉感；培养他们的团体合作精神，积极参与班级民主管理，提高班集体的凝聚力和号召力。对此，我们认为建设一个团结和谐的班集体应主要从以下几个方面下功夫：

（一）构建团结和谐的班文化

班文化作为一种非正式制度的软力量，具有教育性、团体性、潜隐性等特点，起着调整学生思想行为、同化集体成员思维方式和行为方式以及承载思想政治教育等功能。它通过"自律"式的内控力来激励和约束班级所属成员，使其从内心上产生对班级的责任感、归属感和认同感。一个优秀的班文化系统，可以帮助所属成员树立正确的世界观、人生观和价值观，培育出健康良好的行为观；也可以提高所属成员对班集体的认同感，增强班集体的凝聚力和向心力。因此，加强班文化建设是班集体建设的首要因素和本前提。而构建团结、和谐的班文化需要做到：

1. 求同存异

大学班集体是一个随意组建的结合体，学生成员个体来自于不同省份、地区，不同的文化背景、学习经历和生活环境造成了他们个体文化的差异性，他们的价值观、生活方式、思维方式、行为方式不尽相同，甚至大相径庭。为此，要正视学生个体文化的差异性，在不违背班集体整体文化走势的大原则下，求同存异，大力倡导学生个体文化的展示与发展，形成班文化和而不同的良好局面。

2. 自主自觉

班文化作为根植于班级成员内心深处有别于他物的独特视觉识别系统，是一个班集体的"窗口"和"名片"，体现出一个班级的价值取向、精神风貌和生存状态。这就要求学生应自觉地由"管教型"向"自主型"转变，主动地发挥班文化建设的主体作用，积极参与班文化建设。一是自主地设计制作诸如班徽、班刊、班级网络及管理制度等体现班级特色价值的文化符号；二是充分利用互联网载体，自主自觉地打造班级博客、QQ 群、微信群等各类班级成员交流平台；三是自主设计、组织、协调、管理各种班级文化活动，如学习基因交流、学习难点探讨、国学诵读、班级每天 3 分钟演讲、社会实践及团队拓展训练等活动，开展各种丰富多彩的"主题班会"活动等等。

3. 开放求新

"他山之石，可以攻玉。"班文化建设除要立足于学校，将其核心价值观融入其中外，还要有开放求新的思想与境界。所谓"开放"，就是让学生走出校园，走进脱贫攻坚、乡村振兴等伟大实践，及时了解社会发展的方向和动态，训练他们的发散思维，扩大他们观察事物的视野与维度，做好自己的人生规划和职业生涯规划。所谓"求新"，就是指主动放眼于社会，积极引入社会上最新正确观念，如科学发展观、低碳环保、生态文明等思想观点，内化为班级成员的深层意识，并转化为自觉行动。

4. 共同认知

班文化建设的根本目的就在于促使不同学生个体达成共同认识、形成共同理念，以此规范、引导他们的行为方式。21世纪的人才观就是只有全面发展的人才能称得上是真正的人才。这要求学生不仅要有做事的本领与技巧，还要有做人的品德与操守。由是，我们要将"学会做人、学会做事、学会认知、学会生存、学会生活"五种理念作为班文化建设的主线，以此开展各种文化设计与制度创新活动，最终使其成为学生的共同理念，实现学生自我提升与班集体健康发展。

（二）打造精干的班干部队伍

学生干部是班级群体的榜样，是班级管理的中坚骨干和执行力量，有着极其重要的作用，如思想建设中的表率作用，组织建设中的凝聚作用，学风建设中的感召作用，制度建设中的管理作用，作风建设中的模范作用。可以说，学生干部的优劣在一定程度上决定了一个班级的整体水平。因此，打造一支结构精干、素质优良、工作高效的班干部队伍，是班集体建设的关键因素。这需从以下四个方面着手考虑：

（1）民主选拔。学生干部作为学生中的领头雁，是学校与广大同学取得联系、相互沟通的主要桥梁和纽带。他们的这种特殊角色与作用，决定了我们在选拔任用他们时需保持慎重认真的态度。最好的办法就是要遵循"民主与集中相结合"的策略。首先鼓励学生通过自荐或推荐的方式产生出候选人；随后采取竞职演说的形式，由候选人向班级同学详细阐述自己的竞选纲领与主张，班级同学根据候选人的竞选演说和平时表现，结合自己的评判标准，选出1:2的拟当选人数；最后班主任对这些拟当选人通过档案摸底、学生访谈、实践考查等方式进行综合考量后，确定正式当选人。

（2）指导培养。班干部产生后，班主任或辅导员就要对他们的管理素养与能力进行悉心指导：一是要求班干部单个自学或集中学习相关政治理论知识，以提高他们的理论修养，培养他们的大局意识、工作意识和服务意识，增强他们的集体荣誉感和责任感。二是定期或不定期地召集班干部分析讨论日常管理个案，指导他们分析问题、解决问题的技巧与方法。三是多开展学习心得交流会，演讲比赛，篮球，排球等体育赛事，才艺展示大赛，团队拓展训练，"三下乡"社会实践等各种活动，有意识地培养班干部的组织、协调、指挥、统筹等能力。

（3）权力下放。学生干部作为班主任的得力助手，理应充分发挥他们的主体性作用和主观能动性，使他们真正成为班级管理的"主角"而不是"配角"。这就要求班主任或辅导员要充分相信学生干部自我管理，自我解决问题、处理问题的能力，自觉地进行角色转换，由过去的"主管人"转变为"协调人"，将班级事务的管理权限尽最大可能下放给班干部，放手让他们行使职权，对学生能够自己管理的事情坚决不予干涉。当然，尽量放权并不意味着放任自流、撒手不管。一旦班干部在管理中遇到不能解决的问题与困难，班主任或辅导员就要帮助他们出点子、想法子、指路子、定盘子，协调解决问题，统筹他们的工作。

（4）严格考评。为最大限度地调动学生干部的工作积极性，需建立干部绩效量化考评机制，对他们的工作业绩、工作态度、工作能力和群众满意度等进行全面、客观的考核。

这要求每位班干部在每月底应对自己分管的学生工作进行总结，并向全体同学述职，同学们根据他的工作述职及平时表现，对其进行满意或是不满意评价。班主任或辅导员对班干部的工作述职及民意评价建立月工作绩效考评档案。每个学期末对班干部进行一次全面考核评价。对考核优秀者，可以在评优、评奖和入党等方面给予适当倾斜；对考核较差者，要及时与其沟通，帮助他查找分析问题症结，并加以正确引导，以利于他们改进工作。

（三）创新班级民主管理制度

伴随着时代的变革潮流和社会发展的步伐，当代高职学生的民主观念和意识日趋活跃，有着较强的参与意识、竞争意识、监督意识。如何对高职生因势利导，推行班级民主管理成为一个现实课题。班级民主管理作为一种让学生以班级制度为行为准则，以主人翁的身份，通过班集体会议或其他形式对班集体各项活动实行民主管理、民主决策、民主监督、民主参与，达到自我管理、自我规范，形成和谐氛围，实现班集体成员全面健康发展的管理方式，其运作的关键在于制度创新与运用。这主要包括：

（1）建立科学合理的决策、评价、监督机制。一是构建群体民主决策机制，即对有关班文化建设、班干部选拔、奖助学金的评定、党团组织的发展、优秀团干的评选等一切与学生切身利益息息相关的班级事务都要让全体同学通过民主评议的方式完成。二是推行学生民主评价机制，即建立学生电子档案制度，对他们的考勤情况、学习成绩、参与社会实践活动情况、参与班级建设情况、奖惩情况、入党情况、诚信情况等各方面进行完整且有条理的跟踪记录，以作为学生评价的依据。三是完善班级管理监督机制。首先，监管班长的权力使用，凡是出现有一半的班委会成员或三分之一的同学对班长处理解决班级事务提出不信任或异议，就可以弹劾班长，重新进行班长竞选。其次，实行班干部任用与学习成绩挂钩，即任一班干部在期末考试中出现舞弊或者有两门学科成绩不及格的情况，下学期就要自动停职，重新改选。最后，实行"阳光"班级财务制度，即规定每学期开学初都要对上学期班费的开支情况进行公示，接受全体同学的共同监督。

（2）建立班长治班制和寝室长治寝制。为了充分发挥学生"四自管理"的作用，让学生走在班级管理的最前沿，建设凝聚力强、向心力强的优秀班集体，就必须抓好学生干部中的"关键少数"，推行班长治班制和寝室长治寝制，坚持"放管服"原则，授予班长和寝室长治理班级、管理宿舍最大的权力，放手让他们去做，同时辅导员和班主任老师要做好班长和寝室长治班和治寝方法的指导和服务，让他们成为班级管理的中流砥柱，成为老师的眼睛和窗口。

（3）建立基于信息网络的反映表达机制。针对当代大学生非常喜欢利用网络与人交流阐述观点发表见解的特点，我们可以采用QQ群、微信群、网络通信录等方式，建立班级网络平台。班级学生在这个信息平台上可以与老师、同学进行情感交流，也可以据实反映班级管理中的问题，提出自己的看法和解决问题的措施及对策等。班上每周轮流确定2—3名学生作为班级信息管理员，及时向同学们发布诸如会议通知、时事要闻、学习资料等

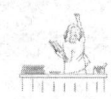

班级信息；适时关注同学们的思想动态和意见表达，有针对性地加以整理归纳，及时向班委会反映。班委会每周对信息管理员整理反映的情况要进行认真研究讨论，形成分析报告，由值班干部向班主任和辅导员汇报。

第五节 "四自"管理模式下的学生干部队伍建设

1938年，毛泽东同志在党的六届六中全会上指出，"政治路线确定之后，干部就是决定的因素"，并提出"才德兼备"的干部标准和"任人唯贤"的干部路线。那么，新时代学生干部的应具备什么样的品行，履行什么样的职责以及怎样担当呢？

一、大学生干部的岗位认知

学生进入学生会、班委等学生组织的初心是什么？是为了"当官老爷"，为了获取更多的评优评先、评奖助学金等机会，还是其他呢？对此，我们需要对当学生干部应有一个全面、客观的岗位认知。

（一）从动机认知看：把"当选学生干部"看作什么？

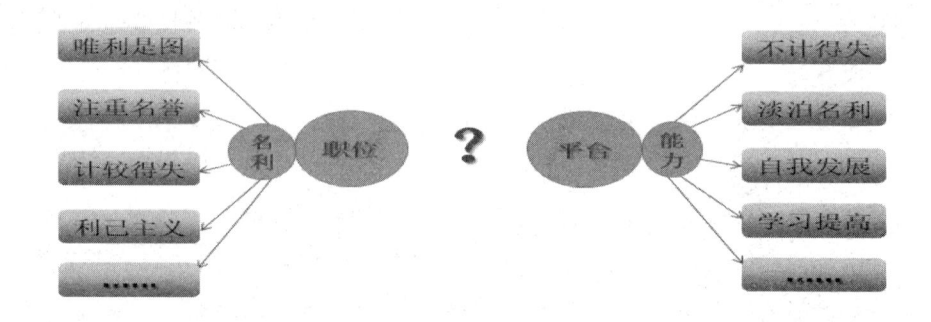

（二）从定位认知看：如何做一个"学生干部"？

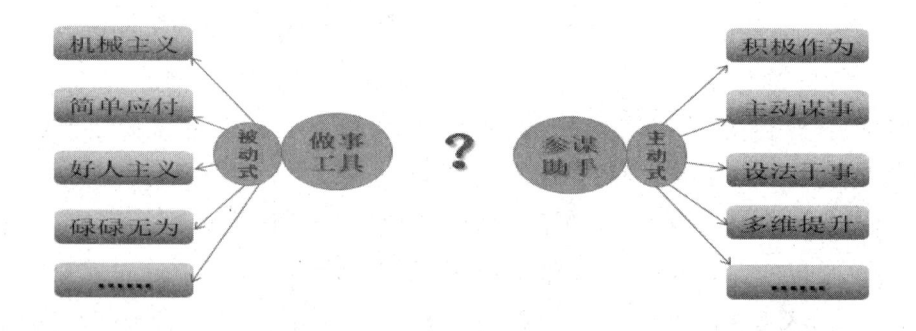

（三）从履职认知看："学生干部"应怎样履职？

消极悲观 / 不负责任 / 拈轻怕重 / 玩两面派 → 知难而退 / 敷衍塞责　？　主动担当 / 迎难而上 → 积极乐观 / 责任感强 / 勇挑重担 / 待人真诚

二、大学生干部的品行要求

习近平总书记在不同场所对此提出了具体要求。2014年5月4日，他在视察北京大学时提出"大学生要具有执着的信念、优良的品德、丰富的知识、过硬的本领"。2016年4月26日，他考查中国科学技术大学时又提出"做有理想、有追求、有担当、有作为、有品质、有修养的大学生"。2018年5月3日，他在北京大学师生座谈会上再次要求大学生应"爱国、励志、求真、力行"。这是大学生锤炼品行的基本遵循。所以，大学生干部作为学生中的优秀者、先锋者、示范者，应具备以下品行：

（一）从宏观层面讲，大学生干部应具有政治思维，懂规矩、讲大局。即要有法纪意识，遵纪守规；要有责任担当，勤政有为；要执行力强，不折不扣地完成各级各类工作任务；要有较强的履职本领，做事高效。

（二）从中观层面讲，大学生干部要"正人先正己"，严于律己，做表率，做示范；要恭谨低调，不做恃才傲物的杨修、夸夸其谈的赵括、自以为是的马谡等；要谦虚好学，放下架子，甘当小学生，向书本学习，向身边的人学习，向实践学习；要有"功成不必在我"的精神境界和"功成必定有我"的历史担当，克服功利主义，不做精致利己主义；要有平台服务意识，把当学生干部看作是锻炼自我的平台、想事谋事干事的平台、提升素质与能力的平台，自觉服务好师生；要有吃苦奉献精神等。

（三）从微观层面讲，结合院部实际，从岗位职责出发，大学生干部应做到"六要""三须"。所谓"六要"：一要讲政治，明是非；讲大局，不计个人得失；二要严于律己、守规、守纪、守时，为人诚信；三要学以立身，不挂科；手脑并用，善做笔记；四要干事唯实，以勤宜德；雷厉风行，不拖拉；五要恪尽职守，躬先表率；积极作为，做参谋；六要团结和谐，上下齐心；分工合作，办事情。所谓"三须"：一须服务为先，吃苦吃亏；二须调查研究，随事而制；三须总结反思，矫失成德。

三、大学生干部的主要职责

（一）恪守政治立场之责（讲政治）

有人说："我不是领导干部，我有什么政治立场呀？"其实，这是一个悖论。古希腊哲人亚里士多德早就说过，"人是天生的政治动物"。也就是说，人是天生离不开政治生活的。

新时代学生干部作为中国特色社会主义事业的建设者与接班人，作为我们党培养的后备军，应拥有什么样的政治立场呢？当代大学生的"政治立场"：（1）坚定马克思主义信仰，坚定中国特色社会主义信念，坚定实现中华民族伟大复兴的信心；以科学的理论武装头脑，始终保持政治上的清醒和坚定，善于应用马克思主义立场、观点、方法观察和解决问题，提高辩证思维能力，不断深化对社会主义和共产主义的认识。(2)坚定信念跟党走，坚持四项基本原则，增强"四个意识"、坚定"四个自信"、做到"两个维护"。(3)要坚持人民立场，坚持学生主体地位，虚心向同学学习，倾听同学呼声，汲取同学智慧，把同学们拥护不拥护、赞成不赞成、高兴不高兴、答应不答应作为衡量一切工作得失的根本标准，着力解决好同学们最关心最直接最现实的利益问题。(4)增强政治意识，善于从政治上看问题，善于把握政治大局，不断提高政治判断力、政治领悟力、政治执行力。严守政治纪律，在重大原则问题和大是大非面前，必须立场坚定、旗帜鲜明。(5)恪守初心使命，树牢宗旨意识，反对"官本位"思想；谨言慎行，勿妄言乱议、妄动乱为；坚持集体主义，反对个人主义，勿做精致利己主义者。

（二）履行参谋助手之责

所谓"参谋"，是官名，指代人出主意，参与出谋划策。"助手"，古人指"左手"。《说文》："助，左也。从力，且声。"意思是，在右手之力不够用时，人会自觉或不自觉地把左手伸出去，帮助右手，简称"助手"。因而，人们常把领导身边工作的得力干将称为"左右手""左膀右臂"。所谓"参谋助手"，就其现实含义而言，意指认真履职尽责，积极为领导出谋划策，携手完成好上级交给的各项任务。

（三）履行桥梁纽带之责

学生干部是沟通同学和辅导员的桥梁。学生管理工作要收到良好的成效，需要师生经常交流思想情感，需要互相理解和配合。这就要求学生干部在同学中经常宣传、疏导，将学校和辅导员的管理要求内化成身边同学的自觉行动，将学生的想法、意见、实情反映给辅导员，及时化解和消除师生之间的矛盾，使师生之间关系和谐协调，情感通融。同时，学生干部还要学会做工作，要去想怎么把工作做好，而不是做完。

（四）履行模范带头之责

履行模范带头之责就是指大学生干部应做到"以身作则、身体力行、率先垂范"，具体是指，要做学习的示范、做事的示范、为人的示范、守纪的示范、品行的示范、执行的示范。

（五）履行"四自管理"之责（如下图）

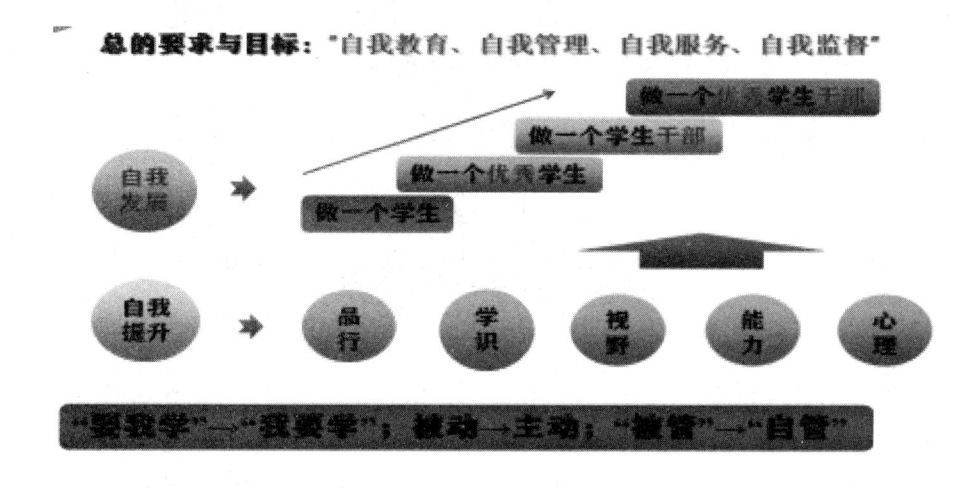

总的要求与目标："自我教育、自我管理、自我服务、自我监督"

自我发展 → 做一个学生 → 做一个优秀学生 → 做一个学生干部 → 做一个优秀学生干部

自我提升 → 品行、学识、视野、能力、心理

"要我学"→"我要学"；被动→主动；"被管"→"自管"

（六）执行好"三大任务"之责

抗日战争时期，毛泽东同志赋予军队"打仗、生产、做群众工作"三大任务。借鉴此智慧，我们赋予大学生干部的"三大任务"就是"学习、管理、做学生工作。"

四、大学生干部的应有担当

（一）什么是担当

"担当"在词典中的意义就是：接受并负起责任。肩扛千斤，谓之责；背负万石，谓之任。正所谓"天下兴亡，匹夫有责""为天地立心，为生民立命"等。

担当是敢于承担责任，关键时刻敢挑担子，在责任面前不回避，不推诿，不退缩。具体表现为："明知山有虎，偏向虎山行"的勇气；"狭路相逢勇者胜"的态度；"我不入地狱谁入地狱"的挺身而出；"砍头不要紧，只要主义真"的不怕牺牲等。而见好事喜事就"抢篮球"，见难事烦事就"踢足球""打排球"。这是不担当、不作为的表现，是我们极力反对的。

（二）学生干部应有的担当

1.恪守初心，自觉担当使命。从大的方面讲，就是恪守紧跟党走的初心，担当为国家

发展、民族复兴奉献青春的使命；从小的方面说，就是坚守为学生服务的初心，履行为学生成长成才、学校发展奉献青春的使命。

2. 自我发展，一心服务同学。这就要求学生干部做到：一是不断自觉提升"四自"管理能力(路径见下图)；二是心无旁骛，全心全意地服务同学。

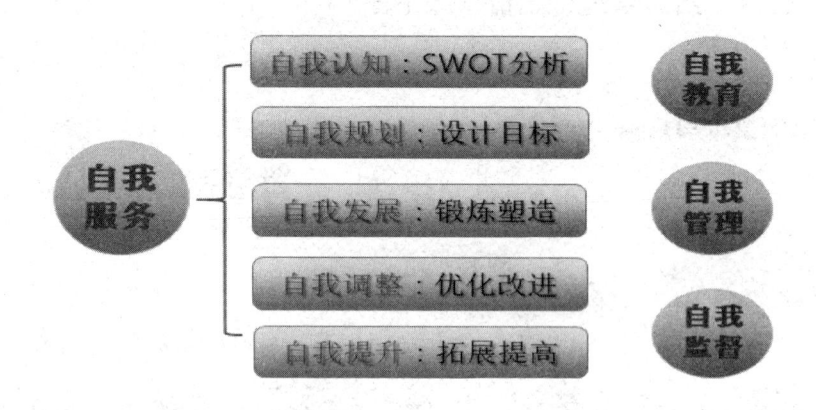

自我服务
- 自我认知：SWOT分析
- 自我规划：设计目标
- 自我发展：锻炼塑造
- 自我调整：优化改进
- 自我提升：拓展提高

自我教育
自我管理
自我监督

3. 积极作为，主动迎难而上。这需要学生干部做到：主动想事、谋事、做事；遇事不回避、不推诿、不退缩；求真务实，脚踏实地地实干；有独立思考、独当一面能力。

4. 砥砺创新，勇做"急先锋"。这就要求学生干部：一要有深厚的为民情怀，树立问题意识，坚持问题导向，想同学之所想，急同学之所急；二要有敢为人先的创新精神，敢想、敢干、敢闯；奋勇拼搏，无私奉献；三要有"功成不必在我""功成必定有我"的精神与担当，开拓创新，积极作为。

5. 要具有"三牛"精神。2020年12月31日，习近平总书记在全国政协新年茶话会上强调，要"发扬为民服务孺子牛、创新发展拓荒牛、艰苦奋斗老黄牛的精神，永远保持慎终如始、戒骄戒躁的清醒头脑，永远保持不畏艰险、锐意进取的奋斗韧劲"，在全面建设社会主义现代化国家新征程上奋勇前进，以优异成绩庆祝中国共产党成立100周年！这也是对我们大学生，尤其是大学生干部的要求与鞭策。

第二章 高校思想政治教育政策探究

改革开放40多年来，历届党中央领导集体坚持解放思想、实事求是的思想路线，立足国情和学情、着眼世情，根据不同历史时期高校思想政治工作实践中所面临的不同矛盾和问题，遵循思想政治教育规律、教书育人规律和人才成长规律，与时俱进、求真务实，出台了一系列加强和改进大学生思想政治教育的重要政策文件，有效规范了高校思想政治教育工作。认真学习，仔细梳理这些政策文件的发展脉络，把握其中的演变规律，掌握其方法论，对辅导员开展工作具有重要的现实意义。

第一节 改革开放后高校思政教育政策变迁及其主要特征

改革开放以来，历届党中央领导集体基于不同历史时期的世情、国情和学情，为解决各自所处历史发展阶段而面临的高校思想政治教育工作的主要矛盾与问题，从不同的侧重点和关注点出发，陆续颁发了200多个[①]关于加强和改进高校思想政治教育工作的重要政策文件。考查分析这些政策文件，我们发现它们在价值取向、核心要义、实施措施等方面呈现出时代变迁发展轨迹，具有鲜明的阶段性特征。

一、"拨乱反正"重构阶段（1978—1989）：实现了高校思政教育政策的价值取向重大转移及基本框架重建

1978年党的十一届三中全会召开，以邓小平同志为核心的中央领导集体冲破"左"倾错误思想的束缚，重新确立了"解放思想、实事求是"的思想路线。为了加强高校学生思想政治工作，出台了以《关于加强高等学校学生思想政治工作的意见》《关于加强高等学校思想政治工作的决定》《关于改进和加强高等学校思想政治工作的决定》为代表的文件40余个[②]，涉及思想政治品德教育、马克思主义理论教育、爱国主义教育、学科(专业)建设、学历学位构建、课程建设、师资队伍建设等诸多方面（详见下图），标志着我国高

[①] 教育部思想政治工作司组编：《加强和改进大学生思想政治教育重要文献选编（1978—2014）》，知识产权出版社，2015年。

[②] 教育部思想政治工作司组编：《加强和改进大学生思想政治教育重要文献选编（1978—2014）》，知识产权出版社，2015年。

校思想政治领域步入了"拨乱反正"、恢复重建的新阶段。

1978年—1989年党和国家颁发的关于高校思想政治教育政策重要文件统计分布情况

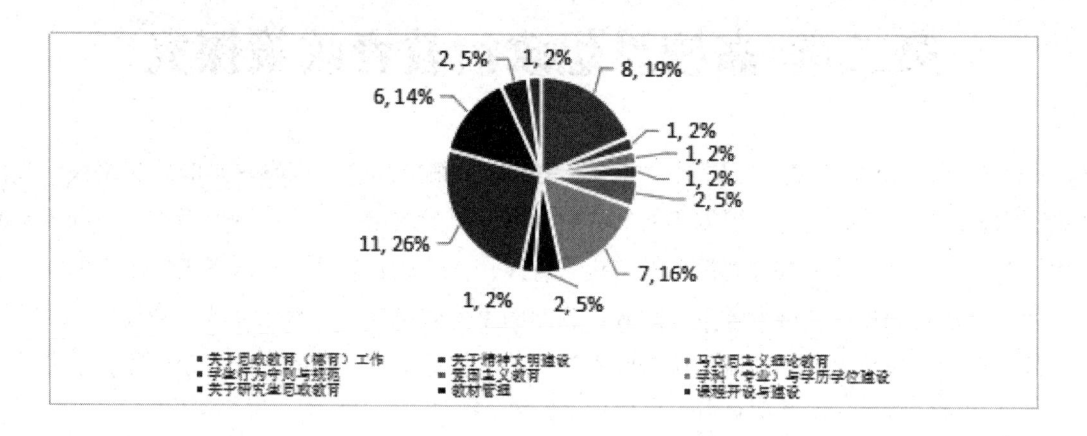

数据来源：根据教育部思想政治工作司组编《加强和改进大学生思想政治教育重要文献选编（1978—2014）》统计

这一时期我国高校思想政治教育政策，主要呈现以下特征：

（一）推动思想政治教育政策价值取向的转变

由"以阶级斗争为纲"统领下的"政治可以冲击一切、政治可以代替一切"的"凌驾型"教育价值取向转变为"服从和服务于以经济建设为中心"指导下的"为'四化'建设进行人才培养和科学研究"的"服务型"教育价值取向[①]，明确要求"学校的思想政治工作必须紧密结合为'四化'培养人才这个中心来进行"[②]。

（二）重构了以"理论＋实践"为特征的思政教育体系

（1）通过出台《关于加强和改进高等院校马列主义理论教育的若干规定》《关于改革学校思想品德和政治理论课程教学的通知》《关于在高等学校进一步贯彻〈中共中央关于改革学校思想品德和政治理论课程教学的通知〉的意见》等文件，构建了以"中国革命史""中国社会主义建设""马克思主义原理""世界政治经济和国际关系"（文科）四门课程为核心的高校思想政治理论课程设置体系"85"方案。

（2）出台《关于在十二所院校设置思想政治教育专业的意见》《关于在高等学校举办思想政治教育本科班的意见》《关于改进和加强高等学校思想政治工作的决定》《关于思想政治教育专业培养硕士研究生实施意见》等文件，构建了"大专生→本科生和第二学士生→硕士、博士研究生"正规化培养思政教育专业人才的学科体系。

---

① 骆郁廷：《改革开放30年来高校思想政治教育的历史发展》，《思想理论教育》，2008年第19期。
② 《教育部、共青团中央印发〈关于加强高等学校学生思想政治工作的意见〉的联合通知》，1980年4月29日。

（三）确立了大学生思想政治工作队伍建设的基本框架

目前，高校政治辅导员制度或班主任制度，"双肩挑""专兼结合"等工作机制、人员选配、培养培训、工资待遇、职务聘任等方面的要求，均在《关于加强高等学校思想政治工作队伍建设的意见》《关于选配品学兼优的应届毕业生充实高校学校思想政治教育工作队伍的通知》《关于高校学校学生思想政治工作兼职人员若干问题的规定》等文件中有明确规定。

二、规范改进阶段（1989—2002）：确立了德育为首以及科学规范化发展高校思政教育的工作思路

党的十三届四中全会后，以江泽民同志为核心的中央领导集体在深刻反思国内"十年最大的失误是教育"[1]、在总结"苏联解体、东欧剧变"教训的基础之上，坚持"两手抓，两手都要硬"的方针，开始纠偏、规范和改进高校思想政治教育政策，先后颁发了以《关于新形势下加强和改进高等学校党的建设和思想政治工作的若干意见》《中共中央关于进一步加强和改进学校德育工作的若干意见》《中共中央关于加强和改进思想政治工作的若干意见》为代表性文件50余个[2]，加强和改进高校大学生思想政治工作（详见表1）。

表1：1989-2002年党和国家颁发的关于高校思想政治教育政策重要文件统计分布一览表

项目	文件个数	占比	项目	文件个数	占比	项目	文件个数	占比
关于思政教育工作宏观政策	6	11.5%	马克思主义理论教育	2	3.8%	师资队伍建设	2	3.8%
德育（含公民道德教育、爱国主义教育）	8	15.4%	学生行为守则与规范	1	1.9%	社会实践活动	2	3.8%
关于精神文明建设	1	1.9%	学科（专业）与学历学位建设	2	3.8%	公寓（宿舍）管理	1	1.9%
关于党建工作	3	5.8%	关于研究生思政教育	1	1.9%	心理健康教育	2	3.8%
关于网络管理与教育	1	1.9%	教材管理	2	3.8%	形势与政策机遇	1	1.9%
贯彻领导讲话、文选或重要会议精神	8	15.4%	课程开设与建设	3	5.8%	其他	6	11.5%
总数	52	100.0%						

数据来源：根据教育部思想政治工作司组编《加强和改进大学生思想政治教育重要文献选编（1978-2014）》统计。

相较之于前期来比，这一时期党更加注重对高校思想政治教育政策制定的领导、管理与规范，高校思想政治教育工作呈现出"科学化、规范化"发展特征，具体表现为：

---

[1] 中共中央文献编辑委员会：《邓小平文选（第3卷）》，北京：人民出版社，1993年。
[2] 教育部思想政治工作司组编：《加强和改进大学生思想政治教育重要文献选编（1978—2014）》，北京：知识产权出版社，2015年。

（一）确立了"德育为首"，培育"四有"新人的思想政治教育政策价值取向

党中央明确提出"坚持把德育放在学校工作的首位"[①]"学校德育的根本任务是把坚持正确的政治方向摆在首位，培养有理想、有道德、有文化、有纪律的社会主义新人"[②]。通过出台《关于进一步加强和改进学校德育工作的若干意见》《中国普通高校学校德育大纲（试行）》《爱国主义教育实施纲要》《公民道德建设实施纲要》等文件，将高校德育作为一项社会系统工程进行系统谋划建设。强调学校要建立和完善校长及行政系统为主实施的德育管理体制，"要把德育贯穿在教育的全过程，落实在教学、管理、后勤服务的各个环节上""要建立德育评估制度，把德育工作作为评价一个地区、一所学校教育教学工作的重要内容"[③]。

（二）强化党对大学生思想政治教育的领导与管理。

党中央要求高校在今后相当长时期仍应实行"党委领导下的校长负责制"[④]，继后又颁发了《关于加强高等学校党的建设的通知》《关于高等学校党政领导干部深入师生做好工作的几点意见》《关于加强高等学校共青团建设的意见》等文件，对高校的领导体制、工作制度、队伍建设等方面做出明确规定，构建了高校党政工团齐抓共管、整合发展"显性"与"隐性"德育的分工合作工作机制。

（三）改革高校思想政治教育课程设置，形成了"98方案"。

出台《关于高校马克思主义理论课和思想品德课教学改革的若干意见》《关于普通高校学校开设〈邓小平理论概论〉课的通知》《关于普通高等学校"两课"课程设置的规定及其实施工作的意见》等文件，按照"少而精""要管用"的原则，构建了以"马克思主义哲学原理""马克思主义政治经济学原理""毛泽东思想概论""邓小平理论概论""思想道德修养""法律基础""形势与政策""当代世界经济与政治"（文科）为主干课程的高校"两课"教育"98方案"。

（四）高校思想政治教育内容向"政治、思想、道德、心理健康、法制、网络管理"等多维方向综合发展。

出台《关于进一步加强和改进学校德育工作的若干意见》《关于加强高等学校思想政治教育进网络工作的若干意见》《关于加强普通高等学校大学生心理健康教育工作的意见》

---

① 《中共中央关于加强高等学校党的建设的通知》，1990年7月17日。
② 《中国教育改革和发展纲要》，1993年2月13日。
③ 《中共中央关于进一步加强和改进学校德育工作的若干意见》，1994年8月31日。
④ 《中共中央、国务院转发国家教委〈关于当前高等学校工作中的几个问题意见〉的通知》，1989年7月10日。

《关于加强青少年学生法制教育工作的若干意见》等政策文件，要求高校思政教育应开展适应社会主义市场经济体制下的理想信念、人生观和价值观教育；以爱国主义、集体主义、社会主义教育和社会公德、职业道德、家庭美德教育为主要内容的思想道德教育；开展网络教育、心理健康教育、法制教育以及全面推进素质教育等等。

三、开拓发展阶段（2002—2012）：强调了以人为本与注重高校思想政治教育工作实效性提升

党的十六大后，以胡锦涛同志为总书记的中央领导集体从"培养什么人、如何培养人"的战略高度，以科学发展观为指导，科学制定高校思想政治教育相关政策，出台了以《关于进一步加强和改进大学生思想政治教育的意见》（中发〔2004〕16号）为代表的文件50余个[①]（详见表2）。

表2：2002—2011年党和国家颁发的关于高校思想政治教育政策重要文件统计分布一览表

项目	文件个数	占比	项目	文件个数	占比	项目	文件个数	占比
关于思政教育工作宏观政策文件	1	1.9%	贯彻领导讲话、文选或重要会议精神	11	20.8%	师资队伍建设	4	7.5%
关于德育工作	3	5.7%	学生行为守则与规范	1	1.9%	社会实践活动	1	1.9%
关于党建工作	3	5.7%	学科（专业）与学历学位建设	3	5.7%	公寓（宿舍）管理	3	5.7%
关于廉洁教育工作	2	3.8%	关于研究生思政教育	1	1.9%	心理健康教育	3	5.7%
关于网络管理与教育	1	1.9%	教材管理	3	5.7%	形势与政策机遇	1	1.9%
课程开发与建设	5	9.4%	其他	7	13.2%			
总数	53				100.0%			

数据来源：根据教育部思想政治工作司组编《加强和改进大学生思想政治教育重要文献选编（1978—2014）》统计。

研究分析这一时期我国高校思想政治教育政策文件，我们发现了以下主要特征：

（一）"坚持以人为本，促进大学生全面发展"作为高校思想政治教育政策的价值取向

中发〔2004〕16号文件明确指出加强和改进大学生思想政治教育需"以理想信念教育为核心，以爱国主义教育为重点，以思想道德建设为基础，以大学生全面发展为目标"，坚持以人为本，"培养德智体美全面发展的社会主义合格建设者和可靠接班人"。这从根本上改变了长期以来"只重人的智力发展，不重人的全面发展，只讲智育、不讲德育的'智

[①] 教育部思想政治工作司组编：《加强和改进大学生思想政治教育重要文献选编（1978—2014）》，北京：知识产权出版社，2015年。

力至上'的错误偏向",①开始注重塑育大学生健全人格的育人目标。

（二）构建了高校思想政治教育"三全育人"工作格局

中发〔2004〕16号文件提出了"学校党政干部和共青团干部，思想政治理论课和哲学社会科学课教师、辅导员和班主任是大学思想政治教育的工作队伍主体"，各自肩负不同的育人职责，而广大教职员工也肩负着大学生思想政治教育的重要责任；"建立健全党委统一领导、党政群齐抓共管、有关部门各负其责、全社会大力支持的领导体制和工作机制，形成全党全社会共同关心支持大学生思想政治教育的强大合力""要把大学生思想政治教育摆在学校各项工作的首位，贯穿于教育教学的全过程"等"全员、全方位、全过程"育人的工作政策思路。

（三）逐渐形成了具有"理论+中国化+实践"特征的高校思想政治教育课程体系

出台以《关于进一步加强和改进高等学校思想政治理论课的意见》为指导性文件及其配套文件10余个，更加注重党的最新理论成果的"三进"工作，在精简"98方案"基础上形成了以"马克思主义基本原理概论""毛泽东思想、邓小平理论和'三个代表'重要思想概论""思想道德修养和法律基础""中国近现代史纲要"为必修课，以"形势和政策"和"当代世界经济与政治"为选修课的"05方案"。同时，更加注重"使用国家统一制定的标准化教材"的要求，更加注重强化高校思想政治教育的学科归属与学科定位，等等。这最终促构建了"学科、教材、师资、课程协同推进"的思想政治理论教育模式。

（四）更加注重高校思想政治教育的实效性提升。

一是从提高"教书育人、管理育人、服务育人"效能出发，相继出台了《关于加强高等学校辅导员班主任队伍建设的意见》《普通高等学校辅导员队伍建设规定》《关于印发<2006年—2010年普通高等学校辅导员培训计划>的通知》《关于组织高校思想政治理论课骨干教师研修的意见》《关于进一步加强高等学校思想政治理论课教师队伍建设的意见》等文件，切实提高高校思想政治理论课教师的整体素质与水平，推动辅导员专业化、职业化、专家化发展。二是从创新思想政治教育理念、内容与方法出发，出台了《关于加强和改进高等学校校园文化建设的意见》《关于进一步加强高等学校校园网络管理工作的意见》《关于进一步加强和改进大学生社会实践的意见》《关于在大中小学全面开展廉洁教育的意见》《关于进一步加强高校学生住宿管理的通知》《关于进一步加强和改进大学生心理健康教育的意见》等文件，提出了"实践育人""文化育人""网络育人""环境育人"以及开展心理危机干预与心理咨询等政策要求。

---

① 郑敬斌、王立仁：《改革开放以来思想政治教育发展的历史回顾与思考》，《兰州学刊》，2011年第6期。

四、创新发展阶段（2012年至今）：基于"立德树人"根本任务，全面系统谋划高校思政教育工作

党的十八大以来，以习近平同志为核心的党中央从保障中国特色社会主义事业后继有人的重大战略任务出发，出台了以《关于加强和改进新形势下高校思想政治工作的意见》（中发〔2017〕31号）为代表性的文件60余个①（详见表3），加强对高校思想政治教育工作的政策部署。

表3：2012-2018年党和国家颁发的关于高校思想政治教育政策重要文件统计分布一览表

项目	文件个数	占比	项目	文件个数	占比	项目	文件个数	占比
关于思政教育工作宏观政策文件	7	11.3%	爱国主义教育	1	1.6%	心理健康教育	1	1.6%
关于核心价值观	5	8.1%	马克思主义理论学科（专业）建设	1	1.6%	学生伤害事故处理	1	1.6%
关于党建工作	8	12.9%	关于研究生思政教育	1	1.6%	创新创业教育	1	1.6%
关于师德建设	3	4.8%	学校美育工作	1	1.6%	校园不良网贷工作	3	4.8%
关于优秀传统文化教育	2	3.2%	课程开设与建设	4	6.5%	国家安全教育	1	1.6%
关于宣传思想工作	1	1.6%	师资队伍建设	8	12.9%	教育标准化建设	1	1.6%
贯彻领导讲话、文选或重要会议精神	9	14.5%	社会实践活动	1	1.6%	学生实习管理	1	1.6%
其他	1	1.6%						
总数	62				100.0%			

数据来源：根据教育部思想政治工作司组编《加强和改进大学生思想政治教育重要文献选编（1978-2014）》，中华人民共和国教育部网站http://www.moe.gov.cn/was5/web/search?channelid=287123 等数据信息统计。

这一时期的高校思想政治教育政策，主要呈现出如下特征：

（一）确立了"立德树人，培养德智体美全面发展的社会主义建设者和接班人"的高校思政教育政策价值取向。

为了落实党的十八大首次提出的"把立德树人作为教育的根本任务"这一要求，2014年教育部就出台了《关于全面深化课程改革 落实立德树人根本任务的意见》。嗣后，相继出台《关于建立健全高校师德建设长效机制的意见》《关于全面落实研究生导师立德树人职责的意见》《关于高校教师师德失范行为处理的指导意见》《关于全面深化新时代教师队伍建设改革的意见》《新时代高校教师职业行为十项准则》等文件，规范师德师风行为，进一步落实立德树人根本任务。

（二）整体设计、系统谋划高校思想政治教育工作。

中发〔2017〕31号文件作为新时代加强和改进高校思想政治工作的行动指南，从强化思想理论教育和价值引领、加强对课堂教学和各类思想文化阵地的建设管理、推进高校

---

① 根据中华人民共和国教育部http://www.moe.gov.cn/was5/web/search?channelid=287123重要文件数据汇总统计。

思想政治工作改革创新、加强和改善党对高校的领导等七个方面，对加强和改进新形势下高校思想政治工作做出了政策战略部署。而《高校思想政治工作质量提升工程实施纲要》则一体化构建了课程、科研、实践、文化、网络、心理、管理、服务、资助、组织等"十大"育人体系；《普通高校思想政治理论课建设体系创新计划》整体推进教材、教师、教学等方面综合改革创新。

（三）以标准化建设推动高校思想政治育人质量提升。

出台《关于完善教育标准化工作的指导意见》《高等学校思想政治理论课建设标准》《高校学校马克思主义学院建设标准》《新时代高校思想政治理论课教学工作基本要求》《高等学校辅导员职业能力标准（暂行)》《普通高等学校学生党建工作标准》等系列文件，从宏观政策、课程建设、阵地建设、教学规范、辅导员队伍、党建工作等方面，致力于标准化建设，促进高校思政育人的综合质量提升。

（四）创新高校党建工作机制，以党建促思想政治教育发展。

①出台《关于高校党组织"对标争先"建设计划的实施意见》《关于开展新时代高校党建示范创建和质量创优工作的通知》等文件，加强党对高校的全面领导，开展高校党建"双创"工作，推动全面从严治党向高校基层延伸，落实立德树人根本任务。②通过《普通高等学校学生党建工作标准》《关于加强新形势下高校教师党支部建设的意见》等文件，强调"党政同责""一岗双责"，健全了高校基层党建制度，推进高校教师、学生党支部建设制度化、规范化、科学化、具体化。③以《关于高校教师党支部书记"双带头人"培育工程的实施意见》《关于开展首批高校"双带头人"教师党支部书记工作室建设工作的通知》等文件，健全了高校教师党支部书记履职尽责、培养培育、管理监督、激励保障、示范带动等机制，发挥党支部书记"头雁效应"，推动高校思想政治工作发展。

（五）注重核心价值观教育，强化高校意识形态领导权

出台《关于培育和践行社会主义核心价值观的意见》《关于在各级各类学校推动培育和践行社会主义核心价值观长效机制建设的意见》等文件，突出顶层设计，着力在"贯穿、结合、融入"和"宣传、教育、引导"上下功夫，综合运用课堂教学、实践养成、文化熏陶、制度保障、研究宣传等方式，将培育和践行社会主义核心价值观工作落实到教育教学和管理服务等各环节。①颁布《培育和践行社会主义核心价值观行动方案》《教育系统贯彻落实〈关于培育和践行社会主义核心价值观的意见〉的工作方案》《高校学生培育和践行社会主义核心价值观测评指标》等文件，提升社会主义核心价值观教育的实效性。出台《关于进一步加强和改进新形势下高校宣传思想工作的意见》《党委（党组）意识形态工作责

---

① 冯刚主编：《改革开放以来高校思想政治教育发展史》，北京：人民出版社，2018年。

任制实施办法》《教育系统贯彻落实〈党委（党组）意识形态工作责任制实施办法〉的实施细则》等文件，构建了党委统一领导、党政齐抓共管、宣传部门组织协调、各相关部门积极配合，共同做好意识形态工作的格局，牢牢掌握高校意识形态领导权、主动权，成为新时代高校思想政治工作的重要遵循。

第二节 改革开放后高校思政教育政策的演变规律及方法论探析

改革开放以来，历届党中央领导集体高度重视高校思想政治教育工作的制度规范建设，在不同历史时期因形势变化所需而适时出台了一系列政策文件。探寻40年来高校思想政治教育政策的制定思路方法、举措与实现途径的演变，揭示其中蕴含的政策演变规律与方法论，具有重要的现实意义。

一、高校思政教育政策演变规律

纵观改革开放40多年来历届党中央领导集体加强和改进大学生思想政治教育政策所经历的"拨乱反正"：重构（1978—1989）、规范改进（1989—2002）、开拓发展（2002—2012）、创新发展（2012年至今）四个阶段的发展脉络，我们不难发现其中蕴含着某些演变规律。

（一）因时因势而渐进调适定律

改革开放40多年高校思想政治教育政策制定始终围绕着"培养什么人，怎样培养人，为谁培养人"这一核心命题，依据时势变化、社会发展需要以及高校思想政治教育规律和大学生自身发展规律，按照"发现问题→政策调适→解决问题"的基本路径，适时从价值取向、课程体系建设、教育内容、管理体制、人才队伍建设和教育实效性等诸多方面进行渐进式的修正、改进，使政策体系得到不断完善。譬如高校思想政治理论课从"85方案"→"98方案"→"05方案"的逐渐演变，就是对这一定律的最好诠释。

（二）由"一"而"多"的发展定律

考查改革开放40多年高校思想政治教育政策的演变历史，我们发现：从政策价值取向看，由以为"四化"建设培养人才[1]、培养社会主义"四有"新人[2]为社会本位价值的"一

---

[1] 《教育部、共青团中央印发〈关于加强高等学校学生思想政治工作的意见〉的联合通知》，1980年4月29日。
[2] 《中国教育改革和发展纲要》，1993年2月13日。

维性"向"坚持以人为本,坚持'三贴近',培养德智体美全面发展的社会主义合格建设者和可靠接班人"①社会本位价值与个体本位价值相统一的"两维性"转变;从规定育人实践看,从最初的"教书育人""管理育人""服务育人"进而拓展到构建"课程、科研、实践、文化、网络、心理、管理、服务、资助、组织"等"十大"育人体系②;从规定教育内容看,从以马克思主义理论为核心的政治理论教育为主发展延伸为思想品德教育、法制教育、心理健康教育、公民道德教育、素质教育等。由此可见,高校思想政治教育政策呈现出由宏观走向微观、由笼统到具体、由宽泛到细化的由"一"而"多"的发展定律。

(三)政策制定的内生主导定律。

一般而言,促推公共政策制定的动力源不外乎于外部环境驱动和政府内部驱动两种基本形式。在当代中国,"中国共产党领导是中国特色社会主义最本质的特征""党政军民学,东西南北中,党是领导一切的"③。这也就决定了当代中国公共政策的输入过程呈现出"内部输入"④为主导的一般特征。高校思想政治教育政策作为中国公共政策的重要组成部分,理所当然地反映了这一规律。事实上,改革开放40多年来,历届党中央领导集体加强和改进大学生思想政治教育政策均是从"培养社会主义合格建设者和可靠接班人"的政治目标出发,立足于时代发展特征与当时社会政治经济发展的现实需求,针对高校思想政治教育工作中所出现的问题与矛盾,自觉主动地适时进行社会利益要求的认定与利益综合的输入,提出育人目标、基本原则、工作方式、领导管理以及采取的一般步骤和具体措施等。即按照"社会需要什么,学生缺少什么"的原则,以内输入为主导的方式,制定高校思想政治教育政策内容,强化大学生对马克思主义以及社会主义核心价值观的认同与守则。

(四)演进的"路径依赖"定律。

路径依赖(Path-Dependence),是美国经济学家、历史学家道格拉斯·诺思在研究经济制度演进时所发现并提出的概念。他认为,人类社会中的技术演进或制度变迁均有类似于物理学中的惯性,一旦进入某一路径(无论是"好"还是"坏")就可能对其产生依赖,即"人们过去做出的选择决定了他们现在及未来可能的选择"⑤。研究改革开放以来不同历史时期的高校思想政治教育政策,我们不难发现,在价值取向、教育内容、教育方式、管理体制等政策设定上呈现出"路径依赖"现象⑥:①在价值取向上始终突出了培养社会主义"建设

---

① 《中共中央、国务院.关于进一步加强和改进大学生思想政治教育的意见》,2004年8月26日。
② 《中共教育部党组关于印发<高校思想政治工作质量提升工程实施纲要>的通知》,2017年12月4日。
③ 《党的十九大文件汇编》,北京:党建读物出版社,2017年11月。
④ 张小明:《内部输入:解读当代中国公共政策制定的输入机制》,《宁夏社会科学》,2000年第5期。
⑤ 道格拉斯·诺思著,陈郁等译:《经济史中的结构与变迁》,上海:三联书店,1991年。
⑥ 韩丹:《高校思想政治教育变革中的路径依赖现象及消解——基于教育政策的视角》,《河南社会科学》,2011年第19卷第6期。

者"和"接班人"的社会本位价值目标,而对个体本位价值目标却存在"虚化"现象;②在教育内容规定上始终突出了"立德树人"、"把坚定正确的政治方向放在学校工作首位"的政治理论教育;③在教育方式上认为思想政治理论课"体现了中国特色社会主义大学的本质要求"而始终突出了它是大学生思想政治教育的"主渠道"地位与作用;④在管理体制上始终强调了校级党政领导、思想政治理论课教师、辅导员是高校思想政治教育工作的三大主体而不断强化其作用等等。

二、高校思政教育政策制定的方法论研究

习近平同志强调,"与马克思主义世界观相统一的方法论,是指导我们正确认识和改造世界的根本思想方法和工作方法"。[①]因此,运用马克思主义方法论思想,研究解析改革开放以来历届党中央领导集体在不同历史时期制定高校思想政治教育政策的具体方法,具有重要的现实意义。

(一)坚持"问题导向"法

毛泽东同志说:"什么叫问题?问题就是事物的矛盾,哪里有没有解决的矛盾,哪里就有问题。"[②]高校思想政治教育领域在不同历史时期也有其不同的矛盾与问题。因此,历届党中央领导集体坚持以问题为导向,调查研究,制定措施、出台文件,从而确保了我国高校思想政治教育政策在过程、执行、效果等方面的连续性、稳定性与有序性。为了纠正"文化大革命""左"倾错误思想路线对大学生思想和高校思想政治工作造成的严重"内伤",相继出台了《关于加强高等学校学生思想政治工作的意见》《关于加强高等学校思想政治工作的决定》《关于改进和加强高等学校思想政治工作的决定》等系列文件,"拨乱反正",重构了高校思想政治教育基本框架;颁布《关于新形势下加强和改进高等学校党的建设和思想政治工作的若干意见》《中共中央关于进一步加强和改进学校德育工作的若干意见》《中共中央关于加强和改进思想政治工作的若干意见》等文件,旨在反思国内"十年最大的失误是教育"[③]、总结"苏联解体、东欧剧变"教训,纠正、规范和改进高校思想政治教育工作;围绕"培养什么人、如何培养人、为谁培养人"这一根本问题,出台了《关于进一步加强和改进大学生思想政治教育的意见》(以下简称"中发〔2004〕16号")及其17个配套文件,提出"坚持以人为本""三个贴近""六个结合""四个建设"和"三全育人"等政策指向;基于"事关办什么样的大学、怎样办大学的根本问题、事关党对高校的领导,事关中国特色社会主义事业后继有人"战略考量,出台了《关于加强和改进新形

[①] 习近平:《深入学习中国特色社会主义理论体系 努力掌握马克思主义立场观点方法》,《求是》,2010年第7期。
[②] 《毛泽东选集(第三卷)》,北京:人民出版社,1967年。
[③] 中共中央文献编辑委员会:《邓小平文选(第3卷)》,北京:人民出版社,1993年。

势下高校思想政治工作的意见》（以下简称"中发〔2017〕31"号）等系列文件，全面系统谋划加强和改进高校思政教育工作。

（二）坚持"三因"定策法

2016年12月，习近平总书记在全国高校思想政治工作会议上首次提出了"因事而化、因时而进、因势而新"的"三因"理念。这是马克思主义与时俱进的理论品格和科学的思想方法的深刻概括。事实上，这也是历届党中央领导集体制定高校思想政治教育政策所始终遵循的基本方法。概览改革开放以来高校思想政治教育政策所经历的"拨乱反正"重构、规范改进、开拓发展、创新发展四个演进时段，鉴于高校思想政治教育工作的主客体对象、所面临的社会环境和国际国内态势等各种因素都是动态变化发展的，历届党中央领导集体在不同历史时期所制定的政策，除恪守"培养社会主义合格建设者和可靠接班人"这一根本任务不变的情况下，在价值取向、内容规定、工作思路、基本原则等具体政策规定方面均呈现出时代特征和历史阶段特点。人才培养目标上从"又红又专"，到"有理想、有道德、有文化、有纪律"新人，再到"德智体美全面发展"；教育内容上从"马克思主义基本理论教育、革命理想教育"，到"五讲四美"教育，到"爱祖国、爱人民、爱劳动、爱科学、爱社会主义"的"五爱"教育，到"理想教育、国情教育、法制教育、纪律教育"，再到"传统文化教育、网络教育、心理健康教育"等；育人实践上从"教书育人"，到"教书育人、管理育人、服务育人"，再到构建"十大育人"体系；课程体系设置上从"85方案"，到"98方案"，再到"05方案"，等等，无不体现了"因事而化、因时而进、因势而新"的政策制定原则与方法。

（三）坚持"先宽后细"法

马克思主义认为，在事物发展过程中矛盾的主要方面决定着事物变化发展的性质。人们对事物规律的认识，是一个逐步深化的过程。所以，采取"先宏观后微观，先笼统后具体"的"先宽后细"法，先出台一个具有宏观指导意义的纲领性文件，而后根据发展需要和政策实施情况而适时出台更加具体、细化的配套子文件，最终系统构建某一时期的高校思想政治教育政策体系，成为历届党中央领导集体将马克思主义基本原理运用于高校思想政治教育政策制定实践的具体体现。譬如，自中发〔2004〕16号文件从指导思想和基本原则、主要任务、课堂教学、有效途径、党团组织、队伍建设、社会环境、组织领导等九个方面做出提纲挈领的系统规定与要求后，随之又出台了17个相关配套文件，对高校思想政治教育的专业设置、学科教材体系建设与管理、队伍建设、大学生社会实践、校园文化建设等方面提出了具体的政策、措施和工作要求。又如中发〔2017〕31号文件从基本原则、强化思想理论教育和价值引领、加强对课堂教学和各类思想文化阵地的建设管理、推进高校思想政治工作改革创新、加强和改善党对高校的领导等7个方面做出战略部署，成为新时代加强和改进高校思想政治工作的行动指南。于是,《新时代高校思想政治理论课教学工作基本要求》《高校思想政治工作质量提升工程实施纲要》《关于高校教师党支部书记"双带头人"培育工程的实施意见》《普通高等学校学生党建工作标准》等系列文件相继颁发,进一步细化了中发中发〔2017〕31号文件的战略部署。

三、高校思政教育政策演变规律及方法论的现实意义

探寻改革开放以来高校思想政治教育政策的内在演变规律,以及研究党和国家制定高校思想政治教育政策的方法论,旨在揭示规律、运用方法、指导现实。

(一)以问题为导向制定政策,因时势渐进调适政策,是高校思想政治教育政策科学化、合理化的必然要求

马克思主义认为,实践是认识的源泉。政策既是人们认识世界的产物,又是人们改造世界的制度性工具。政策能否真正起到改造世界的功效,根本前提在于其合理内核是否基于对客观现实的正确反映之上,提出解决相应问题的科学合理的举措与原则规定。从改革开放以来高校思想政治教育政策的演化看,要制定出科学合理的高校思想政治教育政策,就必须坚持实事求是的思想路线,坚持问题导向,对高校思想政治教育工作现状、大学生的心理个性特征与政治思想状况、外部环境形势等开展认真调查研究,搜集资料,通过"去粗取精、去伪存真、由此及彼、由表及里"的改造制作功夫,才能制定出切实可行的政策措施。与此同时,实践是检验真理的唯一标准。政策既不可能"一成不变",也不是"一刀切"。政策文件一旦出台,我们既要及时关注政策执行过程中的"异化"现象;又要及时关注外部环境变化所引起的政策自身的不适应性和滞后性;还要关注政策运用中的"区域差异性",以此因时因地做出政策调整或灵活变通。当然,政策的适时调整应遵循循序渐进的原则,并要正确地处理好新旧政策之间的"存"与"废"和"继承"与"扬弃"的关系问题。唯有如此,才能确保高校思想政治教育政策的继起性和稳定有序。

(二)以"三因"理念变革政策,消解"路径依赖"现象,是确保高校思想政治教育政策永葆生命力的客观需求

根据路径依赖定律,无论高校思想政治教育政策的好坏,一旦步入某种路径,都会出现"路径依赖"现象,影响政策的实效性。这就要求我们在政策制定、政策执行过程中必须谨防并设法消解高校思想政治教育政策的"路径依赖"现象。而"因事而化、因时而进、因势而新"的"三因"理念则为我们提供了方法论指导。这就是:①"因事而化",要契合当代大学生心理个性的需求点,将高校思想政治工作与学校各种实务相融合,将高校思想政治教育的社会目标与个体目标相统一,将课堂教学与社会实践相统一,构建高校思想政治教育管理"多元合力"机制,切实提高政策的实效性。②"因时而进",要紧跟"互

联网+"、社会结构"扁平化"、价值取向"多元化"等新的时代特征,遵循思想政治工作规律,遵循教书育人规律,遵循学生成长规律,把握时机,不断创新高校思想政治教育政策思路与举措,增强政策时效与实效。③"因势而新",要着眼于国际国内大势,结合我国的历史、文化、国情等特点,运用系统思维,着力于顶层设计,顺势而为,制定出具有全局性、战略性、前瞻性的纲领性政策文件,规范、指导高校思想政治教育工作,实现高校思想政治教育工作与国家大势的良性互动。

(三)以先宽后细法架构政策,由"一"而"多"体系化发展,是高校思想政治教育政策日臻完善的内在必然

根据马克思主义矛盾普遍性原理,任一政策都不可能一劳永逸地穷尽一切矛盾与问题。这就决定了政策要真正发挥实效性,解决现实问题与矛盾,推动事物向前不断发展,不仅取决于某个政策的科学性、合理性,更取决于某个历史时期是否高屋建瓴地制定了一个纲领性或指导性政策文件并出台了系列配套文件,进而构建了一个科学合理的政策体系。纵观改革开放以来高校思想政治教育政策的演变历史,历届党中央领导集体均在各自所处的历史时期依据高校思想政治教育所面临的世情、国情、学情及时代特征,按照"先宽后细"思路方法,首先制定出了解决所处历史阶段高校思想政治教育所遇到的矛盾与问题的指导性政策文件,继而根据当时社会经济政治发展所对高校思想政治教育的要求、纲领性政策文件自身需要细化的条文要求及其在政策执行实践中的发展新需求,适时相继出台一系列配套性子文件,最后构成了这一历史阶段的高校思想政治教育政策体系。借助于历届党中央领导集体在不同历史时期所构建的政策体系执行与运用,以及不同历史阶段政策体系的相互之间的继承与创新,使得改革开放以来我国高校思想政治教育在课程体系、专业设置、教育内容、教育方式、人才队伍建设、领导管理体制等方面,由"一"而"多"地不断拓展、延伸、深化发展,时至今日,形成了中国特色社会主义高校思想政治教育发展格局。

第三章 高校辅导员铸魂育人之我见

习近平总书记强调,"高校立身之本在于立德树人"[①]"要把立德树人的成效作为检验学校一切工作的根本标准,真正做到以文化人、以德育人,不断提高学生思想水平、政治觉悟、道德品质、文化素养,做到立政德、明大德、守公德、严私德""要把立德树人内化到大学建设和管理各领域、各方面、各环节,做到以树人为核心,以立德为根本"[②]。高校辅导员作为开展大学生思想政治教育的骨干力量,高等学校学生日常思想政治教育和管理工作的组织者、实施者和指导者,理应把立德树人贯穿学生思想政治教育和学生管理全过程,铸魂育人,培养中国特色社会主义建设者和接班人,培育能担当民族复兴大任的时代新人。

第一节 辅导员铸魂育人的基本素养

2019年3月,习近平总书记从"培养什么人、怎样培养人、为谁培养人"的战略高度对思政课教师提出了"政治要强、情怀要深、思维要新、视野要广、自律要严、人格要正"的六条准则,要求以此"为学为人之表率"教育引导学生,给他们心灵埋下真善美的种子,引导学生扣好人生第一粒扣子。[③]辅导员作为高校教师队伍的重要组成部分,大学生思想政治教育工作的骨干力量,大学生健康成长的指导者、引路人和知心朋友,肩负着"为党育人,为国育才"的历史使命。因此,如何遵循"六条"标准,涵养和锤炼自身的育人综合素质,提升思想政治教育工作质量,是新时代高校辅导员必须回答的现实课题。

一、基本素质:政治要强

回顾我国高校辅导员制度的历史,其最早的角色定位就是"政治辅导员"。可见,高校辅导员与专任教师、管理人员、后勤人员最鲜明的区别就在于其"政治性"。这一特殊

[①] 习近平:《把思想政治工作贯穿教育教学全过程》,http://www.xinhuanet.com/politics/2016-12/08/c_1120082577.htm,2016年12月8日。
[②] 习近平:《在北京大学师生座谈会上的讲话》,《人民日报》,2018年5月3日。
[③] 习近平:《在学校思想政治理论课教师座谈会上的讲话》,《人民日报》,2019年3月19日。

的工作岗位性质也就决定了对高校辅导员最基本的要求就是必须讲政治,政治上要强、要有高度。

(一)要有强大的政治信仰

由于高校辅导员承担着"传播知识、传播思想、传播真理,塑造灵魂、塑造生命、塑造新人"[①]的时代重任,决定了她的思想精神灵魂必须是姓"马"、姓"共"。因为只有"让有信仰的人讲信仰"[②],才能教育引导学生体认马克思主义、共产主义远大理想和中国特色社会主义共同理想的伟大力量,从内心上接受、认同、产生对马克思主义的信仰,对共产主义和社会主义的信念,自觉内化为坚持和发展中国特色社会主义事业、建设社会主义现代化强国、实现中华民族伟大复兴的奋斗行为。

(二)要有高度的政治站位

这是"四个意识"的集中体现,是检验高校辅导员是否合格的重要标准。要求高校辅导员必须树牢"四个意识"、坚定"四个自信"、坚决做到"两个维护";必须有政治思维,"善于从政治上看问题";必须破除本位主义,跳出个人和部门利益,站在全局的高度把握形势、思考问题、看待问题、解决问题。

(三)要有坚定的政治立场

"在大是大非面前保持政治上的清醒",坚决站稳党性立场和人民立场,把对党负责和对学生负责高度统一起来,想问题、做决策、办事情。

二、基本要求:情怀要深

作为我国正处于"百年未有之大变局"下的新时代高校辅导员,现实的变局、时代的召唤、历史的使命、未来的憧憬,无不要求我们必须具有更高的心境、更宽的视野、高远的胸怀,厚实家国"大情怀",心系国家和民族,在党和人民的伟大实践中关注时代、关注社会,汲取养分、丰富思想,[③]以此为动力,教书育人。

(一)以"人类命运共同体"的高尚世界情怀

通过正确认识和准确把握中国和世界发展大势,帮助学生认清"中国与世界的关系",解答"世界怎么了、我们怎么办"的时代命题,树立"为世界谋大同"理念,海纳百川,

---

① 习近平:《在全国教育大会上的讲话》,《人民日报》,2018年9月11日。
② 习近平:《在学校思想政治理论课教师座谈会上的讲话》,《人民日报》,2019年3月19日。
③ 同②。

加强文明交流互鉴，共建人类命运共同体。通过准确把握"中国特色与国际比较"，帮助学生真正理解"马克思主义为什么行""中国共产党为什么能""中国特色社会主义为什么好"等诸多重大问题，树立"为中国人民谋幸福，为中华民族谋复兴"思想，奋斗青春。

（二）以"位卑未敢忘忧国"的深厚家国情怀

秉承"三寸粉笔，三尺讲台系国运；一颗丹心，一生秉烛铸民魂"使命担当，既"立德树人"，以培养社会主义建设者和接班人为己任，做学生健康成长的指导者和引路人，培养拥护中国共产党领导和我国社会主义制度、立志为中国特色社会主义奋斗终生的有用人才；又"教书育人"，以"三传播、三塑造"为职责，做学生健康成长的知心朋友，在"坚定理想信念、厚植爱国主义情怀、加强品德修养、增长知识见识、培养奋斗精神、增强综合素质"[①]上下功夫，培养志存高远、刚健有为、自强不息，"有大爱、大德、大情怀"的高素质人才。

（三）以"千教万教教人求真"的崇高职业情怀

走"职业化、专业化"发展道路，主动学习、总结提炼实际工作中所积累的经验、知识、水平和能力；遵循思想政治工作规律，教书育人规律和学生成长规律，根据变化了的社会形势、职业教育发展和学生特点，因事而化，因时而进，因势而新，不断探索思想政治教育的新方法、新路径，提高思想政治教育的实效性和亲和力。

（四）以"爱和责任守护学生"的浓厚学生情怀

始终围绕学生，关爱学生，服务学生，把学生当亲人、朋友，用真爱言传身教；坚持思想价值引领，在学生关心关注的身边小事上下功夫，将理想信念教育、思想品德教育、革命传统教育、社会主义核心价值观教育等融入小事关怀中，以小见大，实现日常关怀把学生心扉打开、高尚品质让学生心灵触动、家国情怀令学生心潮澎湃、真理信仰将学生心力凝聚的育人目标。

三、前提条件：乐于学习

2014年，教育部明文规定高校辅导员是"掌握系统的专业知识和专业技能"的专业人员，由此制定了高校辅导员专业化、职业化发展的"职业能力标准"，列出了辅导员必须所了解和掌握的基本原理、基础知识和专业知识等"知识储备"清单以及从"初级→中级→高级"的职业能力梯度发展标准。[②]事实上，高校辅导员也只有"具备宽广的知识储备"

---

① 习近平：《在全国教育大会上的讲话》，《人民日报》，2018年9月11日。
② 《教育部关于印发〈高等学校辅导员职业能力标准（暂行）〉的通知》，2014年3月27日。

和足够的职业能力，才能把"思想价值引领贯穿教育教学全过程和各环节"[①]，真正实现立德树人根本任务。因此，做好辅导员职业，其基本前提条件就是学问要有宽度。这就要求高校辅导员必须在"增长知识、见识"上下功夫。

（一）要树立"终身学习"理念

坚持"归零思维"，与时俱进，不断学习新知识、新技能、新思路；不断拓展工作视野，努力提高职业素养和职业能力。

（二）要全面系统学习

学习哲学、政治学、教育学、社会学、心理学、管理学、伦理学、法学等学科的基本原理和基础知识；以及思想政治教育专业基本理论、基本知识、基本方法和马克思主义中国化理论，尤其是习近平新时代中国特色社会主义思想等等。通过读原著、学原文、悟原理，求得真学问。

（三）要联系实际学，深入思考学

坚持"做学合一、学思用结合"，切实掌握运用党的创新理论、大学生党团、班级建设、职业生涯规划与就业指导、困难资助、奖罚管理、网络育人、危机事件处理、突发事件应对与管控等工作实务，掌握看家本领，提升职业能力。

（四）要向他人学习

坚持"甘做小学生"心态，见贤思齐，虚心向他人学习请教，尤其是向全国优秀辅导员学习，学习他们的职业理想、职业操守和职业行为以及工作思路、工作办法、工作经验等，学以致用，提升自我。

四、关键要素：思维要新

辅导员所从事的是"做人的工作"这一特殊业态。而现实中，影响每个人行为方式的思想认知、心理活动、价值观、人生观等要素受自身和外界主客观因素的影响，在每个人成长发展的不同时期或同一时期的不同发展阶段呈现出鲜明的差异性。这就决定了高校辅导员做学生思想政治工作绝不可能有"一策可破万题"的工作方案，或"万能钥匙"式的工作方法，从而做到"毕其功于一役"，一劳永逸。相反，高校辅导员要提升育人实效性与亲和力，必须是"因事而化、因时而进、因势而新"[②]，工作方法要有新度。

（一）"因事而化"

---

① 《中共中央、国务院关于加强和改进新形势下高校思想政治工作的意见》，2017年2月27日。
② 习近平：《在全国思想政治工作会议上的讲话》，《人民日报》，2016年12月9日。

摒弃本本主义，依据学生管理过程中所发生的客观事实，结合当代大学生思想关切，坚持育人社会目标与个体目标相统一的原则，具体问题具体分析，努力寻找化解矛盾、解决问题的新策略、新举措，通过摆事实、讲道理、平等讨论，借助具体事情、事务，循序渐进解决学生的思想认识问题，积极引导学生思想认识往积极、健康、正确的方向转化、发展。

（二）"因时而进"

摒弃教条主义和经验主义，牢牢把握大学生不同发展时期的阶段性特征，时刻关注时代发展、紧扣时代脉搏、顺应时代潮流、反映时代要求，捕捉合乎学生思想认识接受特点的时机，制定出学生思想政治工作的目标理念、方针原则、内容任务和方法手段。

（三）"因势而新"

摒弃狭隘主义和机械主义，着眼于国际国内发展的新形势、新变局、新变革，适应情势的演进常态，适应广大学生网上学习生活的新常态，因势利导、顺势而为，重点把握好互联网这个"最大变量"，主动占领网络这个战略"新阵地"，不断创新思想政治教育工作"新话语""新方法""新思路""新举措"，"推动思想政治工作传统优势同信息技术高度融合"，形成高校网上网下思想政治工作的最大合力。[①]

五、重要保障：工作有心

辅导员工作是最接近学生的工作，也是繁杂琐碎、较难处理的工作。单纯"灌输"说教，或严厉管教，或"冰冷"帮扶等均难以真正触动学生心弦，打开学生心扉，得到学生认可。辅导员要真正走进学生的心灵世界，与其做"知心朋友"，工作上必须有温度：多一份热情，少一些冰冷；多一份真诚和关心，少一些"行政命令"；多一些耐心与倾听，少一些"师道尊严"。这具体表现在：

（一）要有温暖的行为，以"爱"呵护学生，做学生的"贴心人"

学生处于困难时，要关心、关爱、关怀他们；学生面临人生迷茫与学业窘境时，要理解鼓励和支持帮助他们；学生违纪时，要耐心倾听、尊重信任、谆谆教导。事实上，行动上一个竖起的大拇指、一个温暖的拥抱、一个赞许的眼神远胜过我们苦口婆心的说教。

（二）要有温和的态度，以"慈"亲近学生，做学生的"暖心人"。

[①] 魏强、周琳：《因事而化、因时而进、因势而新——做好高校学生思想政治工作的新要求》，http://theory.people.com.cn/n1/2017/0320/c168824-29156552.html，2017年3月20日。

我们要用慈母般的仁爱，以平等的心态、朋友的身份，耐心地跟学生交心谈心，沟通感情，探讨为人处世的看法及方式，以"润物细无声"的方式感化、引导学生，而不是一味地指责与训斥。

（三）要有温厚的文字，以"暖"关怀学生，做学生的"有心人"

每逢节假日、重大事件节点、重要纪念日等，辅导员可以发布一些诸如注意交通安全、人身财产安全、网络安全等之类的温馨提示；与学生进行网上交流时，尽量使用学生熟知的"网言网语"，探讨与学生可以产生"心灵共鸣"的观点。通过温厚的语言文字表达，让学生真实地感知到我们的诚恳、真挚、关怀，以真正走进学生的内心世界。

六、必然要求：善于研究

辅导员职业化、专业化发展是我国高等教育发展的必然要求，也是高校实现治理结构和治理能力现代化的必然要求。而辅导员实现"两化"建设的高级目标就是"在思想政治教育工作某一领域有深入的研究并具备有影响力的成果，成为该领域的专家"[1]。为了推动辅导员实现职业化、专业化，教育部明文规定将"理论和实践研究"列为辅导员九大主要工作职责之一，强调辅导员要"努力学习思想政治教育的基本理论和相关学科知识，参加相关学科领域学术交流活动，参与校内外思想政治教育课题或项目研究。"[2] 对此，辅导员应立足工作岗位，根据变化了的社会形势、高等教育发展和学生特点，坚持"工学研相结合，以工学带研，以研促工"思路，把辅导员工作当作终身课题进行研究，不断探索思想政治教育工作的新方法、新举措，成为辅导员"资深专家"。这需做到：

（一）研究要有专攻性

人的学识、精力与时间是有限的，而辅导员职业的发展却是无限的。因此，我们不可能在有限的生命周期中穷尽该职业发展中的所有问题，只能是选择某一领域或者某一领域的某一方面作为自己的终身课题，开展长期、专门性的研究。

（二）研究要有多向度

一旦确定了自己的研究方向，就需持之以恒，专注于这一研究领域和方向，以永不懈怠的精神状态和一往无前的奋斗姿态，由点到线，由线到面，不断拓展和延伸自身研究领域的长度、广度与深度，以"中心开花"散状发展的方式，形成系列研究成果。

（三）研究要有创新性

结合经济社会发展新形势和时代发展新趋势以及大学生群体新的思想动态和行为特

---

[1] 《教育部关于印发〈高等学校辅导员职业能力标准（暂行）〉的通知》，2014年3月27日。

[2] 《普通高等学校辅导员队伍建设规定》（教育部第43号令），2017年9月21日。

点，着眼于自身研究领域及方向的前沿性问题，运用新思想、新理念开展研究，探索新的工作方式与方法；或总结提炼出新实践的工作经验，形成可复制、可推广、可转化的工作成果和工作范式等等。

第二节 价值引领：辅导员的首责

2017年9月，教育部颁布的《普通高等学校辅导员队伍建设规定》（第43号令），明确把"思想理论教育和价值引领"摆在了高校辅导员"九大工作职责"的之首。习近平总书记也强调，"人才培养一定是育人和育才相统一的过程，而育人是本。人无德不立，育人的根本在于立德。"[①] 因此，高校辅导员铸魂育人首先聚焦思想理论教育和价值引领，在坚定理想信念、厚植爱国主义情怀、加强品德修养、培养奋斗精神上下功夫。

一、突出思想引领，强抓学风，激发学生求知问道的强大内驱力

青年大学生是中国特色社会主义事业的接班人和建设者，是推进社会主义现代化建设和实现中华民族伟大复兴的生力军。这赋予了新形势下高校思想政治教育工作的重要使命就是贯彻落实立德树人根本任务，坚持把"思想价值引领贯穿教育教学全过程和各环节"，运用党的创新理论、大学生行为规范、校级校规、法律法规等先进思想理论与制度规章武装当代青年大学生头脑，帮助他们洗涤思想污垢，抵御错误思潮，克服意识薄弱、政治信仰迷茫、价值观趋于功利化和现实化等问题，引导他们树牢"四个意识"、坚定"四个自信"、坚决做到"两个维护"；厚植爱国主义情怀，把爱国情、强国志、报国行自觉融入坚持和发展中国特色社会主义事业、建设社会主义现代化强国、实现中华民族伟大复兴的奋斗之中，贡献青春智慧与力量。为此，我们以强抓学风为突破口，坚持务实导向，自觉摒弃"为学习而学习""为理论而理论"等伪学风，坚持实事求是的马克思主义学风，开展思想引领工作。

（一）针对学生所存在的学习态度颓废、学习目的盲目、学习动力消退、痴迷手机等学风问题，我们实施"221"工程：

1. 打造好"分党（团）校"和"理论学习小组"两个平台

第一，抓好分党（团）校平台，以参加集中培训授课、"青马培训班""青年大学习"

[①] 习近平：《在全国教育大会上的讲话》，《人民日报》，2018年9月11日。

和自学为载体，丰富入党积极分子和团员干部的党史、国史、党规党纪等理论知识；以写心得、谈体会、考试为"试金石"，检测其学习效果；以社会实践、习惯养成为"观察窗"，长期考验其党性修养。第二，抓好"理论学习小组"平台，以学生分会干部、入党积极分子为骨干，分成若干个8—10人的理论学习小组，按照"支部领导、辅导员指导督查、学生干部组织开展、入党积极分子参与"的运作方式和"理论学习＋讨论交流"的学习方式，定期开展马克思主义理论学习，助力参训人员党性修养和能力提升。

2.推行"宣誓践诺"和"表彰推介、通报警示"两种机制

分不同学生群体类型，采取集体承诺宣誓与个人承诺签字相结合的方式，分批召开诸如年级学生的诚信考试践诺会、奖助学金获得者及企业（个人）爱心受助学生的感恩践诺会、学业预警学生的"受帮整改"践诺会等等。坚持奖优罚懒，采取"树先进典型和严惩不良恶行"相结合的方式，表彰推介优秀先进典型学生，批评教育、通报等惩治不良行为学生，以此倡导诚信、感恩、敬业、好学、进取等价值取向，营造良好的学习生态思想环境。

3.实行一项"课内学风建设责任制"

明确专任教师是课内学风建设的直接责任人，实行课堂内"谁授课、谁负责"的学风建设责任制，从严管好课堂纪律和学生学习状况。同时，以"课堂思政"为抓手，强调课堂不仅是专任教师传授专业知识的"责任田"，更是他们结合所授专业知识点和岗位技能特点、深挖思想价值要素、适时开展思想引领教育的"育人地"。

二、突出价值引领，强抓常规，养成青年大学生良好的幸福人格

高校作为传授知识的重要场所，也是培养和塑造价值观的熔炉，大学生将在这里初步建立起稳定的价值观系统，完成向社会人的转变。[①]这就要求高校思想政治教育工作者必须"坚持育人导向，突出价值引导"，在"坚定理想信念、厚植爱国主义情怀、加强品德修养、增长知识见识、培养奋斗精神、增强综合素质"[②]六个方面下功夫，推动知识传授、能力培养与理想信念、价值理念、道德观念教育的有机结合。

俗话说："基础不牢，地动山摇"。我们认为，要实现上述目标，关键在于"功在平时"的常规养成教育。为此，我们以强抓学生常规管理为抓手，遵循大学生思想行为特点及其思想政治状况和高校思想政治教育发展规律，致力于将中华传统优秀美德、红色文化精神、工匠精神、社会主义荣辱观、公民基本道德规范、社会主义核心价值观等教育与学生行为习惯养成教育结合起来，帮助学生形成全面发展的幸福人格。

---

① 南亚娟、苏玉波：《新时代大学生思想理论教育和价值引领的路径探索》，《理论导刊》，2018年第9期。
② 习近平：《在全国教育大会上的讲话》，《人民日报》，2018年9月11日。

（一）抓好"入学教育"的"三观"引领

着力解决大学生思想精神的"总开关"问题。这主要围绕"什么是大学""你向往什么样的大学生活""你追求什么""为什么人""为谁学习"等话题，邀请历届优秀校友、优秀创业毕业生、企业成功人士等先进典型榜样人物畅谈他们有血有肉的成功人生，学习创新创业、创优争先等先进事迹或经验；开展师生、朋辈交流讨论会等活动形式，破除他们"价值迷失""价值迷茫"等问题，帮助学生树立正确的大学观、学习观、人生价值观，以找准人生坐标，坚定理想信念，明晰追求向往，做好职业生涯规划。

（二）抓好"养成教育"的"良习"引领

着力解决大学生日常"不良行为习惯"问题。譬如针对大学生纪律观念淡薄而迟到、旷课等不良习性，我们除了以钉钉子精神，锲而不舍地开展个别批评教育外，还开展"守住底线（政治底线、学业底线、纪律底线、道德底线、安全底线）教育"，引导学生正确处理自由与纪律的关系，敬畏国法校纪和规章制度，明白"什么可为，什么不可为"。又如针对少数学生干部懒惰、表率效应弱化的现象，我们有意识地开展"正人先正己""身先士卒""言传不如身教""打铁还需自身硬"等传统"从政"思想教育，结合他们的实际表现，引导他们深入思考"以身作则、做表率"的重要性与必要性。再如每逢节假日，我们均以温馨提醒的方式，提醒学生要遵守交通法规、礼让谦逊、主动让座、"不霸座"等，引导学生在实际生活中感受真、善、美。

（三）抓好"铸魂教育"的"文化"引领

着力解决学生思想滑坡、精神"缺钙"问题。针对目前大学生身上所表现出的思想懒惰、享乐主义、功利主义等思想陋习以及缺乏艰苦奋斗精神、眼高手低、"佛系"心态等弊病，我们借助主题班会、晚自习、红色基因文化苑等载体，实施"每周必看"活动，紧紧围绕"铸魂育人"目标任务，分"工匠精神""红色精神""新思想新理念""中华传统优秀文化""家风家教"五个模块内容，利用网络资源，选取相关文章作品、影视、纪录片、动漫等，在固定的时间地点以视频播放、朗诵、谈体会等方式进行潜移默化地"文化引领"教育，内化于心、外化于行。

（四）抓好"质量诊断"的"目标"引领

着力解决学生成长成才规划的"纠偏"问题。根据学生"入学教育"时所制订的《三年成长成才规划书》，每年检视自己当年在学习、社会实践、创新创业、技能竞赛等诸多方面所取得的成绩，对表对标，找差距、查根源，明确目标，实事求是地整改，以规划目标引领自己成熟成长成才。

思想政治工作从根本上说是做人的工作，是一项事关中国特色社会主义事业后继有人的重要工作，是高校各项工作的生命线。做好高校思想政治工作需遵循"思想政治工作规律、教书育人规律、学生成长规律"，因事而化、因时而进、因势而新。大学生思想政治教育工作永无成法，思想政治教育工作探索改革永远在路上。

三、"五步"育人引领大学生健康成长

长期以来，党和国家非常重视、关注青年尤其是青年大学生的成长成才问题。"青年兴则国家兴，青年强则国家强。青年一代有理想、有本领、有担当，国家就有前途，民族就有希望"①。然而，青少年阶段是人生的"拔节孕穗期"，需要我们精心引导和栽培，做青年大学生的"引路人"。高校辅导员作为新时代大学生思想政治教育的中坚力量，应坚守"为党育人，为国育才"的初心使命，"努力成为学生成长成才的人生导师"②，自觉担当起新时代青年大学生"拔节孕穗期"的精心栽培和培育之重任，"该培土时就要培土，该浇水时就要浇水，该施肥时就要施肥，该打药时就要打药，该整枝时就要整枝"③，让新时代大学生树得更稳，立得更直，行得更远，飞得更高，走得更实，成为担当民族复兴大任的时代新人。

（一）"培土"

抓理想信念教育，培根固本，让学生树得更稳。习近平总书记强调，"理想信念是根，是本，只有根深才能叶茂，只有本固才能枝荣"；"理想指引人生方向，信念决定事业成败，广大青年一定要坚定理想信念，没有理想信念，就会导致精神上缺'钙'"④。然而，当前随着经济全球化、社会信息化、思想多元化深入发展，大学校园已成为新老左派、民主社会主义、民族主义、民粹主义、新儒家、自由主义思潮等各种意识形态"争锋之地"，大学生也成为各种意识形态博弈的主要对象。这对高校坚持马克思主义指导地位，坚守中国特色社会主义思想主阵地提出了严峻挑战。因此，高校辅导员应不忘初心、牢记使命，主动抢占意识形态高地，牢牢把握意识形态的主动权和话语权，不断给新时代青年大学生这棵树"培培土"，加强理想信念教育，筑牢信仰之基，补足精神之"钙"，让他们树得更稳——坚定对马克思主义的信仰，对中国特色社会主义的信念；坚定永远听党话，跟党走的决心；不断增强"四个意识"、坚定"四个自信"、坚决做到"两个维护"，始终忠诚于党，忠诚于马克思主义，做到政治上立场坚定，不含糊；组织上坚决服从，不抗拒；行动上自觉追随，不退缩。

这种"培土"筑基、铸魂育人的思想价值引领工作，高校辅导员需从以下三个方面下

---

① 《党的十九大文件汇编》，党建读物出版社，2017年11月。
② 中华人民共和国教育部令第43号：《普通高等学校辅导员队伍建设规定》，2017年9月21日。
③ 习近平：《在纪念五四运动100周年大会上的讲话》，《人民日报》，2019年4月30日。
④ 习近平：《在同各界优秀青年代表座谈时的讲话》，《中国青年报》，2013年5月5日。

功夫：一是针对新时代大学生理想信念现状及其思想行为特点，通过创新理论宣讲、"与学生话信仰"论坛、网络思政、微言微语等载体平台与形式手段，有的放矢地开展习近平新时代中国特色社会主义思想教育，用党的创新理论成果武装学生，培好理想信念的"土壤"，把好青年学生思想行动的这一"总开关"。二是通过党课、主题班会、红色文化社团、红色之旅诸类的社会实践活动等形式，开展中国革命史、中国共产党发展史、新中国发展史教育，以这段历史长河中所沉淀下来的思想精髓、革命传统和优良作风培好青年学生理想信念的"土壤养分"。三是通过走进毛泽东故居、周恩来故居、夏明翰故居、刘胡兰故居等红色教育基地，感悟伟人先烈的精神境界；走入夏昭炎、宿秀江等身边先进典型的生活地，体认其先进事迹等共情教育的方式，培固青年学生理想信念的"根部土壤"。

（二）"浇水"

抓核心价值观教育，塑造灵魂，让学生立得更直。习近平总书记强调"青年的价值取向决定了未来整个社会的价值取向"①，而青年又处在价值观形成和确立的关键期，应"扣好人生第一粒扣子"，抓好这一时期的价值观养成。可是，目前以"无欲无求、不争不抢"为主要心理表征、崇尚"考前不复习，分数全靠师生情""今朝有酒今朝醉""我只想躺着，不想做事，不想思考""无所谓""事不关己，高高挂起"等不思进取、不肯奋斗的"佛系"青年学生在大学里时有所见。这种消极颓废的价值观和生存方式，严重侵蚀着青年大学生的"心灵家园"，损伤着他们的健康肌体，使他们因缺失清净的健康"价值之水"而随时面临着被"枯萎"的危险境地。

为此，高校辅导员应正本溯源，自觉主动地给正处于"拔节孕穗期"的青年大学生"浇浇水"：按照"对接国家发展、对接时代趋势、对接学生需求"的原则，努力探索将核心价值观教育融入社会实践、志愿服务、校园文化、课堂教学中去，融入学生的日常生活和管理中去，融入新媒体技术中去的途径与方法，引导学生分清是非对错，崇尚向上向善，让真善美的种子撒播在每个学生心中，让学生扣好自己人生第一粒扣子，把稳自己人生航向的"定盘星"，以社会主义核心价值观、社会主义荣辱观净化心灵，内化于心、外化于行，提高思想觉悟、道德水准、文明素养，让他们在成长成才的道路上少走弯路，立得更直。正如习近平总书记强调的那样，"核心价值观承载着一个民族、一个国家的精神追求，是最持久、最深层的力量。广大青年要从现在做起，从自己做起，勤学、修德、明辨、笃实，使社会主义核心价值观成为自己的基本遵循，并身体力行大力将其推广到全社会去，努力在实现中国梦的伟大实践中创造自己的精彩人生"。②

---

① 习近平：《青年要自觉践行社会主义核心价值观——在北京大学师生座谈会上的讲话》，中青在线，http://news.cyol.com/content/2014-10/11/content_10765449.htm，2014年5月4日。
② 习近平：《青年要自觉践行社会主义核心价值观——在北京大学师生座谈会上的讲话》，中青在线，http://news.cyol.com/content/2014-10/11/content_10765449.htm，2014年5月4日。

（三）"整枝"

抓道德品行教育，立德树人，让学生行得更远。《大学》云："大学之道，在明明德，在亲民，在止于至善"[①]。近代教育家蔡元培先生也指出，"若无德，则虽体魄智力发达，适足助其为恶"。习近平总书记更是强调，"一个民族、一个人能不能把握自己，很大程度上取决于道德价值"[②]，"做人做事第一位的是崇德修身"[③]。这足以说明品德修养对青年大学生的成长成才具有极端的重要性。事实上，在这物欲横流的社会里，拜金主义、享乐主义、个人主义等庸俗的社会思想正在冲击着中华民族五千多年所创造出的高尚道德准则、礼仪规范和优秀的传统美德以及社会主义道德，腐蚀着当代大学生健康的"三观"，使得一些意志不坚的学生在品行修炼上出现了"杂枝交错繁乱"的扭曲现象，以至于"精神颓废""道德滑坡"的怪象在他们身上屡见不鲜。

对此，习近平总书记从"为谁培养人、培养什么样的人、如何培养人"的战略高度，提出了"育人的根本在于立德"，"高校立身之本在于立德树人"[④]。这就要求高校辅导员必须以强烈的政治责任感和历史使命感，担当"经世之师""品行之师"，肩负起对青年大学生思想道德建设的"整枝"之责：遵循"因人因时因地而异"的整枝原则，善用"导""润物细无声"和"爱"的教育策略与"同辈式"的交流方式，将"德者，本也""善不可失，恶不可长""积德行善必有后福""从善如登，从恶如崩"等正确的道德认知与"见善则迁，有过则改""勿以恶小而为之，勿以善小而不为"等良好的道德习惯养成以及"终日言善，不如行一善"、吃苦吃亏等道德实践践行有机结合起来，将大德、公德与私德有机统一，帮助他们修剪其品行上所存在的那些诸如"只求自己笑，不管他人哭"，"只要考得好，管它诚信否""父母算什么，我才是至尊"等不合中华优秀传统美德的"小恶""杂枝"和不良习性，教育、引导他们自觉弘扬社会公德、职业道德、家庭美德、个人品德；从做好小事，管好小节开始，崇尚修德养身；在人生康庄大道上明大德、守公德、严私德，不迷失自我，不同流合污，行得更远。

（四）"施肥"

抓学风建设教育，强技提能，让学生飞得更高。在古今中外的历史长河中，圣贤先哲们都强调了学习知识对一个人成长成才的重要性。他们认为"知识即美德""非学无以广才，非志无以成学""学如弓弩，才如箭镞"等等。现如今，我们正处于科技日新月异、大数据信息化智能化突飞猛进的知识大爆炸时代，学习的革命浪潮扑面而来，青年大学生只有

[①] 郑玄.《礼记》，北京：中华书局，2015年9月。
[②] 冯鹏志：《习近平总书记文化思想的实践指向》，《学习时报》，2018年6月15日。
[③] 同上①。
[④] 习近平：《把思想政治工作贯穿教育教学全过程》，http://www.xinhuanet.com/politics/2016-12/08/c_1120082577.htm，2016年12月8日。

树立终身学习理念，不断在学习中求得真学问，练就真本领，才能立于时代潮头，搏击长空，飞得更高。然而，据我们调查，目前高校相当数量的大学生不同程度地存在着"迷恋上网游戏""学习纪律意识差，迟到旷课"、浮躁厌学、上课"人到心不到""考试突击甚至作弊"等学风问题。这就要求高校辅导员必须立足于实际，坚持问题导向，围绕"为什么学，学什么，怎样学"这一根本主题，有计划、有目的、有步骤地抓学风建设教育，不断给学生"补料""施肥"：

一是深入学生宿舍、教室，与学生打成一片，调查研究，真正了解掌握学生厌学的根源。据此，结合其自身责任、家庭希望、职业生涯规划等要素进行有针对性的辅导教育和思想引领，以激发其学习兴趣，强化其学习意识，帮助其从内心上意识到"梦想从学习开始、事业靠本领成就"，将"让勤奋学习成为青春远航的动力，让增长本领成为青春搏击的能量"[①] 内化为学习行动自觉。

二是针对大学学习特点，利用主题班会课等，辅导他们如何在课前、课中、课后学专业、学理论、学技能；教导他们怎样向书本学、向实践学、向网络学、向身边的人学等；引导他们要学思用贯通、知信行统一；强化他们的学习习惯养成，帮助他们真正把学习作为首要任务，养成为"一种责任、一种精神追求、一种生活方式"。

三是鼓励、支持、引导他们积极参加社会实践、校园文化活动、学生组织、社团、专业技能和创新创业大赛等，使他们在竞赛中促学，在活动中促练，在组织中促管，不断锤炼自己的专业技能等"硬本领"和人际沟通能力、组织管理能力、解决问题能力以及创新创业能力等"软本领"。

四是严抓考风考纪，可以积极探索考前学风承诺誓师制度，要求每位考生必须签订《诚信考试承诺书》且许诺践诺；考中"两严查"巡考制度，严查舞弊学生且从速从严处理；严查老师监考不严且按教学事故论处；考后留级退学制度，对期末考试成绩不及格科目达到一定门数的学生按留级或者退学处理。

通过不断创新"施肥"举措，引导他们真正过上"大学学习生活"，不断勤奋学习，增强自己的核心优势，强技提能，最终成为理论知识扎实、专业技能过硬、综合素质出众的全面发展的新时代青年大学生。

（五）"打药"

抓防微杜渐教育，去疴除瘴，让学生走得更实。青年大学生是青年群体的主体，是建设社会主义现代化和实现中华民族伟大复兴的主力军，是时代发展与社会进步的中流砥柱。只有他们茁壮成长成才，国家才有前途，民族才有力量。但是，处于"拔节孕穗期"的青年大学生在各自成长成才的发展进程中会遇到各种各样的风险与挑战，譬如"本领

[①] 中共教育部党组：《深入学习贯彻习近平总书记关于青年学生成长成才主要思想，大力培养中国特色社会主义建设者和接班人》，《光明日报》，2017年9月8日。

恐慌"的焦虑，非马克思主义意识形态的侵蚀，世界观、价值观和人生观"总开关"的守正把持，等等。这就要求高校辅导员应时刻牢记"为党育人，为国育才"的初心与使命，常抓防微杜渐教育，经常性地对大学生的思想动态、行为习惯、道德品行等方面进行"望""闻""问""切"诊断，依据不同的"病症"，给他们进行"打药"治疗，帮助其去除自我思想的沉疴，消弭心理障碍的困境，破除不思进取的痼疾，根治不思学习的顽疾，让他们在人生的道路上走得更实。

当然，这种学生思想教育与管理的"打药"治疗方式，需要格外注意方式方法，切忌一味地说教、灌输，而是要秉承"以爱暖人，以情化人，以心辅人，用严导人"的教育理念，对接新媒体、互联网技术而出现的教育新业态，契合新时代大学生的行为特征和个性特点，在充分了解"学情"的基础上，因人施策，精准施策，对症下药，"以透彻的学理分析回应学生，以彻底的思想理论说服学生，用真理的强大力量引导学生"[①]，不断提升"打药"治疗的针对性、亲和力和实效性。例如，针对学习目标明确、但学习方法欠缺、成绩不太理想的学生，辅导员应更侧重给予他们更有效和更适合他们学习方法的"药剂"，帮助他们提升学习能力，重拾学习的信心和决心；针对刚进大学校园、懵懂茫然的新生，辅导员应更注重给予他们开一剂大学生职业生涯规划辅导的"药方"，帮助他们认清自我，更好地规划自己的职业发展近期和长期目标，并为之而努力奋斗等。

高校思想政治教育工作是一份"精细活"，也是一场"接力跑"，既需高校辅导员"以老带新"，不断传承业务技能和"工匠精神"，更需高校辅导坚守初心与使命，以"功成不必在我"的境界和"功成必定有我"的担当，以攻坚克难、锐意进取的奋斗姿态，用心守护新时代大学生的"拔节孕穗期"，并对其进行"培土""浇水""整枝""施肥""打药"的精心引导和栽培，就一定会迎来大学生"灌浆成熟期"的五谷丰登，迎来他们健康成长成才、成人成功的"丰硕成果"。

四、以"明翰精神"激励大学生青春奋斗

夏明翰（1900—1928），字桂根，祖籍湖南衡阳，出生于湖北秭归，是我党早期著名政治活动家之一。他的一生是战斗的一生，在其短暂的28年生命里，他积极从事反帝反封建民主革命活动，谱写了一曲可歌可泣的英雄战歌，铸就了一座千古不朽的精神丰碑。

新时代青年大学生作为中国特色社会主义事业的建设者和接班人，承传"明翰精神"，积极投身于社会主义现代化建设，为实现中华民族伟大复兴的"中国梦"献智献策、添砖加瓦，具有重要意义。

---

① 习近平：《用新时代中国特色社会主义思想铸魂育人贯彻党的教育方针落实立德树人根本任务》，人民网，http://politics.people.com.cn/n1/2019/0319/c1024-30982117.html，2019年3月19日。

（一）"明翰精神"的丰富内涵

"明翰精神"，是夏明翰烈士在马克思主义思想指引下秉承中华民族优秀文化传统，在反帝反封建的民主革命斗争中以自己的革命英雄事迹所彰显出来的精神文化集合体。它是无产阶级世界观、人生观、价值观的生动体现，是无产阶级革命家崇高理想、坚定信念、高尚情操和优秀品质的集中反映，是中国共产党革命精神文化谱系的重要组成部分。它蕴含了丰富而生动的精神要义和科学内涵，诸如舍生取义献身精神，大公无私崇高精神，艰苦奋斗创业精神[1]；忠贞的爱国主义精神，坚定的共产主义信仰，视死如归的英雄气概，湖湘文化的传承精神[2]；"要顾家、先顾国"的奉献精神，迎难进取的革命精神，反腐拒蚀的浩然正气[3]；等等。很显然，这是学界仁人在不同时期对"明翰精神"要义所进行的见仁见智的挖掘、揭示与诠释。

然而目前，中国特色社会主义已进入新时代，也即将开启全面建设社会主义现代化国家的新征程。结合新的历史方位、新的历史使命、新的时代特征，我们需进一步深挖"明翰精神"科学内涵，以此引领新时代青年大学成长成才、建功立业、不负韶华！基于此，我们认为，"明翰精神"还应释义如下：

1. "为国为民"的奋斗精神

为了救国救民，夏明翰"要顾家，先顾国"[4]，决然走上救民于水火的革命道路。在短暂的革命生涯中，他"无愁、无泪、无私念"，冲决封建桎梏，讨厌官场钻营，敢于揭露军阀政客们的丑态："眼大善观风察色，嘴阔会拍马吹牛，手长能多捞名利，身矮好屈膝叩头。"[5] 不计个人安危与得失，加入中国共产党，一切以维护党和人民的利益为最高准则，参加五四运动、查封日货运动，从事工农运动，开展武装斗争等反帝反封建革命活动，演绎出了从"名门少爷"到"千古英烈"的悲壮而绚丽的革命人生，却"只是为了挽救中华民族的危亡，为工农的翻身和人类的解放奋斗一生"。[6]

2. "献身真理"的牺牲精神

夏明翰原本出身于书香门第、世代为官的封建家庭，从小就被祖父当作光耀门庭的"夏府少爷"而倾心培养。但是，面对帝国主义蹂躏、军阀混战、山河破碎、民不聊生等

---

[1] 蒋艳丽、唐长久、张多来：《论夏明翰爱国主义精神与现实意义》，《湖南医科大学学报（社会科学版）》，2006年第8卷第1期。
[2] 徐东：《论夏明翰精神的内涵》，《青年时代》，2017年32期。
[3] 邹文辉：《缅怀烈士光辉业绩 弘扬明翰伟大精神》，《衡阳通讯》，2005年第8期。
[4] 吕芳文、蒋薛：《夏明翰》，北京：人民出版社，1984年。
[5] 《夏明翰：从名门少爷到千古英烈》，http://qclz.youth.cn/xmh/wdld/201207/t20120701_2245377_1.htm，2012-07-01。
[6] 肖飞：《"抛头颅、洒热血，早已视等闲"——夏明翰给妻子的信》，《炎黄春秋》，2018年11期。

残酷现实,他却表达了"国耻恨难消"①强烈家国情怀,自觉放弃安逸生活,以及家人给他所安排的人生成长路径,毅然选择了马克思主义,坚定了共产主义信念,走上了革命道路,直至1928年为真理而献身牺牲。当他身陷牢狱,面对敌人威逼利诱,却坚定如钢地说:"我信仰共产主义.为共产主义奋斗终生。"他在写给大姐夏明玮的书信中更是强调,自从"认定了共产主义这个为人类翻身解放造幸福的真理","我一生无遗憾";并说,为了真理就"刀山敢上,火海敢闯,甘愿抛头颅,洒热血"。②最后,以"砍头不要紧,只要主义真"的悲壮,慷慨就义。

3. "敢为人先"的抗争精神

夏明翰作为身负祖父光耀门庭厚望的最佳人选,却不甘心囿于封建礼教,做一个享受"祖宗庇荫之福"、逆来顺受的"安逸少爷",而是从小富有同情心,心系天下疾苦,身怀"国破尚如此,我何惜此头"的忧患,毅然不要祖宗遗产,敢做"不肖子孙""大逆不道"的"叛逆少爷",冲破封建牢笼,决裂于封建家庭,用斧子砍掉被祖父看成官运亨通、兴旺发达的那棵桂花树,愤然离家出走,走上了他职业革命家的奋斗创业生涯。即使在艰苦的日子里,他也"志坚如铁,誓死不返家"。③

(二)青年大学生传承"明翰精神"的时代意义

"人无精神则不立,国无精神则不强。"继承和发扬"明翰精神",对引领青年大学生成长成才,放飞青春梦想,建功新时代,无疑具有重要意义。

1. 承传和弘扬"明翰精神",有助于青年大学生筑梦、追梦、圆梦

实现中华民族伟大复兴的"中国梦",是"中华民族近代以来最伟大的梦想"④,也是每个中华儿女的梦想。它的实现,需要聚集全国各族人民、各社会组织与团体、各社会阶层等方面的力量,尤其是作为建设中国特色社会主义事业生力军的青年大学生,更要从精神和能力两方面做好充分准备。夏明翰烈士用生命和鲜血所铸就的"明翰精神",已深深融入了中华儿女的血脉和灵魂,成为社会主义核心价值观的丰富滋养,是全体人民的精神家园,并以其独特蕴意的历史穿透力与时代感染力,鼓舞和激励着"时代新人"秉承"为中国人民谋幸福,为中华民族谋复兴"的初心与使命而奋斗不止。因此,承传和发扬"明翰精神",可以继续发挥这种"红色精神基因"的导向、激励和教化功能,为激发青年大学生在筑梦、追梦、圆梦的历史征程中砥砺前行提供强大的精神动力。

---

① 吕芳文、蒋薛:《夏明翰》,北京:人民出版社,1984年。
② 《夏明翰女儿口述一家5名烈士红色故事》,http://news.sina.com.cn/c/sd/2011-05-17/103222478901.shtml,2014-01-13。
③ 同上①。
④ 习近平:《承前启后继往开来朝着中华民族伟大复兴目标奋勇前进》,《人民日报》,2012年11月30日。

2. 承传和弘扬"明翰精神",有助于帮助青年大学生坚定"四个自信"

"四个自信"诠释了我们党走什么道路、举什么旗帜、靠什么发展、力量源自哪里的根本问题,体现了我们党对中国特色社会主义的执着追求、坚定信念和执政自信,是推动实现"两个一百年"奋斗目标和中华民族伟大复兴中国梦的内在动力与根本保障。而以"明翰精神"等构成的革命精神文化谱系是引领青年大学生树立、坚定"四个自信"的精神活源。因此,学习、承传和弘扬夏明翰等英烈们为挽旧中国于既倒,建立新中国而抛头颅、洒热血的革命事迹及其铸就的"敢为人先、视死如归、舍生取义、艰苦创业、献身真理"等崇高精神,可以教育引导青年大学生体认我们党在道路选择、理论创新、制度建构和文化建设上的"不易""必然性"与"适合性",从而内化为行动自觉和内心自信。

3. 承传和弘扬"明翰精神",有助于"以文化人",塑育"六有"青年大学生

习近平总书记指出:"在5000多年文明发展中孕育的中华优秀传统文化,在党和人民伟大斗争中孕育的革命文化和社会主义先进文化,积淀着中华民族最深层的精神追求,代表着中华民族独特的精神标识";高校"要更加注重以文化人、以文育人",培育一批批"有理想、有追求、有担当、有作为、有品质、有修养的大学生"。而"明翰精神",作为中国红色革命文化的重要组成部分和中华优秀传统文化的体现,其蕴含的"坚定共产主义信念、爱国主义、敢为人先、抗争奋斗、视死如归、舍生取义、艰苦创业、献身真理、迎难进取、反腐拒蚀"等精神内涵,以及彰显的"感召激励、规范导向、教育塑造"等价值功能,无不是"以文化人、以文育人",教育引导青年大学生"勤学、修德、明辨、笃实",塑育自己成为"六有"新人的生动而丰富的教材和宝贵资源。

(三)新时代青年大学生对"明翰精神"的传承与弘扬

作为新时代青年大学生,应立足于时代特征与肩负的历史使命,自觉自主地传承和弘扬好"明翰精神",引导自己"志存高远、脚踏实地,不畏艰难险阻,勇担时代使命,把个人的理想追求融入党和国家事业之中,为党、为祖国、为人民多作贡献"。[①]

1. 传承和弘扬夏明翰烈士"为真理而牺牲"的献身精神,坚定理想信念,奋斗青春

理想信念,是中国共产党人的精神支柱和政治灵魂。习近平总书记也指出:"理想信念就是共产党人精神上的'钙',没有理想信念,理想信念不坚定,精神上就会'缺钙',就会得'软骨病'"。而共产党人的理想信念就是对马克思主义的信仰,对社会主义和共产

[①] 《习近平给中国石油大学(北京)克拉玛依校区毕业生的回信》,新华网,http://www.xinhuanet.com/politics/leaders/2020-07/08/c_1126211499.htm,2020年7月8日。

主义的信念。作为中国特色社会主义事业的接班人和建设主力军,青年大学生应以夏明翰为榜样,承传和弘扬他那种"砍头不要紧,只要主义真"献身真理的"明翰精神",学深弄懂马克思主义基本理论和马克思主义中国化理论成果,牢固树立马克思主义世界观、价值观和人生观,坚守马克思主义信仰,坚定共产主义的信念,任凭时代变化和社会环境条件变化,都要坚如磐石地自觉做共产主义远大理想和中国特色社会主义共同理想的坚定信仰者、忠实实践者。换言之,就是要结合"中国梦"与"个人梦",自觉将理想信念内化为自己本职岗位上、日常工作中的一言一行,从点滴做起,脚踏实地、兢兢业业,"用理想之光照亮奋斗之路,用信仰之力开创美好未来"。

2.传承和弘扬夏明翰烈士"为国民而奋斗"的艰苦创业精神,扎根基层,奉献青春

俗话说:"居安思危,戒奢以俭。"身处新时代,享受幸福生活的青年大学生,应乐而不忘忧,自觉抵制"拜物主义、金钱主义、享乐主义"等消极思想的侵蚀,深入学习、承传和弘扬艰苦创业的"明翰精神",如夏明翰烈士"为了改变国弱民贫的现状而舍弃荣华富贵、安逸享乐的'富家少爷'生活,毅然决然走上异常艰苦又时刻准备牺牲的革命创业之路"那样,摒弃享乐主义,冲破以"低欲望化、个人中心化、责任规避化"为特征[①]的"佛系"心理桎梏,决裂于"不思进取、不求上进、坐吃山空、坐享其成"的"啃老族"生活方式,以"为中国人民谋幸福,为中华民族谋复兴"为己任,勇担时代使命,积极响应党和国家的号召,投身于"精准扶贫""乡村振兴""西部大开发"等伟大实践中去,奔赴边疆、深入贫困山区,不畏困难险阻,不惧艰苦牺牲,扎根基层,放下架子,甘当"小学生",与群众打成一片,吃亏吃苦、艰苦奋斗,奉献青春韶华。

3.传承和弘扬夏明翰烈士"为理想而抗争"的敢为人先精神,冲决桎梏,放飞青春

"理想很丰满,现实很骨感。"现实中,每个人都要自己的梦想。但是,一些人可能会因受各种诱惑、困境和阻力等内外、主客观因素的羁绊而放弃初衷、改弦更张、浅尝辄止。

然而目前,我国正处于发展的黄金期,这是一个个人前途与国家命运同频共振的时代。作为新时代青年大学生应承传和弘扬敢为人先的"明翰精神",像夏明翰烈士为了自己的理想抱负,敢于冲决精神上和物质上的各种桎梏而义无反顾、砥砺前行那样,以"为有牺牲多壮志,敢教日月换新天"的气魄,奋勇当先,冲决各种现实羁绊与思想桎梏,树立新观念,充分利用新时代的"春风"和"东风",自觉将自身的个人价值同国家的战略安排充分结合起来,勇于把革新同时代与社会的发展进步联系起来,大胆在新事物发展进程中寻找机遇,放飞青春,锤炼本领,创造事业!

[①] 陈希、周松:《"佛系青年"现象的主要特征、成因分析与引导策略》,《河北青年管理干部学院学报》,2020年第3期。

五、用脱贫攻坚精神融入大学生思想政治教育

2012年底，为了推动第一个"百年奋斗"目标顺利实现，我们党拉开了"决不能落下一个贫困地区、一个贫困群众"①的新时代脱贫攻坚序幕。嗣后8年，党中央把"脱贫攻坚作为全面建成小康社会的底线任务"摆在治国理政的突出位置，组织开展了声势浩大的脱贫攻坚人民战争，锻造形成了"上下同心、尽锐出战、精准务实、开拓创新、攻坚克难、不负人民"②的脱贫攻坚伟大精神，完成了消除绝对贫困的艰巨任务，创造了又一个彪炳史册的人间奇迹！这从实践和精神上均为高校教育工作者提供了最宝贵、最生动、最鲜活的"思政育人"资源与素材。

（一）"脱贫攻坚精神"融入大学生思想政治教育的现实意义

"脱贫攻坚精神"作为我们党精神谱系的重要组成部分，是"赓续传承伟大民族精神和时代精神"的宝贵精神财富；在脱贫攻坚伟大斗争中所涌现出的时代典型，是践行党的性质宗旨，展示爱国主义和顽强意志品质，彰显"中国精神、中国价值、中国力量"的生动写照。以此为范"铸魂育人"，无疑具有重要的现实意义。

1. 这是引领大学生积极投身于"中国梦"实践的最好"营养剂"

实现中华民族伟大复兴的"中国梦"是中国共产党团结带领中国人民进行一切奋斗、一切牺牲、一切创造的"百年主题"③。而这一伟大梦想"绝不是轻轻松松、敲锣打鼓就能实现的，必须付出更为艰巨、更为艰苦的努力"④。伟大事业需要伟大精神，伟大精神铸就伟大梦想。习近平总书记强调"我们要建设的社会主义现代化强国，不仅要在物质上强，更要在精神上强。"⑤因此，我们将脱贫攻坚精神及其伟大斗争实践融入大学生思想政治教育实践中，既可以深化学生对"伟大的梦想不是等得来、喊得来的，而是拼出来的，干出来的"⑥认知，引领他们树立"为中华民族伟大复兴而奋斗"的远大抱负，脚踏实地地走好自己的人生道路；又能教育引领学生正确认识历史使命与时代担当，在实现"中国梦"中放飞"个人梦"，激扬"青春梦"。

2. 这是以例释理提升高校思政教育亲和力与实效性的鲜活范例

大学生思想政治教育只有"贴近实际，贴近生活，贴近学生"⑦，"坚持理论性和实践性

---

① 习近平：《在全国脱贫攻坚总结表彰大会上的讲话》，《人民日报》，2021年2月25日。
② 同上①。
③ 习近平：《在建党100周年大会上的讲话》，《人民日报》，2021年7月1日。
④ 中共中央宣传部：《习近平新时代中国特色社会主义思想学习问答》，北京：学习出版社、人民出版社，2021年。
⑤ 习近平：《在纪念五四运动100周年大会上的讲话》，《人民日报》，2019年4月30日。
⑥ 同上③。
⑦ 教育部思想政治工作司：《加强和改进大学生思想政治教育重要文献选编（1978—2008）》，北京：中国人民大学出版社，2008年。

相统一"，"把思政小课堂同社会大课堂结合起来"[①]，与时代同频共振，与学生思想契合呼应，才能够既"顶天"，又"接地气"，引领学生"立鸿鹄志，做奋斗者"。为此，脱贫攻坚伟大斗争中所涌现的时代人物及其典型事例和由此所锻造形成的伟大"脱贫攻坚精神"，为我们开展高校思想政治教育提供了鲜活范例。运用这种源于生活实践的"有形"范例，植入高校各类"铸魂"场和"育人"阵地，使得被学生视为"洗脑"式的思想政治教育改变为学生所抵触的被动局面，形成以伟大事实和精神浸润、感染学生，升华其情感，拷问自我"如何立德、立言、立功；如何为学、为事、为人；如何有志气、骨气和底气"等"我要学"氛围，达到"春风化雨，润物无声"的育人实效。

3. 这是进行"理想信念、爱国主义、核心价值观"等教育的现实教材

贯彻落实立德树人根本任务，以理想信念教育为核心，以爱国主义教育为重点，以思想道德建设为基础，以培育和践行社会主义核心价值观为主线，培育德智体美劳全面发展的新时代大学生，是高校思想政治教育的根本出发点和落脚点。而作为在脱贫攻坚战伟大实践中诞生的"脱贫攻坚精神"却蕴含了丰富的"思政育人"元素：①从精神特质来看，它"赓续传承了伟大民族精神和时代精神"，拓展深化了"中国精神"的谱系，是对大学生开展理想信念教育、爱国主义教育和"三观"教育的重要精神食粮。②从立德层面来看，它彰显了中国特色社会主义的制度优势，展示了"上下同心、众志成城、和衷共济、团结互助"的道德优势和"无私奉献、不懈奋斗、不负人民"的精神优势，是对大学生开展"明大德、守公德、严私德、立政德"教育的重要"范例"。③从树人角度来看，脱贫攻坚"时代楷模"及其具有的"担当、攻坚、大爱、奋斗、创新、实干"等精神与行为特质，无不是大学生见贤思齐的榜样和传承的精神范本。

（二）"脱贫攻坚精神"融入大学生思想政治教育的价值引领

伟大的"脱贫攻坚精神"，从国家宏观层面说，是引领全党全国人民进行全面建设社会主义现代化强国、实现中华民族伟大复兴的精神旗帜；从个人微观层面讲，是我们工作、学习、生活的内驱力源泉。因此，脱贫攻坚精神融入大学生思想政治教育具有强大的价值引领效应。

1. 提升认同：引领大学生坚定理想信念

脱贫攻坚的伟大实践及其伟大精神内质，充分反映了中国特色社会主义的制度优势，坚持中国共产党领导的政治优势等，以及坚持以人民为中心的发展思想，一心一意"为中

---

① 习近平：《在学校思想政治理论课教师座谈会上的讲话》，《人民日报》，2019年3月19日。

国人民谋幸福,为中华民族谋复兴",实施"精准扶贫、精准脱贫,坚决打赢脱贫攻坚战"大政方针,取得脱贫攻坚伟大成就,从思想、精神与实践层面回答好了"马克思主义为什么行""中国共产党为什么能""中国特色社会主义为什么好"等根本问题。这极大提升了大学生对马克思主义、中国共产党、中国特色社会主义制度、伟大祖国和中华民族的"政治认同、思想认同、理论认同、情感认同"①,有助于引领他们坚定对马克思主义的信仰,对中国特色社会主义的信念,对实现中华民族伟大复兴的信心,筑牢理想信念之基。

2. 增强认知:引领大学生勇担时代使命

一代人有一代人的际遇,一代人有一代人的时代使命。"毛相林:脱贫路上的当代'愚公'""张小娟:扶贫一线永不凋零的格桑花""李玉:每年280多天奔波,用科技助力脱贫","赵亚夫:40年不忘初心,促成科技兴农"等全国脱贫攻坚楷模的典型事迹,无不彰显了他们的使命担当与责任。这些活生生的事例,可以激发和增强大学生对自身责任与时代使命的认知,引领他们自觉地把自身需求与社会需求相统一,把个人发展与社会发展相结合,把个人命运与国家命运相联系,积极投身于实现中华民族伟大复兴"中国梦"实践中,绽放绚丽的青春之花。

3. 精神观照:引领大学生奉献奋斗自我

八年脱贫攻坚的伟大斗争中,共有"25.5万个驻村工作队、300多万名第一书记和驻村干部、200万名乡镇干部、数百万村干部",夜以继日,栉风沐雨,攻坚克难,奋战在脱贫攻坚一线,甚至有的为此献出了宝贵生命;涌现出了诸如李保国、张桂梅、黄诗燕、黄大发等大批坚守基层、奉献自我、鞠躬尽瘁、终生奋斗于脱贫攻坚事业的时代楷模。他们的先进事迹和精神,无疑是当代大学生继承和弘扬的宝贵财富。"幸福都是奋斗出来的","精忠报国是紧跟时代脉搏的不懈奋斗,也是胸怀人民幸福的无私奉献"②。当代大学生应自觉积极地践行伟大"脱贫攻坚精神",向时代楷模、优秀扶贫干部学习,勇立于时代改革潮头,自我奉献、自我奋斗,创造不平凡的人生。

4. 经验启迪:引领大学生精准创新干事

脱贫攻坚之所以能够"取得重大历史性成就"和"创造彪炳史册的人间奇迹",一条重要经验在于坚持精准扶贫方略,执行"扶持对象精准、项目安排精准、资金使用精准、措施到户精准、因村派人(第一书记)精准、脱贫成效精准"③思想;一个制胜法宝就是

---

① 武星亮:《增强"三个认同":高校思想政治理论课教学改革的目标》,《思想理论教育导刊》,2016年第2期。
② 习近平:《二〇一八年新年贺词》,《人民日报》,2017年12月31日。
③ 《习近平论扶贫工作——十八大以来重要论述摘编》,http://theory.people.com.cn/n/2015/1201/c83855-27877446.html,2015年12月1日。

勇于开拓创新。由是,"精准务实、开拓创新"构成了脱贫攻坚精神的内核之一。"他山之石,可以攻玉。"以此教育引领当代大学生,可以使其自觉自主地从中汲取智慧与力量,内化为自身的实际行动,坚持精准思维和创新思维,具体问题具体分析,科学合理地分析和化解学习、生活和工作中所遇到各种矛盾与难题,成为有思想、有思路、会实招的"实干家"。

(三)"脱贫攻坚精神"融入大学生思想政治教育的实现路径

要使"脱贫攻坚精神"能够真正被大学生接受,入脑、入心,"生根发芽",发挥其"铸魂育人"实效,大学生思想政治教育就必须解决好"怎么融入"的问题。

1.融入课堂教学,找准脱贫攻坚伟大实践及其精神内涵与各专业课程的融通点,以"课程思政"或"思政课程"方式,实现"脱贫攻坚精神"育人功效

课堂教学是立德树人、铸魂育人的"主渠道",其中"思想政治理论课是落实立德树人根本任务的关键课程"[1],而其他各门课也应"与思想政治理论课同向同行"[2],发挥教书育人功能。对此,课堂教学可以如下顶层规划:①充分挖掘、收集脱贫攻坚伟大实践中切合育人目标的翔实数据、鲜活案例和生动故事等各类"活素材",建设"脱贫攻坚"育人精品资源库,以资教育教学使用。②各任课教师需结合教学内容知识点与脱贫攻坚实践及其精神的融通性,巧妙设计教学思路,运用恰当教法,达到既传授专业知识又精神育人的"双效果"。即在不同课程的相关知识模块间插入与此相适应的脱贫攻坚"育人素材",打造融入"脱贫攻坚精神"的"思政课程"或"课程思政"的"金课",实现课程教学与"思政育人"的融合对接。③创新教法,综合运用案例式、故事述评式、体验式、线上线下"混合式、现代化多媒体等教学方法,通过案例呈现、讲故事谈感想、现场观摩体验、观看视频或纪录片等方式,将脱贫攻坚的故事、事例、成效等物质和精神的"素材"融入教学中浸润学生,陶冶其心性,锤炼其品质。

2.融入第二课堂,充分运用校园各种载体平台,将"脱贫攻坚精神"深入融进大学校园各类文化活动中,形成传承和弘扬"脱贫攻坚精神"的良好氛围

大学校园文化是民族精神、时代精神与大学精神的集中反映,潜移默化影响着大学生的思想观念、价值取向和道德理念。

为此,我们要充分利用校园文化"以文化人""以文育人"的作用,①可以举办以脱贫攻坚为主题的系列教育活动,譬如利用党团主题日开展"传承脱贫攻坚精神 践行时代担当""我眼中的脱贫攻坚"等活动,进行脱贫攻坚精神学习交流。②可以举办"脱贫攻

---

[1] 习近平:《在学校思想政治理论课教师座谈会上的讲话》,《人民日报》,2019年3月19日。
[2] 习近平:《在高校思想政治工作会议上的讲话》,《人民日报》,2016年12月9日。

坚事迹"报告会或故事分享会，邀请全国脱贫攻坚"时代楷模"或"先进个人"、最美奋斗者等，亲身讲述自己在脱贫攻坚过程中的所做所见所闻所想所感。③可以利用校园各类载体与平台，线上线下，开辟本校脱贫攻坚的"事迹展""人物展""帮扶展"等专栏，全方位、多方面展示本校脱贫攻坚的积极作为与成效。④可以开展以"弘扬脱贫攻坚精神"为主题的校园文化节，通过演讲、情景剧表演、知识竞赛、合唱、签名铭志等形式，将脱贫攻坚精神融入各项校园文化比赛活动中。通过这些校园文化创设与活动，营造弘扬和践行脱贫攻坚精神的浓郁氛围，引领学生将"奋斗、创新、奉献、精准"等精神内核融入学习生活的点滴中，自觉克服"佛系""躺平"等心态，积极作为，自觉驱动"自我革新、自我提升、自我发展、自我完善"。

3. 融入第三课堂，充分挖掘利用当地脱贫攻坚育人资源，绘制脱贫攻坚实践育人"地理图谱"，有针对性地开展弘扬"脱贫攻坚精神"的实践育人活动

社会实践是大学生思想政治教育不可缺少的重要环节，对于推进大学生了解社会、了解国情、增长才干、奉献社会、锻炼能力、涵养品行、增强社会责任感具有不可替代的作用。因此，我们应设法挖掘当地的脱贫攻坚实践育人资源并绘制其"地理图谱"，因地制宜开展社会实践活动。譬如与当地原贫困县或贫困村建立不同内容的实践育人基地和志愿服务定点社区，推动实践育人和志愿服务常态化；组织学生深入原贫困地区开展乡村产业发展、健康服务、文化教育及公共卫生服务体系建设等实地考察调研活动，推动"乡村振兴有我"志愿服务活动；组织学生到十八洞村观摩学习，感知其前后历史性变化。总之，让学生在参加志愿服务、实习实训、实地考察等社会实践活动中体认和践行"脱贫攻坚精神"，以实现思想上的洗礼和才干上的蜕变。

大学生思想政治教育要保持亲和力与实效性，必须坚持"三贴近"原则，坚持因事而化、因时而进、因势而新。目前，大学生思想政治教育要贯彻落实立德树人根本任务，必须与时俱进，立足于中华民族伟大复兴战略大局和世界百年未有之大变局，自觉融入脱贫攻坚精神、抗疫精神、伟大建党精神等新的"育人元素"，培养出具有高度的爱国情怀、能担当民族复兴大任和德智体美劳全面发展的"时代新人"。

六、用习近平青年观引领学生成长成才

党的十八大以来，习近平总书记立足世界百年之未有大变局，立足中国特色社会主义新时代这一历史方位，从实现中华民族伟大复兴中国梦的历史高度，从国家长治久安、党长期执政的战略角度，在一系列重要讲话中，深刻阐述了青年的特点地位、青年培养的标准以及青年工作等一系列重大问题，形成了思想深邃、内涵丰富、科学完整的思想理论体系。这为我们高校辅导员开展大学生思想政治教育提供了重要的借鉴和引领作用。

（一）习近平青年观的丰富内涵

1. 青年的特点和地位

习近平同志一直重视青年，高度肯定青年在实现中华民族伟大复兴中国梦历程中的地位和作用。青年人朝气蓬勃，开放自信，视野宽广，勇于创新，他提出：青年"是整个社会中最积极，最有生气的力量"[①]"最富有朝气，最富有梦想"[②]"是全社会最富有活力、最具有创造性的群体"[③]"是可爱、可信、可为的一代"[④]"新时代的中国青年是好样的，是堪当大任的"[⑤]。

青年是实现中华民族伟大复兴中国梦的生力军，是国家的未来，世界的未来，实现中华民族伟大复兴，实现世界的共同繁荣和发展，必将在一代代有志青年的接续奋斗中得以实现。他提出："时代的变革，常以青年为先锋，社会的前进，必以青年为主力"[⑥]"为实现中华民族伟大复兴的中国梦而奋斗，是中国青年运动的时代主题""青年是祖国的未来，民族的希望，也是我们党的未来和希望"[⑦]"青年兴则国家兴，青年强则国家强，青年一代有理想，有本领，有担当，国家就有前途，民族就有希望"[⑧]"世界的未来属于年轻一代。全球青年有理想，有担当，人类就有希望，推进人类和平与发展的崇高事业就有源源不断的强大力量"[⑨]。

2. 青年培养标准

党的十八大以来，习近平同志在每年的五四寄语和重要讲话中都深刻回答了"青年要成为什么样的人"，即"要培养什么样的青年"这一问题，希望青年能担当时代重任，坚定理想信念，厚植爱国主义情怀，练就过硬本领，砥砺艰苦奋斗，矢志创新创造，涵养高尚品格，做一个有理想、有本领、有担当的有志青年，成为中国特色社会主义伟大事业的合格建设者和可靠接班人，能担当民族复兴大任的时代新人。

---

① 习近平：《知之深，爱之切》，河北人民出版社，2015年。
② 习近平：《在同各界优秀青年代表座谈时的讲话》，《人民日报》，2013年5月4日。
③ 习近平：《在知识分子、劳动模范、青年代表座谈时的讲话》，《人民日报》，2016年4月26日。
④ 习近平：《在全国高校思想政治工作会议上的讲话》，《中国教育报》，2016年12月11日。
⑤ 习近平：《给北京大学援鄂医疗队全体"90后"党员的回信》，《人民日报》，2020年3月15日。
⑥ 同上①。
⑦ 习近平：《在庆祝中国共产党成立95周年大会上的讲话》，《人民日报》，2016年7月1日。
⑧ 习近平：《在中国共产党第十九次全国代表大会上的报告》，《人民日报》，2017年10月18日。
⑨ 习近平：《在联合国教科文组织第九届青年论坛开幕式上的贺词》，2015年10月26日。

(1) 具有坚定的理想信念

习近平同志反复强调，"理想指引人生方向，信念决定事业成败。没有理想信念，就会导致精神上'缺钙'"①，寄语广大青年一定要树立共产主义远大理想和中国特色社会主义的共同理想，树立对马克思主义的信仰、对中国特色社会主义的信念、对中华民族伟大复兴中国梦的信心，树立永远听党话、跟党走的理想信念。因为青年学生追求理想的高度决定了中华民族未来发展的高度，青年学生坚定信念的程度关系着中国特色社会主义发展的进度，让理想信念成为引领青年思想行为的总开关。

(2) 具备过硬的知识本领

习近平同志指出："青年的素质和本领直接影响着实现中国梦的进程。"他强调广大青年要牢固树立"梦想从学习开始，事业靠本领成就"的观念，让勤奋学习成为青春远航的动力，让增长本领成为青春搏击的能量；要把学习作为首要任务，作为一种政治责任，一种精神追求，一种生活方式，要像海绵吸水一样汲取知识；要求真学问，练真本领，不能满足于碎片化的信息、快餐化的知识。因为只有勤于学习，锤炼过硬本领，我们青年的思维视野、思想观念、知识水平才能与时代同频共振，让知识本领成为青年成功路上的助推器。

(3) 砥砺艰苦奋斗精神

习近平总书记指出："民族复兴的使命要靠奋斗来实现，人生理想的风帆要靠奋斗来扬起。"②他强调广大青年要把奋斗作为青春最亮丽的底色，作为将来青春美好的回忆；奋斗不只是响亮的口号，要在做好每一件小事、完成每一项任务、履行每一项职责中见精神，要做起而行之的行动者，不做坐而论道的清谈客，当攻坚克难的奋斗者，不当怕见风雨的泥菩萨，寄语青年要勇做走在时代前列的奋进者、开拓者、奉献者，在摸爬滚打中增长才干，在层层历练中积累经验，在攻坚克难中创造辉煌，让艰苦奋斗成为青年人生旅途上一道最美丽的风景线。

(4) 矢志创新创造

习近平同志指出："创新是民族进步的灵魂，是一个国家兴旺发达的不竭源泉，也是中华民族最深沉的民族禀赋。"③他强调青年理应走在创新创造前列，成为创新创业的生力军，要做锐意进取、开拓创新的时代先锋，而不做过客、当看客；寄语广大青年要有敢为人先的锐气，勇于解放思想、与时俱进，敢于上下求索、开拓进取，树立在继承前人的基础上超越前人的雄心壮志，要有逢山开路、遇水搭桥的意志，要有探索真知、求真务实的态度，让创新创造成为推动青年学生成就事业的"新引擎"。

(5) 涵养高尚品格

习近平同志指出："青年是引风气之先的社会力量，一个民族的文明素养很大程度上

---

① 同上②。
② 习近平：《在纪念五四运动100周年大会上的讲话》，《人民日报》，2019年4月30日。
③ 习近平：《在同各界优秀青年代表座谈时的讲话》，《人民日报》，2013年5月4日。

体现在青年一代的道德水准和精神风貌上。"①他强调人无德不立,品德是为人之本,要把正确的道德认知、自觉的道德养成和积极的道德实践紧密结合起来,勉励青年要自觉树立和践行社会主义核心价值观,善于从中华传统美德中汲取道德滋养,从英雄人物和时代楷模的身上感受道德风范、从自身内省中提升道德修为,明大德,守公德,严私德,自觉抵制拜金主义、享乐主义、极端个人主义、历史虚无主义等错误思想,做社会主义核心价值观的坚定信仰者、积极传播者和模范践行者,让价值养成成为引领青年学生人生航向的"定盘星"。

(6) 胸怀家国情怀

习近平同志指出:"不论树的影子有多长,根永远扎在土里,不论身在何处,都要始终把祖国和人民放在心里。"②他强调爱国是立德之源、立功之本、是青年立身之本、成才之基,是本分职责,是心之所系、情之所归。新时代中国青年应该恪守爱国爱党爱社会主义高度统一的时代追求,听党话、跟党走,胸怀忧国忧民之心、爱国爱民之情,不断奉献祖国、服务人民,让爱国主义的伟大旗帜成为青年成长成才的伟大丰碑。

3. 青年工作

习近平同志指出:"全党要关注青年,关心青年,关爱青年,倾听青年心声,做青年朋友的知心人,青年工作的热心人,青年群众的引路人。"③他强调各级党委和政府要"为青年实践创新更广阔的舞台,为青年塑造人生提供更丰富的机会,为青年建功立业创造更有利的条件"④;各级共青团组织要植根青年,以青年为本,要做青年友,不做青年官,要心系青年安危冷暖,情系青年发展进步,用科学的理论武装青年,用历史的眼光启示青年,用伟大的目标感召青年,用光明的未来激励青年,引导他们树立"四个意识"、坚定"四个自信"、做到"两个维护";教师要以"四有好老师"、"四个引路人"、"四个相统一"标准严格要求自己,用自己的爱心、耐心、细心和责任心做青年成长成功的铺路石,培育能担当民族复兴大任的时代新人;每个家庭要注重家庭、家教和家风建设。因为家庭是孩子的第一堂课,父母是孩子的第一个老师,家长的言传身教,家教家风状况都会直接影响到青年价值观和性格的塑造,影响到青年的思想行为。

(二) 习近平青年观对高校大学生思想政治教育的内容引领

习近平青年观内涵丰富,思想深邃,为我们高校辅导员开展大学生思想政治教育提供了科学有效的指引。

---

① 同上②。
② 习近平:《在欧美同学会成立100周年庆祝大会上的讲话》,《人民日报》,2013年10月22日。
③ 习近平:《在庆祝中国共产党成立95周年大会上的讲话》,《人民日报》,2016年7月1日。
④ 习近平:《在同各界优秀青年代表座谈时的讲话》,《人民日报》,2013年5月4日。

1.聚焦马克思主义理论和"四史"教育，坚定理想信念

习近平总书记说过："马克思主义是我们党和国家的指导思想，是我们认识世界、把握规律、追求真理、改造世界的强大思想武器。"①"背离或放弃马克思主义，我们党就会失去灵魂，迷失方向。"②新时代中国青年只有确立马克思主义的信仰，树立共产主义的远大理想和中国特色社会主义的共同理想，用马克思主义中国化理论成果尤其是习近平新时代中国特色社会主义思想武装头脑、指导实践、推动工作，才能在世界百年未有之大变局和发展处于重要战略机遇期的形势下，用其科学的立场、观点和方法溯源本质，厘清方向，在全面建成社会主义现代化国家、实现中华民族伟大复兴的伟大征程中绽放绚丽之花。

为此，我们高校辅导员应该发挥"三主"作用，聚焦马克思主义理论和"四史"教育，提升学生理论素养，培育学生的远大理想抱负，坚定学生理想信念。

一要充分发挥思想政治理论课课堂的主阵地作用。在课堂上运用新媒体技术、学生最喜爱的语言风格、最易被学生所接受的授课方式讲懂讲透马克思主义中国化成果，教育引导学生领悟马克思主义思想的无穷魅力和真谛，运用马克思主义立场、观点和方法来看待问题、指导学习和工作；讲清讲深"四史"，教育引导学生从四史中吸取精神力量，坚定为共产主义、为实现中华民族伟大复兴而奋斗的理想信念。

二要充分发挥辅导员的主导作用。辅导员应在充分调研分析"00后"大学生理想信念现状、学习马克思主义理论现状和困境、高校开展马克思主义理论教育现状等问题的基础上，创新马克思主义理论教育和宣传方式和方法，打造习近平新时代中国特色社会主义思想讲习所、马克思主义经典朗读会等马克思主义理论教育和宣讲精品，组建马克思主义研究、"四史"学习等学生社团，激发学生学习研究马克思主义和四史的热潮，教育引导学生深入悟透中国共产党为什么能、马克思主义为什么行、中国特色社会主义为什么好这三个问题，自觉把马克思主义作为自身的行动指南，把共产主义的远大理想作为自身奋斗的终极目标。

三要充分发挥学生的主体作用。习近平同志说过："马克思主义是中国共产党人理想信念的灵魂。"③其实它也是我们青年大学生理想信念的灵魂和根本。为此，我们新时代中国青年应自觉深入学、持久学、刻苦学、带着问题学、联系实际学、深入思考学，把读马克思主义经典、悟马克思主义原理当作一种生活习惯、当作一种精神追求，真正把马克思主义尤其是习近平新时代中国特色社会主义思想这个看家本领学精、悟透、用好；要自觉学习"四史"，更好地了解中国共产党走过的光辉岁月和艰苦历程，弄清楚我们从哪里来、到哪里去，让我们更好地牢记我们的初心和使命，切实增强我们的信仰、信念和信心，从

---

① 习近平：《在纪念马克思诞辰200周年大会上的讲话》，《人民日报》，2018年5月5日。
② 同上②。
③ 习近平：《在纪念马克思诞辰200周年大会上的讲话》，《人民日报》，2018年5月5日。

而坚定我们的理想信念，发挥好示范引领作用。

2.强化爱国主义教育，厚植深厚家国情怀

习近平总书记说过："在社会主义核心价值观中，最深层、最根本、最永恒的是爱国主义。"要让爱国主义成为每一个中国人的坚定信念和精神依靠。孙中山先生也说过："做人最大的事情，就是要知道怎么样爱国。"

为此，我们辅导员应该坚持两个一体化建设，强化爱国主义教育，厚植深厚家国情怀。一要坚持爱国主义教育课内课外一体化，课内注重教学方法创新，以既顶天又接地气的鲜活方式开展爱国主义理论教育，课外契合"00后"大学生思想和行为特质，多样化、多元化开展云端和线下爱国主义教育体验实践活动，让爱国主义的伟大旗帜在学生心中高高扬起。

二要坚持爱国意识培育、爱国能力提升与爱国行为养成一体化。"长太息以掩涕兮，哀民生之多艰"的爱国诗人屈原，"先天下之忧而忧，后天下之乐而乐"的名士范仲淹"三十功名尘与土，八千里路云和月"的抗金名将岳飞，"人生自古谁无死，留取丹心照汗青"的抗元名臣文天祥，"数点梅花亡国泪，二分明月故臣心"的抗清名将史可法，"苟利国家生死以，岂因祸福趋避之"的禁烟英雄林则徐……要让学生从无数先贤治国平天下的家国情怀中吸取精神基因密码，涵养家国意识和情怀，要让学生明白爱国从来不是阳春白雪，不是曲高和寡，而是平凡的，具体的，要在熟悉民族历史、关切国计民生和了解传统文化的过程中不断提升自己爱祖国、爱人民、爱文化的能力；要让学生懂得爱国不是一句口号，而是要落实到具体的行动中去，把自己的一言一行、自己的点滴奋斗融入实现中华民族伟大复兴中国梦的伟大征程。

3.传承中国精神，培育艰苦奋斗精神

习近平曾在多个场合向全国人民发出奋斗动员令："幸福都是奋斗出来的。""奋斗本身就是一种幸福，只有奋斗的人生才称得上幸福的人生。"

为此，高校辅导员应积极响应习近平同志的动员令，牢记习近平总书记对青年的寄语，注重培育艰苦奋斗精神。一要教育引导学生研究和传承中国共产党百年发展历程中所沉淀的红船精神、井冈山精神、长征精神、延安精神、西柏坡精神、铁人精神、雷锋精神、抗洪精神、航天精神、抗疫精神等中国精神，体悟到正是这些中国精神中所蕴含的艰苦奋斗这一共同特质推动中国实现了从站起来到富起来到强起来的伟大飞跃，从而勉励学生要培育不畏艰难、锐意进取的思想品格，保持初生牛犊不怕虎的奋斗状态，敢想敢干，才能实现自身的成长，更能推动实现中华民族伟大复兴中国梦的宏伟蓝图。

二要教育引导学生要悟透"一粥一饭当思来之不易，半丝半缕恒念物力维艰"的真谛，树立"成由勤俭败由奢"的观念，养成崇尚节约的生活作风。不管国家如何富裕，生活条件如何变好，我们都要保持艰苦奋斗、勤俭节约的初衷。正如习近平同志所说的"今天我们的生活条件好了，但奋斗精神一点都不能少，中国青年永久奋斗的传统一点都不能丢"①。

4.注重创新创业教育，锻造伟大创造力

习近平同志在多种场合寄语广大青年一定要勇于创新创造，理应走在创新创造前列。为此，我们高校辅导员应注重大学生创新创业教育，锻造伟大创造力。一要通过课堂讲授、组织学生参观高新企业、邀请创新创业大学生先锋来校讲座等方式来激发学生创新思维和竞争意识，培养学生创新精神；二要通过创办创新创业孵化基地/参与学校创新项目、组建学生科技创新团队、组织指导学生参加"互联网+"、黄炎培杯、挑战杯等各类创新创业大赛、组织学生参加健康扶贫、乡村振兴社会服务等路径来养成学生创新创业行为；三要通过组织创新案例交流会、创新创业论坛、大学生创新创业训练项目等路径来淬炼大学生创新创业意志品质，让学生想创新、敢创新、能创新，勇做创新创业领头羊。

5.践行社会主义核心价值观教育，涵养高尚品德行为

赫尔巴特说过："教育的唯一工作与全部工作可以总结在这一概念之中——道德。"习近平同志也说过："青年的价值取向决定了未来整个社会的价值取向，而青年又处在价值观形成和确立的时期，抓好这一时期的价值观养成十分重要"②。

为此，我们高校辅导员应该教育引导学生培育和践行社会主义核心价值观，涵养学生高尚品德行为。一要将社会主义核心价值观的培育融入管理和日常思想政治教育的点滴中去，以润物细无声的方式教育引导学生向上向善，扣好人生第一粒扣子；二要遵循"三因"理论，把握三大规律，高度融合新媒体技术和传统媒体优势，以微言微语微视频等最受学生欢迎和喜爱的微方式，突破教育主体供给侧与教育客体——学生需求侧失衡的困局，不断提升社会主义核心价值观教育的实效性和亲和力；三要不断创新教育机制，推动构建家庭、学校、社会联动机制，学校党委、专任教师、辅导员协同育人机制以及课程思政与思政课堂同向同行机制，让社会主义核心价值观内化于心，外化于行，教育引导学生做社会主义核心价值观的坚定信仰者、积极传播者和模范践行者。

习近平青年观思想深邃，内容丰富。这对我们高校大学生思想政治教育的开展无论在内容还是路径，都具有引领和借鉴作用。我们应深入挖掘习近平青年观的思想政治教育元素，契合"00后"大学生的思想和行为特质，有针对性地开展理想信念、爱国主义、中国精神、创新创业和社会主义核心价值观教育，教育引导学生能够成为担当民族复兴大任的时代新人。

---

① 习近平：《在纪念五四运动100周年大会上的讲话》，《人民日报》，2019年4月30日。
② 习近平：《在北京大学师生座谈会上的讲话》，《人民日报》，2014年5月4日。

七、以习近平"崇学尚读"精神引领学生求知问道

读书学习是一个国家、民族、社会乃至个人永葆先进性、永续发展的必由之路,也是个人提升自身能力和内在修养的必要途径。"崇文尚读"也是中华民族的优良文化传统。出生于红色革命家庭的习近平自幼深受传统文化和革命文化的熏陶,历经7年知青岁月,以书为伴,读书学习成为他最大的爱好。他几乎视读书如吃饭、饮水一样必不可少,是同样重要的生活内容。2014年2月,他在俄罗斯索契接受专访时坦言:"读书已成了我的一种生活方式。"

可以说,习近平从自幼聆听母亲讲述"精忠报国"故事,到梁家河的知青岁月、清华大学的求学之路,到河北正定、福建、浙江、上海的"为民"从政,进而作为党和国家领袖治国理政,一路走来,他边学边干,在干中学、在学中干,读书学习成为他人生中不可或缺的组成部分,浸透到他的血脉之中,构成了他独特的气质。他的学习实践经历及其所蕴含的"不知为耻""学而如痴""学而有法"等"崇学尚读"精神,无疑是我们对高职院校学生开展学习价值引领教育的鲜活教材与生动范本。

(一)习近平"崇学尚读"精神的内涵

其"崇学尚读"精神萌于幼年的家风文化熏陶,成于梁家河的7年知青岁月,深化于40余年的从政经历,有着丰富的内涵。

1."不知为耻"的好学精神

自古以来,中华民族留传着"非学无以广才,非学无以明识,非学无以立德"[①]的"崇文好学"优秀文化传统。生长于红色革命家庭的习近平,自幼耳濡目染接受传统文化和革命文化的熏陶,早早领悟出"好学才能上进"的深刻道理,提出了"读书可以让人保持思想活力,让人得到智慧启发,让人滋养浩然之气"的识见,揭示了读书对活跃思维、启迪智慧、陶冶性情的重要性。为此,他15岁时便以"一物不知,深以为耻"自励,除劳动、融入群众外,则是到处找书、看书,遨游于知识的海洋里,如饥似渴地汲取知识的营养。据陕北梁家河村老乡们回忆,当年去梁家河开始知青生涯时,他"带一箱子书下乡","他住的窑洞炕沿上、箱子上、窗台上、枕头边上,到处都堆着一摞一摞的书",在煤油灯下看"砖头一样厚的书","有时吃饭也拿着书"[②]。他自己也讲过,"30里借书,30里还书"的故事。他一直把读书学习当成一种生活态度、工作责任和精神追求,以书为伍、为伴,开阔眼界、提高认知;涵养品行、增长才干。

---

① 蒋永发、陈树文:《习近平学习思想对新时代大学生培养正确学习观的重要意义》,《湖南广播电视大学学报》,2019年第2期。

② 中央党校采访实录编辑室:《习近平的七年知青岁月》,中共中央党校出版社,2017年。

2."学而如痴"的勤学精神

青年习近平特别喜欢读书,痴迷读书,读书被他视为如同生活中必不可少的吃饭、饮水一样重要。据梁家河老乡回忆:"社员抽烟有'烟瘾',近平读书有'书瘾'。"他"一得空闲,就捧着书看。"有时上山干活,兜里也装一本书,中间休息时,别人拉话,他就看书;晌午回窑洞歇一会儿,他也抓紧时间看一会儿书。当其他同龄人都跑出去玩耍时,他还能饿着肚子坐下来,专心地看书、阅读、思考。在梁家河7年,除了劳动、工作外,几乎没有见他离开过书本,没见他放弃过读书。"白天劳动、晚上挑灯看书",是他知青生活的常态。他自己也回忆过农村插队读书的场景:"上山放羊,我揣着书,把羊圈在山坡上,就开始看书。锄地到田头,开始休息一会儿时,我就拿出新华字典记一个字的多种含义,一点一滴积累。"① 可以说,无论是在知青岁月的梁家河窑洞里,还是在大学求知的清华校园里;无论是在地方基层一线工作,还是掌舵全党治国理政,他几十年如一日,始终保持着勤学求知的读书习惯。

3."广闻博见"的博学精神

习近平同志也是博学多闻的典范。他所读的书籍包罗了古今中外经典名著、中国古典诗词、军事和国际政治著作等,涉及历史的、哲学的、文学的、自然科学的……尤其是政治理论方面的书籍。譬如克雷洛夫、普希金、果戈理、莱蒙托夫、屠格涅夫、陀思妥耶夫斯基、涅克拉索夫、车尔尼雪夫斯基、托尔斯泰、契诃夫、肖洛霍夫、孟德斯鸠、伏尔泰、卢梭、狄德罗、圣西门、傅立叶、萨特、蒙田、拉·封丹、莫里哀、司汤达、巴尔扎克、雨果、大仲马、乔治·桑、福楼拜、小仲马、莫泊桑、罗曼·罗兰等人的文学名著;《中世纪史》《中国通史简编》《罗斯福见闻密录》《太平洋战争:岛屿战争》《战争论》等政治历史、军事著作;《共产党宣言》《法兰西内战》《哥达纲领批判》《反杜林论》《国家与革命》《资本论》等马列主义经典著作;《史记》《春秋》《诗经》《离骚》《礼记》《管子》《孔子家语通解》《论语诠解》《古诗源》《三国志》及"三言"等经史典籍。对此,他强调"为政之道,务于多闻",领导干部应当读"当代中国马克思主义理论著作""做好领导工作必需的各种知识书籍,包括经济、法律、科技、文化、管理、国际和信息网络等方面的知识""古今中外优秀传统文化书籍,包括历史经典、文学经典、哲学经典、伦理经典等多个方面"。②

4."学而有法"的善学精神

习近平同志不仅好学、勤学、博学,更为重要的是还非常讲求读书的方法和技巧。他读书除了注重阅读原著外,还注重学思结合、分析对比、讨论交流、反复研读等读书法。

---

① 中央党校采访实录编辑室:《习近平的七年知青岁月》,中共中央党校出版社,2017年。
② 习近平:《领导干部要爱读书读好书善读书》,https://www.ccps.gov.cn/xxsxk/xldxgz/201812/t20181223_126879_2.shtml,2009年5月13日。

他坚持阅读与思考相统一，强调"思考是阅读的深化，是认知的必然，是把书读活的关键。如果只是机械地阅读、被动地接受、简单地浏览，没有思考，人云亦云，再好的知识也难以吸收和消化。"①他坚持参阅对比学习法，喜欢就一个观点、史实参阅很多相关书籍，从不同侧面去了解和分析这个问题，形成自己的见解和观点，并与人进行讨论切磋，推敲印证，以求"既知其然，又知其所以然"。他坚持学以致用、用以促学，强调"一切学习都不是为学而学，学习的目的全在于应用"。他主张读书与运用相结合，在读书的过程中增强运用能力，在运用的过程中提高读书水平。他读马列主义经典著作、学"毛著"不仅原原本本地学，精研细读，与人交流探讨，还非常注重研究马列著作的版本沿革和译本问题。他不仅以"读、诵、背"相结合的方法学习中国古典诗词，还喜欢以拓展查阅的方式弄清所读经典著作中遇到的生疏名词或历史事件。

总之，他强调读书不仅要有的放矢，贵在持久，还要讲求读书方法和技巧，提高读书效率和质量，"在爱读书、勤读书、读好书、善读书中提高思想水平、解决实际问题、实现自我超越"②。

（二）习近平"崇学尚读"精神的价值引领

习近平"崇学尚读"精神，既是对我国"崇文尚学"优秀传统文化的传承与弘扬，又是其革命红色家庭及其是优良家风文化熏陶的产物，更是其自幼"精忠报国"志向和独特人生经历所焕发的"一物不知，深以为耻"求知欲付诸实践而形成的人格品质。这对引领高职院校学生"为什么学""学什么""怎样学"具有重要的价值导向和示范作用。

1. 以他的好学精神引领教育高职生树立"终身学习"理念，活到老、学到老

学习是人类开启智慧的法门，也是人类进步的阶梯。我们只有不断好学探知，才能避免"少知而迷、不知而盲、无知而乱"③的困境。可是，据我们调查发现，目前部分高职学生的学习生态不容乐观，主要体现在：学习目标缺失、学习兴趣不高、学习态度不端、学习动力不足。"读书无用""混文凭""佛系"，是他们的学习心态；"宅宿舍"打电游、玩手机，"混日子"，是他们的生活常态。如何让他们摆脱这种学习困境，既是现实拷问，也是使命召唤。为此，我们可以着眼于当今时代信息科技革命日新月异，"知识半衰期"加速缩短，各种新知识、新情况、新事物层出不穷的发展形势，结合习近平同志"好学才能上进"、学习"蓄电池理论"等思想观点，晓之以理、循循善诱，引导他们体认学习的危机感，端正学习态度，焕发出学习兴趣和激情，认同终身学习思想；以"一物不知，深以

---

① 习近平：《领导干部要爱读书读好书善读书》，https://www.ccps.gov.cn/xxsxk/xldxgz/201812/t20181223_126879_2.shtml，2009年5月13日。

② 同上①。

③ 《当代中国的"劝学篇"——系统学习习近平总书记十八大前后关于加强学习的重要论述》，http://www.xinhuanet.com/politics/2015-03/02/c_127532744.htm，2015年03月02日。

为耻""挤劲、钻劲、韧劲"的好学精神及其事迹,鼓励帮助他们见贤思齐、循序渐进,如"蓄电池"般持续充电,努力学习各方面知识,努力在实践中增长才干,以"每天一小步、每月一中步、每年一大步"的毅力与收获,实现"破局解困"的奋斗目标,克服"新办法不会用,老办法不管用,硬办法不敢用,软办法不顶用"[①]的"本领不足、本领恐慌、本领落后"[②]问题。

2. 以他的博学精神引领教育高职生树立"博学广闻"意识,以书为伴、为友

"重专业、轻人文""重理科、轻文科",文化素养偏低;"碎片化学习""知其然,不知其所以然"等,是当前高职学生在学习认知与知识积累上的"弊病"。这既与我国赋予职业教育"着力培养高素质劳动者和技术技能人才"的育人要求不相符合,也与"为促进经济社会发展和提高国家竞争力提供优质人才资源支撑"的历史使命不相适应。然而,习近平同志以"我将无我,不负人民"的家国情怀,内化为"不知为耻"的学习自主自觉,遨游于知识的海洋里,览古通今、博学广闻、博采众长、汲取智慧,形成一个个治国理政的"中国方案"。他的这种学习精神及笃学经历,无疑对高职学生开展学习教育具有巨大的引领示范效应。因此,我们不仅要以此自励自勉,还应教育引导高职学生从思想上深刻认识到,学习是一个关乎个人成长成才、社会进步发展、国家繁荣富强,民族振兴的大事,是学生的第一要务。更要引领、鼓励大学生向毛泽东、习近平等国家领袖学习,以"进京赶考"的精神姿态,以读书"明理、启智、修身"的自觉性,以书为伴、以书为友,博学广闻,既应努力学习新理论、新知识、新技术等专业知识,又应广泛涉猎文、史、哲等人文社会科学知识;既要多读"有字"之书,也要多读"无字"之书;既应具有哲学、历史思维,知兴衰、明得失,又应具有文学情怀,懂社情、知疾苦,理实结合,文理兼修,力争做一个"笃学、广博"的高素质"复合型"人才。

3. 以他的勤学精神引领教育高职生树立"学贵于勤"思想,学而不怠、不辍

勤奋好学,是中华民族优良的文化传统。从古代"悬梁刺股""凿壁借光""囊萤映雪""圆木警枕""闻鸡起舞"等勤学典故,到"业精于勤荒于嬉""天道酬勤""学问勤中得,萤窗万卷书"的先贤劝勉,再到"衣带渐宽终不悔,为伊消得人憔悴"的"治学境界"[③],无不彰显了我国圣贤仁杰对勤学传统的继承与弘扬。习近平同志就是弘扬这一传统的典范。他不仅强调了以挤劲、钻劲、韧劲而勤学的质量互变规律,"哪怕一天挤出半小时,即使读几页书,只要坚持下去,必定会积少成多、积沙成塔、积跬步以至千里";[④]更

---

① 习近平:《谈治国理政》,北京:外文出版社,2014年。
② 同上①。
③ 王国维:《人间词话》,北京:中国人民大学出版社,2011年。
④ 习近平:《在中央党校建校80周年庆祝大会暨2013年春季学期开学典礼上的讲话》,http://cpc.people.com.cn/n/2013/0303/c64094-20656845.html,2013年3月3日。

是笃学力行、以身作则,从知青岁月"煤油灯下看'砖头一样厚'的马列著作""劳作中学习""一得空闲,就捧着书看",到大学期间"广泛涉猎多学科""假期参加社会实践",再到工作时期"经常深入基层调研,向实践学习""向世界学习有益经验"等①,为我们树立了勤学探知的榜样。为此,我们应与学生共勉——不能以事忙、开课太多、无空余时间等诸多理由,使自己精神懈怠,逃避学习;教育告诫高职学生不能因沉迷网络游戏、耽于手机娱乐、懒于睡觉而遗忘学习,更不能被"读书无用""混文凭""佛系"心态等消极思想支配自我而抵制学习。相反,鼓励引导学生要见贤思齐,端正学习态度,正确处理学习、生活与休闲娱乐的关系,以积极向上的精神状态和不断探知求学的姿态,弘扬勤学精神,把学习放在重要的位置上,挤时间学习,如饥似渴地学习。

4. 以他的善学精神引领教育高职生树立"学要有法"思想,学懂弄通、致用

习近平同志从梁家河的知青岁月到清华大学的学生时代,从主政地方的"勤务员"到治国理政的"总书记",不仅持之以恒地坚持读书学习,而且特别注重"学而有法",强调读书技巧与学习方法。他在关于"如何学"的问题上所提出的诸如"把握正确的学习方向""向书本学习、向实践学习、向群众学习""通读苦读、学思结合""坚持阅读与思考的统一""学习的目的在于运用""发扬挤劲、钻劲、韧劲""好学乐学"②等善学思想,以及他实践了的"比较阅读""思考对比""讨论交流""反复研读与重点研读""注重原著阅读""拓展学习"等具体学习方法,无不为正处于一个知识爆炸、"学习的革命"和"两个百年"奋斗目标历史交汇期的新时代高职学生,如何练好用好不断学习、善于学习这个"看家本领",以顺应时代潮流,承载历史使命,提供了重要的借鉴。对此,我们应教育引导学生,面对科技知识日新月异、社会思潮层出不穷、网络信息文化应接不暇的客观现实,要"主动来一场'学习的革命'",坚持"全面、系统、富有探索精神"地学习,"既要抓住学习重点,也要注意拓展学习领域;既要向书本学习,也要向实践学习;既要向人民群众学习,向专家学者学习,也要向国外有益经验学习;既学理论知识,又学实践知识"③;坚持"学思用贯通、知信行统一",理论联系实际,学思践悟,解决实际问题。

学习是习近平总书记的最大爱好,也成为他独特的气质。他不仅以亲身学习实践,为我们诠释了其"崇学尚读"的个体特质内涵,也为我们树立了好学、博学、勤学、善学的行为典范。新时代高职学生作为我国全面建设社会主义现代化国家的重要建设者,应见贤思齐,主动进行"学习的革命",不仅要"好学",自觉不断"充电",学习各种科学文化知识;而且要"博学",拓宽眼界与视野,主动加快知识更新和优化知识结构;还要"勤学",发扬"挤劲、钻劲、韧劲",苦学苦读;更要"善学""会学",掌握正确的学习方法,

---

① 李正军、陈勇:《习近平学习观的逻辑理路》,《湖南省社会主义学院学报》,2020年第6期。
② 习近平:《主动来一场"学习的革命"》,http://www.xinhuanet.com//politics/2015-08/12/c_128121051.htm,2015年8月12日。
③ 习近平:《谈治国理政》,北京:外文出版社,2014年。

不断优化学习思维，增长学习能力，以此增强本领，赢得主动、赢得优势、赢得未来。

第三节　辅导员工作之学思践悟

"教师是人类灵魂的工程师，是人类文明的传承者，承载着传播知识、传播理想、传播真理、塑造灵魂、塑造生命、塑造新人的时代重任。"[①] 为此，高校辅导员作为教师和管理者，更是担负起"三传播、三塑造"的时代重任，如何为人、为学、为事、育人等是我们必须思索与回答的现实问题。

一、如何做一个成功的辅导员

（一）既做"经师"又做"人师"

仅把辅导员工作当作一份劳动谋生的职业，做学生的"办事员"，是远远不够的，这只是对辅导员的基本要求。更重要的是，我们要把它当作一份"立德树人"和"铸魂育人"的事业去付出、去奋斗，做学生的"知心朋友"和"引路人"。我们不仅要做育人的"经师"，更要做学生的"人师"。当学生毕业后仍清晰地记得我们，以赞许的方式评价我们，甚至与我们成了"忘年交"，这就是我们最大的成果、成功与骄傲。

（二）成功辅导员所具有的基本内质

通常而言，"成功结果是一样的，但经验和路径却有千万条"。没有一个"放之四海而皆准"的模式，但是考查全国、省辅导员年度人物、"大国工匠"的成长成功先进事例，我们不难发现其中可资借鉴的"共性"内质：

1. 善于学思

成功了的辅导员，无不是准确把握了辅导员"复合型"的定位要求，如饥似渴地学，"挤时间"学，"有计划"学；学政策文件，学业务知识，学他人的工作经验、思路、方法及思想品质等等。学习成为他们攀登高峰、成就自我的"利器"。但是，他们绝不当"读书匠""知识桶"，而是善于结合自己的工作内涵和学校中心工作，理论联系实际，学以致用，内化为自己的品质、工作方法与思路，形成具有自己专业特色或个性化的工作范式。

---

① 习近平：《在全国教育大会上的讲话》，《人民日报》，2018年9月10日。

2. 态度认真

做任何工作都把它当作成一件非常严肃的事情，不是以应付了事的心态去想、去做，而是认真对待，全力以赴付之于行动。

3. 专注付出

专注于某项工作，持之以恒、坚持不懈地付出，长年累月地去想、去做、去积累。"把简单的工作做到极致"，平凡的岗位也能做出不平凡的成绩，人生定会出彩。

4. 研究工作

辅导员要成为"优秀者"，不仅仅要把工作做好，更重要的是要立足岗位去研究学生管理教育工作，总结归纳、提炼升华，形成自己的工作特色。辅导员绝不能沦为"做事的工具"，要做"有思想的建设者"，成为"研究型"行家。

5. 总结反思

珍惜每次经历或主持、组织过的活动或做过的事情，认真反思其中的得失，由简单的工作内涵上升为经验教训，由工作经验内化为自己的工作本领、工作能力，把所做事情提炼为工作特色。

6. 归零思维

做任何事情不能自视学历高或工作年限久而会应付自如。相反，任何时候都要坚持"归零"思维，放下架子，以甘当小学生的姿态，去工作、去学习、去研究。

总之，"复杂的事情简单做，你就是专家；简单的事情重复做，你就是行家；重复的事情用心做，你就是赢家。""幸福是属于'奋斗者'，机会是属于'准备者'，成就是属于'执着者'。"

（三）融入团队、共同成长

个人的力量是有限的，团队力量是无穷的。要高质量做好学生管理教育工作以及获得自我发展，仅靠个人"英雄主义"式的单打独斗是绝对不行的。最需要的是，有一个分工合作、团结互助、坚强有力的团队做根本保证。团队中，我们每一个人都必须有强烈的角色意识与定位自觉，要有"唱主角"与"当配角"的理性认知、自觉认同与包容胸怀。我们依靠团队力量，获取成功的智慧、力量和机遇。譬如依托"导师制"，通过导师"既抓业务工作提高，又抓个人素质提升；既注重工作方法方式指导，又注重责任担当、艰苦奋斗思想引领；既锻炼他们的做事能力，又锤炼他们的品行修养"的方式，获取个人为人做事"双提升"。依托党建学习，参加各类学习实践活动，强化理论武装，"结合理论谈工作，交流想法促提高"，解决"本领恐慌"问题。依托辅导员素质能力培训校内比赛，组队参赛，强抓理论业务学习，提高自己的政策知识储备与领悟力、执行力。

（四）聚焦主业，做学生思想"领航人"

习近平总书记强调，我们要培养社会主义事业合格的建设者和接班人，要培养能担当民族复兴大任的时代新人。为此，我们要当好一名合格的政治辅导员，应聚焦学生思想政治教育这个主业，统筹好思想政治教育与学生日常事务之间的关系，创新思想政治教育平台和形式，用"90后""00后"学生的话语体系和喜闻乐见的通俗方式来重构他们的思想意识形态，引领他们坚定马克思主义信仰，坚定实现共产主义和跟党走的理想信念，帮助他们扣好人生第一粒扣子；积极培育和践行社会主义核心价值观，引领他们做社会主义核心价值观的忠实践行者，做一个大爱、大德、大情怀之人。

（五）强化责任担当，做学生的示范

辅导员要在塑造个人形象和强化担当责任上下功夫，要育人，先育己。为此，我们辅导员应明确自己的岗位职责和历史使命，明确自己的工作重点和努力方向，少讲大道理，不要空谈大论，要沉下心下到教室、宿舍和运动场，要为学生多做实事，更要以自己的一言一行潜移默化地影响学生、感染学生，做到育人"润物细无声"，做学生人品、学习和生活的示范。

（六）聚力思考，形成工作亮度

第十届全国辅导员年度人物、南华大学辅导员马军老师指出，"不要让忙碌和勤奋掩盖了自己的思考"。虽然辅导员工作对象千家万户、工作内容千头万绪、工作状态千辛万苦、工作方式千变万化、工作特色千红万紫、工作效果千恩万谢，但我们应"拨开云雾见天日"，聚力思考：如何在这"六千万"中，立岗、强身、成家？如何成为学院大局工作的"兵"、院部独当一面的"将"、学生中旗帜鲜明的"帅"？如何依据自己所学专业优势，结合学生专业特点、学生人格特点和思想特点凝结自己的工作特色？我认为，要在保持工作高度的同时，提升工作技能，使我们的学生管理工作有温度，得到学生无条件的信任和信服，从而守住底线，确保安全。在服务学生成长成才的工作平台中，依据自己的思政专业优势，结合学生专业特点，建构红色文化育人体系，坚定学生理想信念上发力，形成自己的工作亮度，沉淀自己的工作成果。

（七）付诸行动，沉淀工作温度

"心动不如行动，实干胜于空谈"。作为高校辅导员，我们的角色定位应有一定的高

度，要扎根在立德树人最前线，耕耘在传道授业最基层，要明白自己的努力方向。譬如对于所带学生新生，我们"要送货上门"，每周召开一次思想教育和价值引领为主题的主题班会；每周与学生个体谈心谈话10—15人次，集体谈心谈话1—2次，创建红色经典读书会，开展晨读活动；创建科技创新团队，革命文化研究会等，养成记工作日志、写育人笔记和工作案例的习惯，把辅导员工作的研究写在不断创新的行动和实践上，沉淀自己辅导员工作的温度，在陪伴学生的成长成才中，自己也得到成长发展。

（八）不忘初心，砥砺奋进，做学生"领路人"和"解语花"

学工人员的视野决定其工作的宽度和深度，格局决定其工作的高度。虽然辅导员看起来工作繁杂且操心操劳，也有"保姆""救火队""消防员""万金油"之美称，加上许多辅导员自己存在职业困惑和职业倦怠，觉得职业前景黯淡，但是，我们辅导员应该有更广的视野和格局，坚定"工作一行研究一行"的理念，立足辅导员专业化、职业化发展，在杂乱无章的工作中聚焦一个方向、一个点，比如理想信念教育、创新教育、红色文化育人等，专注做一件事情，把成为一名某个领域、某个方向、某个点的专家作为自己的职业生涯规划目标，把辅导员工作当作一项幸福的事业去追求，把服务学生成人、成长、成才、成功，为中国特色社会主义事业培养合格的建设者和接班人，培养能担当民族复兴大任的时代新人作为自己的育人目标，作为自己的初心。

作为一名新时代辅导员，应仔细阅读《普通高等学校辅导员队伍建设规定》（教育部43号令）《高校思想政治工作质量提升工程实施纲要》《关于加强和改进新形势下高校思想政治工作的意见》等文件，认真领悟文件精神，明确新时代辅导员应聚焦学生的思想政治教育，着力学生的思想引领和价值养成，应在坚定学生的理想信念下功夫、在厚植学生的爱国主义情怀下功夫、在培育学生奋斗和创新精神上下功夫、在加强学生品德修养上下功夫、在担当强化责任上下功夫，引导学生强化"四个意识"、坚定"四个自信""四个认同"、做到"两个维护"，塑造社会主义核心价值观，把好学生理想信念的总开关，引导青年学生主流思想意识形态。

同时，我认为辅导员要以立德树人为根本目标，把工作做细做实，贯彻"学生无小事，努力帮助学生塑造积极人格"的工作理念。一要统筹兼顾教育、管理、服务三个维度，在教育中管理和服务，在服务和管理中教育，做到辅导员工作有温度、高度、长度和亮度；二要经常深入宿舍、课堂和运动场，想学生之所想，急学生之所急，了解他们、读懂她们、关爱她们，做一个温暖的辅导员老师；三要经常与学生谈心谈话、QQ聊天、微信视频，用学生喜欢的语言、喜欢的教育方式、喜欢的媒体方式开展情感教育，走进学生生活，走进学生的内心世界，当好学生的解语花；四要身体力行，率先垂范。有位教育家说过："教育无他，唯爱与榜样而已。"为此，我们辅导员应时刻谨记我们的职责和使命，注重自身修养，做学生的表率和示范，以自己的一言一行潜移默化地感染学生，以自己的人格魅力感召学生，起到"春风化雨，润物细无声"的育人效果。

"学无止境"。要成为一名新时代优秀辅导员，就要把学习作为一种政治责任、一种生活习惯，要多学习马克思主义理论、习近平新时代中国特色社会主义思想和习近平总书记最新系列重要讲话等，多学习大学生心理健康教育方面的理论及心理危机识别的方法和应对策略，多学习辅导员工作方面的文件和要求等。通过学习，不断提升自己的素质水平和职业能力。

（九）学习"四史"，汲取智慧与力量

作为新时代高校辅导员，要认真学习党史、新中国史、改革开放史、社会主义发展史，深刻体认"中国共产党是怎么诞生的？红色政权是怎么来的？新中国是怎么建立起来的？改革开放是怎么搞起来的？"等基本问题。我们要吃深悟透其中蕴含的思想内涵和精神要旨，进一步增强"四个意识"、坚定"四个自信"、做到"两个维护"，在思想上政治上行动上与党中央保持高度一致，不忘初心，切实履行好"为党育人、为国育才"的使命，做一名有担当、有思想的"铸魂育人"的"人师"。要学思践悟、身体力行，认真从党的百年历史中汲取智慧和力量，一是要善于从古田会议、延安整风、战俘改造等史实中，挖掘出我党从事思想政治教育工作的思想理念、方法论及工作经验，学以致用，转化为学生"四自"管理和思想政治教育的工作思路，推动工作发展；二是要善于从党的发展历史进程中所形成的诸如建党精神、红船精神、延安精神等精神谱系中汲取力量，见贤思齐，牢固树立宗旨意识，坚持以学生为中心的发展理念，调查研究，弄清学情，创新性地破解学生管理及教育难题；三是要从"四史"中深刻认识"一代人有一代人的历史担当"，明确作为新时代高校辅导员所应承担的职责与担当，不忘立德树人初心，牢记为党育人、为国育才使命，发扬革命精神，坚定理想信念，积极探索新时代教育教学方法，不断提升教书育人本领，为培养德智体美劳全面发展的社会主义建设者和接班人做出新的更大贡献。

（十）守纪律、讲规矩，做可靠的引路人。

作为一名共产党员，作为一名高校思想政治教育工作者，作为学生思想与行为的引路人，守纪律、讲规矩，既是辅导员为师执教的基本操守，也是辅导员铸魂育人的基本底线，更是辅导员党性修养的基本品质。你作为辅导员，要求学生做到守纪律、讲规矩，首先自己必须做到。因此，辅导员所必须守住的最大规矩是：首先，拥护党的主张与纲领，遵守党的章程，增强"四个意识"、坚定"四个自信"、做到"两个维护"。在日常学习、工作和生活中，辅导员要做到"慎独"自律，自觉坚守法律底线，把党纪国法挺在前面，管住自己的"嘴"，守住自己的"手"，"不该说的话坚决不说；不该做的事坚决不做"；始终坚持有损党和国家领导人的事坚决不做；不利于学院团结、稳定、发展的事坚决不做；不道德的事坚决不做。课堂上，始终恪守"传道、授业、解惑"的职业道德和职业操守，

积极弘扬主旋律、传播正能量，从不在课堂上发布有损于党和国家利益的错误言论；从不妄议党中央大政方针和决策部署；等等，自觉在思想上、政治上、行动上与党中央保持高度一致，规规矩矩做事，清清白白做人。其次，坚决贯彻执行上级的方针、政策及决议，决不做选择性执行，决不做变通性执行。最后，认真宣传党的政治主张，宣讲好党的创新理论，守好"铸魂育人"的重要阵地和关键课程，做好教书育人。这些都是辅导员"为党育人、为国育才"所必须履行的重要职责，也是辅导员应该恪守的最大规矩和必须遵守的纪律要求。

二、如何做好大学生思政工作

高校学生思想政治工作如何做？如何提升高校学生思想政治工作质量和水平，是每一个高校辅导员应该深思的问题，也是他们义不容辞的责任与担当。在历时10年的辅导员职业生涯中，我深深地认识到，做一个"有高度""有温度""有深度"的辅导员，才能赢得学生的"青睐"，做学生真正的知心人和解语花，从而更好地铸魂育人，更接地气地引领学生成长成才。

（一）要"有高度"：立足铸魂育人，聚焦思想引领

高校辅导员顾名思义就是要"辅"学生成长，"导"学生成才，"员（圆）"学生梦想。要立足铸魂育人，落实立德树人这个根本任务，最根本的就是要解决"育什么人""怎样育人""为谁育人"的问题，聚焦学生思想引领，引导学生做共产主义远大理想和中国特色社会主义共同理想的坚定者，做马克思主义的忠诚信仰者，做社会主义核心价值观的坚定信仰者、积极传播者和模范践行者，"培养一代又一代拥护中国共产党领导和我国社会主义制度，立志为中国特色社会主义奋斗终生的有用人才"。为此，辅导员在日常工作中，不应局限于"三保（保姆、保洁、保安）"的职业角色，而应做学生思想的领航者，成长成才的护航者和心灵的守护者，聚焦思想引领，把思想引领融入学生繁杂琐碎的日常管理中去，渗透到学生点点滴滴的服务中去，实现思想引领和学生服务的有机结合，实现解决学生的实际问题与解决学生的思想问题的高度统一，引领学生做真的追求者、善的传播者、美的创造者和爱的践行者。

（二）要"有温度"：用真心关爱学生，用细心浇灌学生，用爱心感化学生

从2018年开始大学校园里大学生主体为"00后"。他们政治信仰较坚定，思维更为开放活跃，个性较为张扬独立，有较高的自主意识和创新品质，但他们伴随互联网一起成长，易受网络"零碎化""泛娱乐化"知识影响，易受"佛系文化""丧文化"、精致利己主义等不良思想和价值观的影响，以致部分同学生活和学习没有远大目标，心理素质和抗挫折能力较脆弱，成为"佛系青年""瓷器娃娃""手机控"和"梦游族"。为此，辅导员

不应单纯说教，严格管理，也不应总是站在办公室发号施令，而应契合大学生思想和行为特质，融合新媒体技术，运用线上与线下、教育与批评、言传与身教相结合等灵活多样的教育方式和手段，给学生动之以情，晓之以理；应沉下身，放下架子，经常深入学生中去，到课堂、宿舍、运动场中去，真心关爱学生的学习与生活，细心用心去发现和解决学生之所"需"、学生之所"想"、学生之所"感"、用自己的真心、细心、爱心和责任心给学生带去温暖，带去阳光，带去温馨，从而赢得学生的"芳心"。

（三）要"有深度"，即善于反思，敢于创新，乐于研究

自我步入辅导员这个职业以来，已有10个年头。在这十年间，我有过困惑，有过倦怠，有过辛酸，但更多的是满满的成就感、幸福感和满足感。还记得，我刚踏入辅导员这个职业时，感觉每天都很忙很苦很累，忙于查寝、查课、查操等日常管理，忙于处理宿舍纠纷，学生旷课、迟到、早退等违纪行为，人际关系冲突等突发事件，累于做表、写材料等日常行政事务，苦于给学生做心理辅导，催学生上课，找违纪学生谈话，但仍时有反弹。直到有一天，某领导对我说："辅导员是一个最具挑战性、最锻炼人的职业。我们应从繁忙杂乱的日常工作中剥丝抽茧，做一个有深度的辅导员，善于反思，敢于创新，乐于研究。"这席话让我顿悟，做辅导员有没有成就、有没有收获，就看我们有没有工作建立在研究的基础上，把学生管理、服务和思想政治教育工作当作重大课题来研究，把工作实践提炼成可复制、可推广、可示范的研究成果和工作品牌，还应立鸿鹄志，聚焦辅导员九大工作职责中的一个方向，一个点，延伸研究，努力成为这一方向的知名专家，而不仅仅停留在工作的表层，忙而不获。在处理学生突发事件时，有没有透过现象看到本质，把解决学生问题和学生思想深层次问题有机统一，让自己从"苦而不决"的泥潭中解救出来。在开展日常管理中，有没有经常审慎反思自己的工作方式方法；有没有思考管理、服务和育人的最佳方案，从而跳出历史周期律，另辟蹊径，创新自己的工作模式和路径；有没有深层次反思自己的工作实效和工作质量，避免出现"累而不效"的窘境。

三、辅导员的困境及对策思考

随着互联网和智能化的发展、大数据时代的来临，以及多种社会思潮涌入大学校园，高职院校学生的思想动态日趋复杂，学生的思维方式和价值观日趋多元，学生的需求日益个性化和多样化，学生的日常行为也日益叛逆。这使得当前高职院校辅导员工作的开展更为复杂。如何破解困局，提升辅导员工作质量，成为高职院校辅导员工作的题中要义。

（一）高职院校辅导员工作面临的困境

1. 角色定位界限模糊，难以实现育人目标

要提高高职院校辅导员学生工作的实效性和针对性，首要的问题是要解决角色定位问

题。辅导员只有界定好自己的角色定位，才能准确明晰自己的身份、工作内容、工作对象和工作范围，才能把握工作重点，有的放矢地开展工作，实现职业教育的育人目标。2014年教育部印发的《高等学校辅导员职业能力标准》明确规定：辅导员是高等学校教师队伍和管理队伍的重要组成部分，具有教师和干部的双重身份。辅导员是开展大学生思想政治教育的骨干力量，是高校学生日常思想政治教育和管理工作的组织者、实施者和指导者。辅导员应当努力成为学生的人生导师和健康成长的知心朋友。但是，在实际工作中，出现了辅导员角色定位不明确，界限模糊的现象。表现在：

（1）高职院校职能部门将辅导员定位为"万金油"，出现角色定位界限过宽问题。它们遇到与学生有关的事务和问题时，都习惯性地在第一时间找学工部门，找辅导员，将辅导员变成它们的"传声器"和"大保姆"，致使辅导员更多地充任了行政管理人员的角色，深陷于辅导员角色职责以外的各种事务性工作中，不能全面地履行角色职责。

（2）辅导员自身也将辅导员定位为"救火队"，出现角色定位过窄问题。从国家文件对辅导员角色定位的要求来看，辅导员既是管理者又是教育者。"管"要围绕"育"，"育"是辅导员"管"的最终目标。为此，辅导员应该辩证地看待"管"与"育"之间的关系，要系统思考和规划管理应围绕什么育人目标，应采取哪些举措来实现既定育人目标，成为学生的人生导师和健康成长的知心朋友，技术技能型人才培养的育人目标应成为辅导员"管"与"育"角色职责的指挥棒。然而，目前，高职院校辅导员由于各种原因，充当了"救火队""消防员"的角色，学生哪里出现问题，就去解决什么问题，将学生的问题作为自己"管"与"育"角色职责的指挥棒，不能将"管"与"育"深度融合，甚至还有辅导员将"管"与"育"分离，不能实现学生管理与教育的规范化、系统化，从而有效实现现代职业教育的育人目标。

2. 职业素养有所欠缺，难以实现角色目标

要推动高职院校辅导员队伍专业化、职业化发展，提升大学生思想政治教育工作质量，关键要解决辅导员职业素养和能力的提升问题。只有解决这个问题，辅导员才能有效应对"中国特色社会主义思潮"与"民主社会主义、自由主义、民族主义、民粹主义、新儒家思潮"等多元社会思潮，"社会主义核心价值观"与"个人主义、拜金主义、享乐主义"等多元价值观对高职生的思想冲击和激荡，帮助他们树立正确的世界观、人生观和价值观，坚定"四个自信""四个认同"，培育大学生社会主义核心价值观，扣好大学生人生第一粒扣子，从而更好地建构马克思主义话语权，实现思想引领；才能更好地了解和掌握高职生学生思想政治状况和学生特点，及时发现学生中存在的共性和个性问题，引导学生养成良好的道德、心理品质和自尊、自爱、自律、自强的优良品格；才能更好地指导党团和班级建设，学生学业、奖助贷、新生入学教育、毕业生离校教育管理服务、评优评先等日常事务管理，职业规划和就业创业，危机事件应对等工作，将学生管理、服务有效融入大学生思想政治教育中去，更好地实现辅导员角色目标。然而，目前，高职院校辅导员队伍的职业素养状况还不容乐观，表现在：

(1) 政治素养较欠缺。2004年中共中央、国务院颁布的《关于进一步加强和改进大学生思想政治教育的意见》指出："所有从事大学生思想政治教育的人员，都要坚持正确的政治方向，加强思想道德修养，增强社会责任感，成为大学生健康成长的指导者和引路人。在事关政治原则、虽然政治立场和政治方向问题上不能与党中央保持一致的，不得从事大学生思想政治教育工作。"为此，辅导员应具备坚定的政治立场和过硬的政治理论基础。然而，在当前的高职院校辅导员队伍中，政治立场都还比较坚定，但也有部分辅导员政治理论基础还较欠缺，甚至还有辅导员连"四个意识""四个自信""四个认同"是什么都不知道，那他们拿什么来增强"四个意识"、坚定"四个自信"、实现"四个认同"，从而来坚定自身的政治立场和信仰，来坚定高职院校社会主义育人方向？

(2) 职业道德素养较弱化。习近平认为，"做好老师，要有道德情操"、"老师对学生的影响，离不开老师的学识和能力，更离不开老师为人处世、于国于民、于公于私所持的价值观""一个老师如果在是非、曲直、善恶、义利、得失等方面老出问题，怎么能担起立德树人的责任？"然而，当前的高职院校辅导员队伍中，"80后"已逐渐代替"70后"成为学生工作的中坚力量，"90后"辅导员也开始逐步在学生工作中崭露头角。在他们身上，还存在着一定的局限，譬如理想信念还不够坚定，集体、爱国情感还存在弱化现象，个人主义、拜金主义、享乐主义的价值观在一定程度上还存在，自私、虚伪、势力、失信等不道德行为还普遍存在。这些不道德行为都会在一定程度上弱化辅导员队伍在学生管理、教育和服务中的示范和榜样作用，也会影响到学生思想政治教育的亲和力和实效性。

(3) 知识素养较薄弱。习近平认为，好老师要有扎实的学识。扎实的知识功底、过硬的教学能力、勤勉的教学态度、科学的教学方法是老师的基本素质，其中知识是根本基础。为此，作为高职院校辅导员，应具备从事该职业的知识背景和资质；要能够运用扎实的学识来感召学生，形成自己独特的人格魅力。然而，由于高职院校的办学层次、地缘以及辅导员选拔要求等原因，大部分辅导员不具备马克思主义理论、哲学、政治学、教育学、社会学、心理学、管理学、伦理学、法学等相关学科背景，对思想政治教育专业基本理论、基本知识、基本方法更是知之甚少，辅导员队伍整体知识素养状况普遍偏低。为此，面对较为复杂和复杂问题时，他们就会无所适从，不能从源头上指导和帮助学生。

(4) 媒介素养较稚嫩。习近平同志指出："要运用新媒体技术使工作活起来，推动思想政治工作传统优势同信息技术高度融合，增强时代感和吸引力"。为此，我们高职院校辅导员应具备开展学生工作的媒介素养，在实际工作中，能善于运用新媒体技术开展学生管理、教育和服务，实现高校思想政治工作"因事而化"、"因时而进"、"因势而新"。然而，成为我们高职院校中坚和新生力量的"80后""90后"辅导员们虽然从小就侵濡在qq、微博、微信等新媒体中，但他们主要运用了其聊天、交友、购物等功能，对于运用新媒体技术提高学生管理效率，提高学生服务质量，开展网络思想政治教育却显得较生疏和稚嫩，甚至有些辅导员完全没有运用也不能运用新媒体技术开展学生工作，欠缺信息时代所需求的新媒介素养。

(5) 能力素养参差不齐。2005年1月颁行的《教育部关于加强高等学校辅导员班主

任队伍建设的意见》中也明确指出:"专职辅导员应关心热爱学生,善于做大学生思想政治工作,具备较强的组织管理能力、群众工作能力以及语言和文字表达能力。"由此可见,辅导员队伍不仅要求政治强、业务精、纪律严、作风正,而且还要求具备较强的组织管理、群众工作、语言文字表达、科研、媒介运用和宣传、思想政治教育、学习和创新等各种综合能力。

然而,当前高职院校辅导员队伍因学历层次主体为硕士研究生,但也还有部分辅导员学历为大专和本科,呈现出工作能力和水平良莠不齐的状况;同时,具备单一能力的辅导员人数众多,而具备综合能力较强的辅导员人数却不多,因此,他们在工作中就难以适应新形势、把握学生特点,所以需要他们抓住工作重点,满足工作需求,突出工作特色,创新工作方法,从而增强亲和力和吸引力,开创出高职院校思想政治工作的新局面。

3. 职业倦怠突出,难以提升工作质量

2005年1月颁行的《教育部关于加强高等学校辅导员班主任队伍建设的意见》中明确提出:"高等学校应根据辅导员岗位基本职责、任职条件等要求,结合各校实际情况,制定辅导员评聘教师职务的具体条件,突出其从事学生工作的特点""高等学校可根据辅导员的任职年限及实际工作表现,确定相应级别的行政待遇,给予相应的倾斜政策""辅导员的培养应纳入高等学校师资培训规划和人才培养计划,享受专任教师培养同等待遇"。由此可见,高职院校应重视对辅导员队伍的培养与发展,要建立辅导员专项职称评聘机制和行政级别待遇机制,明确辅导员具有教师和干部的双重身份,打通辅导员专业和职务发展通道。

然而,落实起来却不尽如人意。很多高职院校并没有打通辅导员专业技术和行政职务晋升发展通道,使辅导员在专业化道路上找不到出口,在管理身份提升上失去优势和希望,相对教师来说,在师资培养上也处于劣势,同时,平时工作的繁重、工作压力的增大,都无形中使辅导员缺乏工作热情和激情,产生严重的职业倦怠。这就使很多辅导员不热衷于本职工作,而是想方设法转岗。如果不能转岗,那也是脚踏西瓜皮,点到哪里做到哪里,不会热衷于研究工作对象、工作方法、工作技巧,也不会主动去加强业务学习,提高自身素养,更不会根据变化了的形势和学生特点,去创新学生思想政治教育的方法和路径,从而在一定程度上削弱了辅导员人生导师和知心朋友的角色地位,降低了高职院校思想政治工作质量。

(二)提升高职院校辅导员工作质量的路径选择

1. 找准关键着力点,突出工作重点

辅导员工作内容繁多,对辅导员工作的关键着力点进行研究,并加以掌控,可以实现辅导员工作中的质量控制。哪些是辅导员工作中质量控制的关键着力点需要根据辅导员角色的职责和任务以及新形势下学生的思想政治状况和特点来考量。要提升辅导员工作质量，应从以下几个关键着力点着手：

一是注重思想引领，寓教于乐。辅导员要精心设计和组织开展内容丰富、形式新颖、吸引力强的校园文化活动，把德育寓于各项文化活动中去，使高职生在活动参与中思想情感得到熏陶，精神生活得到充实，道德境界得到升华，譬如要充分利用五四青年节、香港回归纪念日、长征胜利纪念日、十一国庆节、七一建党节、孔子诞辰纪念日等重大节庆日和纪念日，开展主题教育活动，唱响爱国主义、集体主义、社会主义主旋律，弘扬社会主义核心价值观；要深入开展"创建生态校园、生态班级、生态宿舍，做生态大学生"的道德实践活动，把思想政治教育融入高职生的学习生活中去，引导高职生从细节做起，从小事做起，养成良好文明习惯和道德情操；开展"孔子学堂""传统文化读书会""中华诗词争霸赛""红色经典吟诵会"等活动，让高职生翱翔在底蕴深厚的中华优秀传统文化和激情高昂的红色文化之中，树立文化自信和自豪感。同时，辅导员还应注重指导，提高各项校园活动开展的实际成效。

二是注重学生领袖人物的培养指导。因为辅导员工作的开展主要依靠学生干部的自我管理、自我监督、自我教育和自我服务，才能在效率提高的同时达到最好的效果。如今，进入大学校园的都是"05后"高职生。他们成长于教育改革期，思维的开放性和多元性远远大于以往任何一茬人；他们比"80后"更不适应，也不想接受那种传统的命令式教育方式，更崇尚平等和尊严；他们更具有创造性，更喜欢追求新鲜事物；就像习近平总书记所说的："他们朝气蓬勃、好学上进、视野宽广、开放自信，是可爱、可信、可为的一代。"为此，我们应注重学生干部的培养指导，使他们成为学生领袖，成为辅导员的管理代言人，让他们在自我管理、自我监督、自我教育和自我服务中增长才干，展现自我。

三是注重主题班会的创新。班会是辅导员思想政治教育和日常事务管理的主渠道和主阵地。班会召开的方式、内容选择、质量和效果一直是辅导员工作研究的重要节点。"开放""叛逆""创造""自信"是"05后"高职生的代名词。为此传统的班会开展方式已不被学生欢迎和接受，辅导员应另辟蹊径寻找学生易于接受的开展方式，如故事述说、讨论式。同时，班会的内容应围绕助益高职生成长、成人、成才，根据重要时间节点把握班会主题，提高思想政治教育的针对性和时效性，如在长征胜利纪念日开展理想信念教育、爱国教育，在香港回归纪念日开展社会主义核心价值观教育，在班级违纪现象和群体事件发生时，开展规矩、诚信和友善教育，在开展社会实践活动时开展社会责任感教育，在蓝鲸游戏、校园贷风波等事件发生时，开展安全教育等。

四是注重用"爱"与学生沟通和交流。沟通是心灵的桥梁，辅导员只有用"爱"和学生沟通交流，才能更好更快地了解学生的思想动态和基本情况，也才能更好地预防问题的发生，也才能及时发现问题，并在问题发生的第一时间既快又准地找到根源，找到实质，从而更好地处理问题。譬如多和心理筛查中有问题的学生聊天，可以帮助其克服心理阴暗面，感受到来自老师的关爱，从而走向阳光；多和家庭困难学生聊天，给他们讲述励志故事，鼓励他们自强，用坚强、毅力和汗水铸就自己的美好未来；多和学困生聊天，可以帮助其找到自己学习的缺陷，从而重拾自信，在学习上勇攀高峰等，同时还应在平等、宽松、自由的环境氛围下与之沟通交流，沟通时尽量不用批评式、命令式的语言和语气。

2. 提升职业能力，获得职业成就

辅导员作为开展大学生思想政治教育的骨干力量，是高校学生日常思想政治教育和管理工作的组织者、实施者和指导者。只有不断提升自己的职业能力，才能不断获得职业的成就感和满足感，才能有效开展学生思想政治教育和管理，才能成为学生的人生导师和健康成长的知心朋友，才能成长为专家型、研究型辅导员。为此，要提升辅导员职业能力，应从以下几个方面着手：

一要以"学"为基点。学习是提升职业能力的基础。只有深入学习和研究国家教育部、省市和学校下发的关于学生工作的文件，才能使我们的学生工作有依有据；只有不断学习心理学、马克思主义理论、哲学、政治学、教育学、管理学、伦理学、法学、思想政治教育专业理论、社会学等相关知识和学科，才能提升自身知识素养，涵养职业能力，才能不断提高自身学生工作的胜任力；只有不断学习思想政治教育、党团和班级建设、日常事务管理、心理健康教育等辅导员工作技巧和方法，才能不断提高自身学生工作管理的执行力。为此，高职院校学工部应坚持"终身学习"的理念，制订辅导员学习规划，设定好每月学习内容和学习效果，定期组织学习会、案例讨论会、经验交流会，促进辅导员经验共享；应坚持"走出去"和"引进来"相结合的原则，制订辅导员培训计划，规划好培训内容，每年定期派出部分骨干和新进辅导员外出取经，同时，还邀请校外专家来校给辅导员送宝。

二要以"赛"为动力。开展辅导员职业技能大赛是提升辅导员职业能力的动力。为了响应国家、湖南省辅导员职业技能大赛，我们高职院校每年也开展了相应的辅导员技能竞赛，竞赛内容包含了班情熟知、主题班会召开、微博写作、基础理论、谈心谈话等技能。通过比赛，能让辅导员明确自身在技能方面的不足，从而来达到以赛促能的目的。

三要以"考"为关键。辅导员职业能力水平的高低最终取决于对辅导员的考评。高职院校学工部应每学期对辅导员的工作绩效、工作能力、工作态度、工作表现、工作素质等方面进行综合考查，并把考核结果作为辅导员职务晋升和职称评聘的主要依据，作为享受待遇级别的重要参考。辅导员自身也可以通过考核，更加清晰地明确自身的优势和劣势，从而在以后的工作中不断学习，把劣势变为优势，把优势变成自己的特色，从而达到辅导员能力提升方面既全面发展又有自己的专长，最终朝专业化、职业化方向发展。

四要以"思"为手段。辅导员职业能力的提高离不开辅导员对自己工作的反思和研究。辅导员只有不断反思自己的工作，才能更好地积累和共享经验，也才能吸取工作中的教训。为此，我们辅导员应坚持"工作一行爱一行，工作一行研究一行"的原则，把工作和研究相结合，把实践工作提炼上升为经验和理论，从而提高整体学生工作质量和水平。

3.注重职业规划，消解职业倦怠

当前，高职院校辅导员职业倦怠问题比较突出，为此，辅导员应做好自身的职业规划，定好职业锚。职业锚，是人们选择和发展自己的职业时所围绕的中心，是指当一个人不得不做出选择的时候，他无论如何都不会放弃的职业中的那种至关重要的东西或价值观。辅导员作为教师和干部的双重身份，作为学生思想政治教育的骨干力量，作为大学生的人生导师和健康成长的知心朋友，就应该要明确这个职业的系留点，即我们辅导员在工作的开展中，更主要的是要注重学生是否能通过我们成为某一领域的专家来获得最大的幸福感和成就感，而不是自己一时的得失和荣辱。只有如此，才能帮助辅导员树立正确的职业观和价值观，也才能调动辅导员的工作积极性，从而提高辅导员工作质量和效率。

四、大学生思想价值引领实践

【实例1】：做什么样的大学生？

大学生的学习生活是什么？我们认为，不外乎两件事情：一是学会做人；二是学会做事。做事难，做人更难。因为只要我们努力把专业技能知识学好了，并长期专注某件事，加强实践锤炼，精益求精，你就可能成为做事的能手。然而，做人却是我们一辈子的修为。现阶段，作为新时代大学生，该如何办？

1.做一个有纪律的"湘环"学子

目前，我们的学生喜欢从自身利益出发，高谈"自由"，以此搪塞一切、麻痹自我。比如认为读不读书、学不学习，是"我"的自由；上不上课、住不住在校内、准不准时归寝、玩手机等等，都是"我"的自由，你管不着。"我的地盘我做主"。老师你不要瞎操心、多管闲事。然而，殊不知，你是一个"人"，人是具有社会性的，总是要归属于某个集体、组织或单位的。俗话说："国有国法、家有家规""无规矩不成方圆"。学生作为学校和院部的一个重要组织分子，必然要受到学校或院部规章制度的约束。事实上，自由与纪律是相辅相成的，自由是相对的，不是绝对的。只有遵规守纪，你才能过上轻松愉悦、自由生活的日子，否则就会被视作"叛逆"或"异类"而被管束着、训诫着、鄙视着，使自己处于郁闷、愁苦、无助等慌恐状态之中。我想，大家都会选择过遵规守纪的快活日子，而不想被视作"叛逆"或"异类"。因此，同学们应该真学、真用《大学生手册》，要时刻将纪律刻印在心上，懂规矩、守纪律，做一个安分守己的"湘环"学生。

2.做一个有责任的"湘环"学子

自古以来，炎黄子孙为国为民奋斗，从不缺乏责任担当；曾几何时，我院部在孵化壮大学校专业建设而甘愿瘦身变弱的教学改革中,也从不缺乏责任担当;新时代全体教职工积极建设特色专业群,服务新"湖南"发展、乡村振兴而正在夙夜在公、励精图治,谋划院部发展壮大的拼搏中,也不缺乏责任担当;我们的校友,凭借自己在校学习的专业知识、涵养的创新拼搏精神等"湘环"人特质在本行业竞相出彩;在为母校增光添彩中,更不缺乏责任担当。可以说,责任担当是我们每个人之所以成为人所必须具备的基本品质。一个无责任、无担当的人,谁会跟他成为挚友而相互帮助、提携、奋进?谁会与他(她)结为伙伴而甘苦与共、共同打拼天下?谁同他结为伉俪伴侣而同甘共苦、相依相伴一生?所以,同学们应该自觉地担负起大学生所恪尽的"为人之道、学习之职、守纪之责",为共筑"中国梦""学院梦""家庭梦"而放飞"个人梦想"。

3. 做一个有品位的"湘环"学子

什么是品位?品位就是体现一个人的档次与格调。它涉及一个人的学识水平、思想品德和个人修养。品位高的人,他气质优雅,富有正义、正直、宽容、有爱心、有责任感、进取、勤奋、豁达等。相反,品位低的人,他行事猥琐,无尊严,行为粗鲁低俗、愚昧无聊、自以为是、唯我独尊、我行我素等。按照习总书记提出的"照镜子、正衣冠、洗洗澡、治治病"要求,学生应进行自我对照检查,我的品位如何呢?大家从内心深处一定是想追求成为高品位的"雅"人,而不会甘愿堕落为一个低级趣味的"庸俗"之人吧?因此,要做"高雅"之人,学生应该主动学习,遨游在知识的海洋里,做聪明睿智的人;应该行为端庄、言行举止得体,做文明礼貌之人;应该爱国爱校、积极进取,做有责任担当之人;应该严于律己、遵纪守法,做奉公守法之人;等等。

【实例2】:大学生应常怀感恩之心

常言道:"滴水之恩,当涌泉相报。"大学生的成长、成才、成人,除了自身的努力,更是家人、朋友、师长,还有国家、社会、学校给予哺育、教育和帮助的结果。学生要常怀感恩之心,牢记热心回馈社会的精神,用努力和贡献来回馈家庭和社会,以一己之力,帮助需要帮助的人。始终保持一份热情、勇敢和善良,用爱心传递爱心,自觉传递一份社会正能量。现在,学生还没有足够的能力回报社会,为社会做贡献,但可以努力学习,以一颗感恩的心,积极为他人做好事,为将来回报社会做准备。

感恩不是简单的报恩,它是一种责任,是自立、自尊和追求阳光人生的精神境界!它来自于心理的满足,来自于对人对事的宽容和理解,来自于一种回报他人和社会的良好心态。感恩,能够促进相互信任、相互理解、相互尊重。感恩,可以使我们少些抱怨,少些仇恨,少些对抗,多些宽厚,多些友善,多些快乐。感恩,让我们拥有健康的心态,能够善待他人的误解与错误。感恩,让我们对生活对人生充满希望,理智地面对人生旅途中的一切挫折和不幸,带来他人对自己的尊重与感激。

同学们，心存感激，生活中会少些怨气和烦恼。心存感激，心灵上才会获得宁静和安详。心存感激地生活，才会敬畏地球上所有的生命，珍爱大自然的一切惠赐。心存感激地生活，才会时时感受生活中的"拥有"而不是"缺少"。无论在什么地方，我们都要相信前方是幸福的彼岸；无论在什么时候，我们都要相信下一秒钟就是光明；无论在什么地方，我们都要学会去爱，去感恩；无论在什么时候，我们都要怀着一颗感恩的心；请忘记埋怨，敞开心田，撒下希望的种子；请不要再等待，感激每一个细节，苦都会变甜；让我们学会微笑，对明天心怀感激期待，对世界充满感恩。我希望每位像我一样接受资助的同学，衷心感谢我们的国家，感谢所有关爱我们的贤达人士，让爱的种子在我们心中生根发芽。

同学们，暂时的物质缺乏不是我们的错，也不应该由我们来承担责任，"家贫不自卑""人穷志不短"，我们应该将暂时的困难作为激励自己自强不息、自立自强、艰苦奋斗的动力。我们要勤俭节约，珍惜到手的每一分钱，用于我们日常的学习和生活。贫穷并不可怕，可怕的是我们丧失了改善家庭、改变贫穷、重振雄风的斗志和豪气！可怕的是我们丧失了顽强拼搏、永不言败的进取精神！希望大家以坚韧不拔的毅力，坚定理想信念，在逆境中奋起，背水一战去实现我们人生的远大理想！

同学们，感恩是一种修养，是一种品质，我们每个人都要有感恩之心。作为受助大学生，国家、企业和爱心人士给予了我们博大的爱，为我们解决了暂时的困难，为我们消除了最大的后顾之忧。我们要从内心上怀有对党、国家，对学校及领导，对社会、老师、父母的感恩之情，要将感恩之心化作实际行动，把政府的关心，企业的关爱和爱心人士对我们的善举转化为培养努力学习、刻苦钻研、精益求精的学习精神；养成遵纪守法、团结友爱、乐于助人的高尚品德；养成积极进取、乐观向上、健康成长的良好风气。就目前而言，大家就是要做到遵纪守法、懂规守矩，不给学校、老师添乱添堵；要认真学习，恪守学业底线，不挂科，做品学兼优的好学生；要理性消费、勤俭节约，将受助经费用于购买必需品，而不是购买化妆品、请人吃喝等奢侈消费和不合理消费。我们要将感恩铭记于心，经常锤炼，使自己成为做一个有情有义、知恩、铭恩、感恩之人。

【实例3】：正确处理好求学道路上的两对基本关系（社会人员单招学生）

得益于党和国家的利好政策，我们很多大学生才有机会圆了自己梦寐以求的"大学梦"，使自己的求学夙愿得以实现。俗话说："受人滴水之恩，当涌泉相报。"我们要珍惜这来之不易的机会，在真学、真思、真用上苦下功夫，学以致用，回报社会，回馈党和人民。对此，在今后的求学道路上应处理好以下两对关系：

一是要妥善处理好社会身份与学生角色的关系。从身份角色来说，我们不是一个青涩单纯的学生，都兼具多重社会身份角色，有的是领导干部，有的是企业老板，绝大部分是退伍军人、普通员工。但是，自我们踏入"湘环"校园的那一刻开始，我们又多了一个学生身份。这就要求我们能够妥善快速地进行身份转换，处理好社会身份与学生角色的关系。俗话说，"到什么山上，唱什么歌"。国有国法，行有行规，学校有学校的规章制度。事实上，"组织纪律性"这个话题，我想大家更懂得，更有体会，做得更好！作为一名学生，我们不忘求学初心，严守学生身份，服从院部安排，遵规守纪，踏踏实实求学，规规矩矩做人。

二是要妥善处理好工作与学习的关系。我们几乎都是从工作岗位上走出来的，都在社会上历练了多年，"学习的重要性"，这一点大家心里明镜似的，都懂，不必讲得太多。最关键的是，我们妥善处理好"工作忙"与"不忘学""怎么学"的关系问题。关于"不忘学"问题，不要总是以"忙"为借口而不学，要把学习当作一种生活态度、一种责任、一种习惯，要以"挤"的方式，忙里偷闲地学。要树立"真学"思维，抛弃"混文凭"思想。关于"怎么学"的问题，学校根据大家的实际情况，会结合线上线下，灵活采取不同方式的授课形式。所以，我们要处理好集中学习与个人自学的关系，利用工作之余的空闲时间抓紧学，认真学。

【实例4】：知恩懂恩　常怀感恩心　做"感恩人"

今天是"感恩节"。中国本来是没有感恩节的，中国的感恩节是从美国引用而来的。但是自古以来，中华民族就乐于助人、知恩图报，一直都有"施恩不求报"的传统，也有"滴水之恩，当涌泉相报"的古训。在一个文明和谐的社会里，只有每个人都常怀感恩之心，才会使人与人之间互相尊重、信任、帮助；社会各成员、群体、阶层、集团之间的关系相处融洽、协调。因此，值"感恩节"之际，希望同学们知感恩、懂感恩，常怀感恩心，做感恩人。

（一）"感恩节"的由来

"感恩节"源于美国，1620年著名的"五月花号"船满载不堪忍受英国国内宗教迫害的清教徒102人到达美洲。其间，他们遇到了难以想象的困难，处在饥寒交迫之中，最后活下来的移民只有50多人。这时心地善良的印第安人给移民送来了生活必需品，还特地派人教他们怎样狩猎、捕鱼和种植玉米、南瓜。在印第安人的帮助下，移民们终于获得了丰收，在欢庆丰收的日子，按照宗教传统习俗，移民规定了感谢上帝的日子，并决定为感谢印第安人的真诚帮助，邀请他们一同庆祝节日。那些天，印第安人和移民欢聚一堂，鸣放礼炮、做礼拜虔诚感谢上帝外，还点起篝火举行盛大宴会，将猎获的火鸡制成美味佳肴盛情款待印第安人，举行摔跤、赛跑、唱歌、跳舞等活动，其中许多庆祝方式留传至今，已有300多年的历史。1941年，美国国会经罗斯福总统批准通过一项法案，宣布每年11月的第四个星期四为全国的感恩节。

（二）中国传统"感恩"思想罗列

①鸦有反哺之义，羊知跪乳之恩。
②滴水之恩，当涌泉相报。
③谁言寸草心，报得三春晖。
④不当家，不知柴米贵；不养儿，不知报母恩。
⑤投之以桃，报之以李。
⑥一父养十子，十子养一父。
⑦淡看世事去如烟，铭记恩情存如血。
⑧父恩比山高，母恩比海深。
⑨一饭之恩，当永世不忘。
⑩鱼知水恩，乃幸福之源也。
⑪可怜天下父母心。
⑫知遇之恩当永生不忘。
⑬哀哀父母，生不养儿不知父母恩。
⑭天意怜幽草，人间重晚情。
⑮恩欲报，怨欲忘；报怨短，报恩长。

（三）学会感恩的方式

(1) 养成感恩的习惯。每天清晨醒来时，默默地在心中感激已有的生活和所爱的人，当然还包括其他你对之感激的人和事情。

(2) 一封表达谢意的纸条。你表达谢意时，并不需要正式的感谢信（虽然那一样更好），一张小小的卡片或是一封真诚的电子邮件就能体现你的心了。

(3) 一个小小的拥抱。对你深爱的人，与你共处很长时间的朋友或同事，一个在适当时候的拥抱，就是你表达感谢的好礼物。

(4) 对每一天怀有感恩。也许你并不需要感谢特定的某人，因为你可以感谢生活！感谢今天又是新的一天。

(5) 不求回报的小小善意。不要为了私利去做好事，也不要因为善小而不为。行动强于话语，说声"谢谢"不如做一件小小善事来作为回报。

(6) 一份小小的礼物。正所谓礼轻情意重，只要有心，一份小小的礼物也足够表达你的感激之情了。

(7) 列一列你感谢别人的理由。列这样一份清单，写下某个人曾帮助了你的地方，为此你深怀感激，并将这份清单亲自交给他。

(8) 公开地感谢别人。在一个公开的地方表达你对曾经帮助过你的人的感谢，可以是在办公室里、在他与亲友交谈时、在博客上，甚至是在当地新闻报纸上。

（9）给父母意外惊喜。在父母回到家时，你已经准备好了美味的晚餐；当父母结束工作后，发现家里已被你打扫得干干净净，小惊喜能让你的感恩变得更加生动。

（10）对不幸也心怀感激。即便生活误解了你，使你遭遇挫折与打击，你也要怀有感恩，感恩这些伤心的遭遇使你成长，更要去感恩那些一直在的人，感谢你仍拥有的一切。

【实例5】：关于学生干部的认知及要求

"什么是学生干部？学生干部做什么？学生干部怎么做？"这是学生干部必须弄清的基本问题。我认为，学生干部要清醒地搞好自己的身份认知和岗位认知，深刻认识自己来自学生，扎根学生，要不忘"本"、不忘"使命"、不忘"先进"，勇于担当、履职尽责、服务学生；不做碌碌无为的"庸者"，要做积极向上、模范表率、担当有为的"能者"。

新时代学生干部应具备严于律己、谨言慎行、恭谨低调、主动担当、认真履职、谦虚好学、吃苦奉献等品性，应恪守为学生服务的初心和为学生成长成才、学校发展奉献青春的使命，坚持人民立场，以学生发展为中心，积极履行好参谋助手、桥梁纽带、模范带头、"四自"管理（自我教育、自我服务、自我管理、自我监督）与执行好"三大任务"（学习、管理、做学生工作）之责。你们要正确看待学生会、班委等学生组织，进入学生会、班委等是一份"苦差事"，但它更是党组织为品学兼优的学子所提供的一个成长成才的学习平台、锻炼平台、合作平台。在这个平台"熔炉"里，你是收获满满，还是"竹篮打水"，关键取决于你的付出、你的勤奋、你的奋斗姿态。当你把它当作锤炼自我、发展自我的"长征路"，历经"九九八十一难"后，你就会"长风破浪会有时"，脱颖而出，成为学生中的佼佼者。否则，你就会被"浪花淘尽"，一事无成，黯然离场。

学生干部履职的总要求，就是要"学会上传下达、坚决贯彻执行、积极作为、服务学生"。具体就是要认真履行政治品格，讲政治、懂规矩，树牢"四个意识"、坚定"四个自信"，做到"两个维护"，做忠诚、干净、有担当的学生干部；要认真履行"正人先正己"、恭谨低调、谦虚好学、"功成不必在我"的精神境界和"功成必定有我"的历史担当、平台服务意识、吃苦奉献精神等管理者品质；要认真履行"六要""三须"的工作规范，恪守初心，自觉担当使命；努力自我发展，一心服务同学；积极作为，主动迎难而上；砥砺创新，勇做"急先锋"；践行"三牛"精神，慎终如始、戒骄戒躁、锐意进取。

当然，"管理是一门技术，更是一门艺术；管理是一种本领，更是一种'为人'"。要做好学生管理工作，需学会掌握一些科学工作方法。譬如矛盾分析法、调查研究法、工作排序法（艾森豪威尔法则）、总结反思法、"抓关键少数"与"争取大多数"相结合法、浅度思考法、学会做工作笔记、工作任务清单管理法等。

【实例6】：交流学习心得："因宽容而兴　因狭隘而衰"——读《大国兴亡录》有感

2020年暑假，闲暇之余，我仔细拜读了美国耶鲁大学法学院华裔教授艾米·蔡所著的《大国兴亡录》一书。书中，作者全面解析了历史上阿契美尼德波斯、罗马、唐朝、蒙古、大英帝国等 8 个超级大国的起落兴衰史，他以历史的思维、世界的眼光和深邃的见解，深刻揭示并得出"大国因宽容而兴盛，因狭隘而衰败"的历史结论。他史论结合，逻辑严密地论证了"大国获取和维持强大实力的关键是能够吸收和同化，而不是强迫和威胁"这一令人深思的观点。作者认为，只有一个实施"战略性包容政策"，以吸纳世界各国最优秀、最聪明的人才资本为我所用的国家，才可能成为世界性超级强国。相反，纵观人类历史，还没有哪个以种族纯化思想、民族清洗、宗教狂热信仰等极端狭隘思想为基础建立起来的国家能成为世界霸主。事实上，世界之所以包罗万象，千姿百态，万紫千红，色彩斑斓，最关键的是"万物并育而不相害，道并行而不相悖"，相互包容，才能共生共长。这无疑对正在发展、崛起的中国、俄罗斯、印度等新兴大国以及欧盟和谋求"独霸世界"的美国，均具有重要的历史借鉴与现实启迪意义。

可以说，一个国家只有"包容互鉴、共生发展"，才会茁壮成长、日趋强大。相反，狭隘、偏执，容纳不下"异质性"事物，想方设法阻碍、迟滞，甚至迫害其正常发展，不仅使自身失去了一部分支撑自己发展的动力源泉，而且为自身发展人为地添置了"反噬力"。

"由大而见小"。一个单位、组织，乃至个人亦是如此。对于一个单位和组织发展而言，需要一个心胸宽广、有包容性的领导者，"求同存异"地容纳各式各样在思维品行、秉性才智等方面具有较大差异性的员工，形成一个强大的向心力，共同奋力推进事业向前发展；同样需要一个海纳百川、兼容并蓄的包容性制度体系和生存环境，容纳各式各样的员工，让他们在这种"各尽其职、各尽其才"发展环境中尽情地发挥出聪明才智和贡献力量！

就一个人的发展来说，我们需要有包容之心、容忍之情，学会并善于与各种各样的人物"打交道"，竞争而不敌视，团结而不敌对；学会并善于处理工作、学习、生活中的各种分歧与矛盾，不因分歧而排斥他人，不因矛盾而结仇他人，要有"将军额上能跑马，宰相肚里能撑船"的气魄与胸怀。非原则性的矛盾与分歧，要学会化解与放下；大是大非的原则性问题，要学会评判与争取。唯有如此，你才会以自己的人格魅力和宽容胸怀悦纳自己、吸引他人，从而为自己的职业生涯开辟出一条康庄大道，驰骋人生，笑看天下。

【实例7】：名师朝话：承"红色基因"，做"时代新人"

同学们！

——当你们如愿步入大学校园而自认为"终于可以轻松一会儿"，开始有所放任、游戏青春的时候，你们是否还记得浙江嘉兴南湖上的"红船"里一群青年人曾经筹划了一件"开天辟地的大事件"——成立中国共产党，立志"为共产主义牺牲一切"，"为民族独立、人民解放，实现国家富强和人民幸福而奋斗一生"？

——当你们正在享受着"衣食无忧"的幸福生活的时候，你们是否还记得井冈山上的工农革命群众为寻找合适的中国革命道路而进行不屈不挠的斗争，吃南瓜汤、喝小米粥，抛头颅、洒热血？

——当你们整天痴迷于手机玩网游、懒在床上睡大觉的时候，你们是否还记得长征路上衣衫褴褛的红军指战员们爬雪山、过草地，吃树皮、啃皮带等战胜自然绝境和突破"前有堵截、后有追兵"的反围剿战争险境？

——当你们坐在宽敞的教室或宿舍里闲聊，在绿树成荫的亭台里谈情说爱的时候，你们是否还记得延安窑洞里、黄土高原上、南方密林里、林海雪原中，一批批革命志士为了新中国的前途与命运而饥寒交迫地与天斗，与地斗，与敌人斗？

……

同学们！

革命先辈们战天斗地、与敌斗争所表现出来的革命理想信仰、顽强斗争精神和优良作风，就是我们要传承的"红色基因"文化，在这个文化谱系中形成了"红船精神""井冈山精神""长征精神""延安精神""西柏坡精神"等25个伟大精神。这些"红色基因"文化是我们党革命历史、崇高精神和优良传统的积淀和凝聚，是我们党最可宝贵的精神财富，也是中华民族宝贵的历史遗产和精神财富，是中国大步迈向世界的动力和源泉。

"红色基因"作为中国共产党人的精神内核、中华民族的精神纽带和伟大信念，有着丰富的内涵，具体表现为：

它是一种始终把"人民"放在最高位置的执政理念；

它是一种"目光远大、追求高远"的信仰；

它是一种"革命理想高于天"的坚定信念；

它是一种"爱党爱国，矢志不渝"的忠诚；

它是一种"勇于拼搏、自强不息"的追求；

它是一种"无私奉献、无怨无悔"忘我精神；

它是一种"为民服务、独立自主、探索创新"的思想品质；

它是一种"秋毫不犯、纪律严明"的高度自觉；

它是一种"坚守廉洁自律底线、牢记使命担当"的公仆情怀……

因此，习近平总书记反复强调"要利用好红色资源，发扬好红色传统，传承好红色基因""让信仰之火熊熊不息，让红色基因融入血脉，让红色精神激发力量"。

是的，"青年兴则国家兴，青年强则国家强。青年一代有理想、有本领、有担当，国家就有前途，民族就有希望。"你们作为"初升的太阳""中国特色社会主义建设者和接班人"，担当民族复兴大任的"时代新人"，理应自主自觉地学习红色文化，传承"红色基因"，秉承和发扬红色革命传统，在学习、生活乃至今后的工作中自觉地将"红色文化"的精神特质和内在价值观内化于心，外化于行，做一个坚定理想信念、志存高远、厚德强技的"追梦"人；做一个竭尽所能、鞠躬尽瘁，为中华民族伟大复兴添砖加瓦的"筑梦"人；做一个既仰望星空，又脚踏实地的"实干"人，从零开始，从现在做起，一步一个脚印，扎扎实实学习，勤勤恳恳练技能，力争成为一名德才兼备的大国"工匠"。

当前，全院上下正在奋力建设"卓越"院校，冲击"双高"项目的攻坚关键期，"湘环兴衰、人人有责"，我们应自觉领悟"红色基因"文化的精神要义，汲取其内在磅礴之力，化作强大的自觉行动，以高度的责任感和主人翁精神，以"功成不必在我"的精神境界和"功成必定有我"的历史担当，积极投身于学校全面深化改革的各项事业当中，做一个"不愧于时代，奋发有为"的"湘环"学子。

【实例8】：人生就是一个"分拣实现"的过程

长期以来，人们把"人人生而平等"奉为圭臬，无上崇拜，认为每个人在人格尊严及自身价值上是平等的，是没有高低贵贱，也没有等级之分的。这确实有一定道理。因为人作为一个自然的生命体，当然具有"存在性的平等"。这是人的自然属性所赋予的基本特性。

然而，马克思主义认为："人的本质是一切社会关系的总和。"即人基于某种需要在一定的社会关系中、在所从事的实践活动过程中不断生成的历史存在物，即为我的、自觉的、社会性的实践活动过程中的生成物。这就是说人不仅具有自然属性，还具有社会属性。人与动物的根本区别在于它的社会属性，而不是它的自然属性。

这就决定了人作为"自然人"（生命个体），是"生而平等"的；但作为"社会人"，其在社会化发展过程中必定会出现"分化"，从属于社会的不同阶层，产生不同的思维理念，拥有不同的生存方式，实现不同人生的价值。

实际上，人的这个"社会化发展过程"就如同物品在分拣机上的一个不断"分拣"的过程，由国家、社会各级各类组织根据个体的丰实度、光鲜度等，对形形色色的人群进行"分拣"，使其进入社会的不同层级，进而"格化"出具有不同"人格尊严、社会地位、生活方式"的各色群体。而个体的丰实度、光鲜度则是由其思维、态度、勤奋度、意志力、精神状态、能力水平等因素共同作用的结果。

因此，我们要处于社会金字塔的有利层级，过上有尊严、体面、光鲜的幸福生活，就必须拥有"会当凌绝顶，一览众山小"的前瞻思维和积极乐观的奋进态度，艰苦奋斗、勤奋自强、胜不骄、败不馁、砥砺前行，不断激发自己的潜能，锤炼本领，增强能力。

我们要坚信"天道酬勤""幸福生活是奋斗出来的"。

【实例9】：如何度过大学生活？

2020年，对世界、对国家、对民族、对个人，都是很不平凡的年份。年初，一场突如其来的新冠肺炎疫情，影响了我们每个人的学习、生活、工作。对于你们来说，既经历了有史最长的寒假上"网课"所带来的诸多不便与困惑；又忍受了"迟来"的高考和炎热天气所带来的诸多不适与烦闷，度过了一个"黑色七月"，迎来了"金黄十月"。事实证明，你们承受住了压力，经受住了考验，证明了自我能力。今天，我们相聚于"湘环"，开启大学生活，畅谈人生理想，激扬青春、筑梦未来！

(一)守住四条"基本底线",开启大学生活

什么是大学生活?有人说,大学是"远离父母,独立生活,自由了、解放了"的"自由天地";也有人说,大学是"你侬我侬、风花雪月"的"恋爱温柔乡";还有人说,大学是"象牙塔"、是"熔炉",既有社会上常见的琐事俗事,又有学校独有的趣闻逸事。更有人说,大学是我们汲取知识、提升自我的"知识殿堂",是我们放飞青春、启航人生的关键起点,更是我们强大自我、凤凰涅槃的"羽化之地";等等。很显然,对于这个基本问题的思考与回答,见智见仁。于是,步入大学后,有些人成了"神雕侠侣",有些人却"笑傲江湖",而另一些人只能"侠客行"了。但是,我个人认为,我们要享受一个真正"独立自由、任我翱翔、有所作为"的大学生活,需守住四条"基本底线":

1.守住政治底线,做政治上的"明白"人

有人会说,"政治离我们很远,没必要关心政治。""讲政治,是领导干部党员的事情,与我无关。"事实真的如此吗?古希腊著名哲学家亚里士多德就说过,"人是天生的政治动物。"也就是说,人是天生离不开政治生活的。从一个人呱呱落地,登记户籍、获得国民身份、接受政府管辖,享有公民权利、履行公民义务,占有社会公共资源等等。这些与每个人切身利益息息相关的身份认定、权利义务、资源占有等,都是人类政治生活的重要体现。所以说,每个人都要有政治意识,都要讲政治,做政治上的"明白人"。

作为新时代大学生,必须守住政治底线。一是要主动关心和关注时势政策,加强对政治时局变化的把握与认知能力,加强对政治问题与重大社会事件的分析与判断能力,学会运用马克思主义的立场、观点和方法分析错综复杂的国内外形势,增强"四个意识"、坚定"四个自信"、做到"两个维护",在思想上政治上行动上始终同党中央保持高度一致。二是要始终坚持先进性和人民性。所谓"先进性",就是要我们始终时刻走在历史和时代前列;"人民性",就是要坚定"为民服务"的信念,做到心中有民、一心为民,为民学习。三是要有抵制各种庸俗、消极思想侵蚀的能力,面对各式各样的网络思想文化、社会舆论等,要练就"火眼金睛",明辨是非,做到不造谣、不信谣、不传谣等。四是政治站位要明确,要有坚定的政治立场,在大是大非面前必须保持政治定力、严守政治纪律和政治规律,谨言慎行、言辞有度,不随意上网发帖、诋毁党和国家领导人,不发表有损国家或国家领导人、学校或学校领导人形象和声誉的言论,不参加任何形式的邪教组织或非法政治组织,不参加任何形式的非法集会或游行等。

2.守住学业底线,做合格的大学生

现如今,是一个人才荟萃、万物竞发的时代,"一张文凭、走遍天下、享用终生"的"唯文凭论"一去不复返了。取消清考制度,实行留级制度,"严进严出",宁打碎一批"次品"以培养"精品"等理念,已成为各高校的共识与管理常态。我们学校亦是如此。这就意味着在大学"混文凭"的好日子已是"过气网红"了。因此,大学再不是我们无拘无束、逍

遥自在的"避风港",也不是我们无忧无虑、享乐生活的"安乐窝",更不是我们"佛系"处世、无为无争的"桃花源"。

"凡事预则立,不预则废。"自从你踏入"湘环"校园的那刻起,你们就正式开启了大学生活。如果把学习比作一座房子,高中及以前的求学经历好比打地基,大学学习成效犹如设计与装饰,直接决定了你这栋房子的"舒适度""审美度"和"价值度",也就在某种意义上决定了你自身综合素质能力状况的"厚度""深度"与"高度",进而会直接影响到你将来生存水准与社会地位的"幸福感""获得感"和"安全感"。因此,你们要从现在开始,从零开始,树立起"你是来读书学习的,不是来好玩的"思想,做好人生成长成才规划,坚决抵制依赖懒惰心理,自觉远离手机游戏,不做"网络奴隶",要做"心智独立的人";自觉自主地掀起宿舍床被,走出宿舍"牢笼",多亲近图书馆,与书本为伍;多步入运动场,呼吸"自由空气",锤炼体魄;多进教室,汲取知识,探究学问,学思践悟,润滑头脑等。总之,守住学业底线,变被动学习为主动学习,吃亏吃苦,做一个合格的青年大学生。

3. 守住纪律底线,做"遵规守纪"之人

俗话说:"无规矩,不成方圆。"马克思强调:"必须绝对保持党的纪律,否则将一事无成。"毛泽东也说:"加强纪律性,革命无不胜。"邓小平说:"我们这么大一个国家,怎样才能团结起来、组织起来呢?一靠理想,二靠纪律。""没有理想,没有纪律,就会像旧中国那样一盘散沙,那我们的革命怎么能够成功?我们的建设怎么能够成功?"习近平总书记更是强调:"加强纪律建设是全面从严治党的治本之策。""必须把纪律建设摆在更加突出位置。"

由此可见,加强组织纪律性,是一个国家长治久安,一个政党、一个组织永续发展的根本保障。作为公民个体,我们有义务、有责任去自觉自主地遵守国家宪法与法律,遵守自己所属组织或单位的规章制度。作为大学生,你们必须树立纪律意识,恪守纪律底线,做到:一是要"知规知纪",认真学习《大学生手册》,知悉各项与大学生切身利益息息相关的行为规范、制度规定与纪律要求,做到"入脑""入心"。二是要"守规守纪",按规章制度办事,自觉遵守学校章程和大学生日常管理各项规章制度。譬如按时上下课、不无故旷课、不迟到、不早退;上课与晚自习期间自觉做到手机入袋,不玩手机游戏;绝不外宿、不晚归,绝不擅自不假离校外出;绝不聚众斗殴、赌博等等。三是要"养成习惯"。俗话说,"听其言、观其行""知行合一"。你们要在日常学习、生活中自觉地将各种制度规则、纪律要求内化为行为习惯,做一个遵规守纪、言行一致的大学生。

4. 守住安全底线,做"幸福安康"之人

这里的"安全"概念是指广义上的,包括生产、教学实验安全,人身财产安全,交通

安全，宿舍安全，网络安全，心理健康安全等等。事实上，安全问题在我们学习、生活和工作中无处不在。譬如宿舍里，因违规饲养宠物而常常造成咬伤、抓伤他人的人身安全问题；因违规使用大功率电器而造成火灾的用电安全问题；因不注意防盗防窃而丢失钱财物的财产安全问题；上课途中，因看手机不看道路而摔伤、碰伤、扭伤等的人身安全问题；离校途中，因不遵守交通规则、看手机过红绿灯而发生车祸的交通安全事故；因贪图小便宜而深陷网络诈骗的网络安全问题；等等。这些发生在我们身边的事例，既是前车之鉴，也有血的教训。这无不向我们反映了一个深刻而发人深省的事实：安全问题，须警钟长鸣；安全问题，就在我们身边。

因此，我们要树立安全意识，守住安全底线，从事教学实验时，要严格遵守实验实训操作规程，科学、合理、有序、规范地进行实验操作；在校期间，要严格遵守学校的安全管理规章制度，严禁使用大功率电器；严禁不假私自离校外出；严禁下河下塘洗澡；严禁通宵达旦玩电游；严禁私自建群行为，所有班级 QQ 群、微信群均须将班主任或辅导员设置为管理员。要格外注意防火、防盗、防窃、防电、防骗；要严防网络欺诈、校园贷、网贷等等。"安全无小事，责任你、我、他"。我们每个人都要扛起安全责任，强化安全意识，提升安全素养，从自身做起，从小事做起，守规则、讲安全，做一个安康幸福的人。

（二）妥善处理好几对关系，启航青春人生

马克思主义认为，世界是一个普遍联系的有机整体，没有一个事物是孤立存在的。人是社会动物，每个人都难以脱离他人和社会而存在。因此，作为新时代大学生，应学会妥善处理以下基本关系问题：

1. 妥善处理好纪律与自由的关系问题

有人说，我们已经是大学生，是成年人了，应有自己的自主独立性，学习、上课、休闲、就寝等都是我的自由，"我的地盘我做主"，何必受到约束呢。果真如此吗？其实，这种观点过于强调了自由，是典型的自由主义观点，严重割裂了自由与纪律的关系。世界上没有绝对的自由，只有相对的自由。纪律规范才是绝对的。自由是建立在我们遵纪守法、守规守矩的基础之上的。你只有自觉自主地遵守学校章程及其他各项规章制度，规规矩矩做人，老老实实做事，才能在校园里"天高任鸟飞，海阔凭鱼跃"，尽情自由地翱翔在知识的大海里，享受美好的大学生活。否则，你就会受约束、受管制、处处碰壁、事事不顺，郁闷、无聊，甚至会怀疑自己的人生！

2. 妥善处理好权利与义务的关系问题

这是一个经常被谈起却又常被同学们忽视的问题。在这个问题上，我们的同学最喜欢做功利性的选择。当某一事物对己有利时，他们就会反复强调"这是自己享受的权利"，而对己不利时，则更多地强调"这是你的义务"。事实上，权利和义务是相辅相成、不可

分割的，两者之间是互动的关系。没有义务，权利便不再存在；没有权利，便没有义务存在的必要。权利的实现，当然离不开义务的履行。只有履行了相应的义务，你才会享受相应的权利。你享有学习、生活的权利，也有执行学校规章制度的义务。这是对等的，两者不可偏废。

3. 妥善处理好集体与个人的关系问题

在我们的日常生活中，常常会谈到我们是"朋友、学友、室友、校友"等之类的词语。这充分说明了我们每个人都生活在一个个诸如家庭、学校、国家、社会的集体当中，每个人都是集体中的一部分，集体也为我们的生活、学习和工作创造条件。因此，我们要有集体归属感与荣誉感，树立集体意识和大局意识，自觉融入集体，自觉维护集体利益，坚持个人利益服从集体利益，不因个人利益而损害集体利益。事实证明，凡是与集体格格不入，游离甚至脱离于集体的人，最终会成为"孤家寡人"，孤僻、孤单、孤独。因为你离弃了集体，集体也自然会远离于你。相反，凡是积极融入集体的人，成为"集体大家庭里一员"，集体就会接纳你、包容你、呵护你，你因此会开朗、开心、开怀。

4. 妥善处理好学习与玩耍、爱情等的关系问题

我们读书学习的目的是什么？大而言之，就是"为国、为民、为社会"；小而言之，就是为了家庭、为了自己过上幸福、体面的生活。而"幸福生活是奋斗出来的""青春是用来奋斗的"。作为青年大学生，首要之责就是学习、学习、再学习，在学习中增长知识与才干，修炼内功"心学"，锤炼品性，使自己成为一个有知识、有才能、有品格的高尚之人，为今后的幸福人生奠基。因此，睡觉旷课、逃课电游、痴迷手机、遛狗玩耍等玩物丧志、虚度青春，是不可取的。我们要在适度休闲、玩耍，调节疲劳的情况下，聚焦我们的主业主责。同时，我们也应清醒认识爱情应成为恋爱双方相互学习、相互勉励、相互鞭策，共同奋进、共同提升、共同进步的内驱力，而不应成为风花雪月、玩物丧志、浪费时间与精力的"生命消遣品"。

五、学生管理教育对策与建议

（一）关于学风建设

1. 构建学风建设长效机制

从学院层面上讲，须制定出台专任教师共管学生，净化课堂纪律等方面的规定，譬如对学生上课睡觉、玩手机、迟到早退等违反课堂现象放任不管不问的专任教师要实行追责制。从院部层面上讲，须制定教学、学工齐抓共管的工作机制，譬如院部党政班子应定期

或不定期召开学风建设研判工作会，坚持问题导向，提出解决举措。

2.以各技能竞赛项目为牵引带动学风建设

院部要制定奖惩制度，依托青年创新创业大赛、文化艺术节、技能节、挑战杯"彩虹人生"、创新创效创业大赛等平台，要求专任教师物色学生、组建团队，拟定相关项目，指导组织相关学生开展项目创作活动。同时，对表现优异的团队及其指导老师分层分类给予表彰或奖励，以此带动整个院部的学风建设。

3.改革学生晚自习形式的设想

针对目前学生晚自习"有形无实"的现象，为了最大限度地调动学生的学习兴趣，提高晚自习的实效性，切实带动本院部学风的根本好转变，特对学生晚自习形式提出如下改革设想：

（1）形式的变革

星期	类型	自习内容与要求
日	自修	预习、复习、巩固所学专业知识，或阅读。
一	寰宇世界	观看品赏《深度国际》《今日关注》《焦点访谈》《榜样》《平"语"近人——习近平总书记用典》《感动中国人物》等关于时事、传统优秀文化、红色文化经典、先进人物事迹等视频，洞察天下大势，陶冶高尚情操，塑育正确的"三观"等。
二	讨论交流	根据周一晚上所看所学内容，人人上台谈观后感、交流学习心得。
三	学习分享	分享自己所学所看到的一段具有正能量的美文、美篇、诗词等，或者交流自己正能量的学习感悟或观点看法等。
四	自修	预习、复习、巩固所学专业知识，或阅读。
		每晚组织学生必看《新闻联播》，了解国际国内形势与政策。

（2）具体操作与要求

①实施视频资料"三审"工作机制。每周三前，各班委按照"内容科学、积极健康、传播正能量"的要求，共同搜寻商定本班下周所要观看的主题视频，并由学习委员上报给学生分会学习部，学习部初审汇总后交于分管学生分会的辅导员审核签字，最后于周五下班前交于党总支副书记审定签字，付诸实施。审核人主要审核视频内容的科学性、健康性、时代性、政治性等。

②实施学习记录造册登记备查制。各班委须要求每一位同学参与"讨论交流""学习分享"，学习委员须将每位学生的参与情况进行造册登记签字后上报，学生的参与情况将与其评优评先、奖学金、助学金等相挂钩。与此同时，学习委员还须将每周本班"讨论交流""学习分享"的总体情况以及组织参与情况撰写300—500字的小结，附组织照片，一并于每周五下班前上报至学工办。

③实施班级学习效果考核制度。学生分会学习部认真巡查各班"观看视频""讨论交流""学习分享"的组织情况，考核其学习效果，并与班级量化考核相挂钩。考核结果分"优""良""一般""差"，分别计5分、3分、1分、-2分。

4. 推行学风建设承诺制。每个学生须向院部签订《学风建设承诺书》，具体内容如下：

为了贯彻落实学院关于学风建设的相关规定，确保自己"不补考、不留级、不退学"，我郑重承诺：

坚持"知识清零"原则，端正学习态度，进取向上、勤奋好学，积极参加社会实践、技能竞赛和创新创业大赛等活动；坚决杜绝不及格现象，保证圆满完成各项学习任务。

严守学习纪律，坚决杜绝考试舞弊、作业或毕业设计抄袭，无故迟到、早退、旷课，玩手机、讲小话、吃东西、睡觉等现象；不随意进出教室。

尊重教师劳动成果，上课自觉关闭自己随身携带的通信工具，集中精力、认真听讲、积极思考、做笔记；踊跃发言，主动配合相关教学活动。

本人倘若在学风建设中存在违纪违规行为，将自愿承担一切后果，自觉接受《湖南环境生物职业技术学院学生违纪处理办法（第三次修订）》相关规定的相应处分。

（二）关于学生管理教育

（1）按照习近平总书记"抓住关键少数"的思想，从某些少数学生群体出发（如团学宿学生分会干部、国家奖助学金获得者、企业/个人爱心捐助受助者等），召开专题学风建设教育工作会议，要求他们恪守"奖优帮困、励志成才"的宗旨，签订《学风建设承诺书》，遵守"三恪守"原则（即恪守纪律底线、恪守学业红线、恪守俭朴作风）。然后，以点带线、以线带面地营造全院部的良好学风氛围。

（2）按照习近平总书记"精准扶贫"思想，对学业困难学生实行"二对一"帮扶转化工作机制。即各班主任根据本班学业困难学生的学习态度、学业成绩等不同程度梳理并进行厘定分类，按照专任教师与学工人员共管帮困的原则，确定"二对一"帮扶机制，即分别由专任教师进行专业学习帮扶；辅导员/班主任进行学习态度思想教育帮扶。

（3）加快推进学生管理信息化建设，避免非必要的人力、物力消耗。建议加快推行"校园一卡通""宿舍数字化管理系统"等，减轻因管理落后给学工人员所带来的工作负担；建立全校性的统一标准化的学生信息数据管理系统，避免教务、财务、招办、学生处、二级院部等部门因各一套学生信息数据而反复核查核实学生信息数据的"内耗"混乱局面。

（4）探索实施创新创业项目储备目标任务责任制。通过举办各种专题会议，学习、传达开展创新创业活动的意义，并探索实施创新创业项目储备目标任务责任制，采取"学工人员+专任教师"双轨指导机制，充分利用省级各类赛事活动，要求各班委组织发动各班同学以小组或个体的形式，采取头脑风暴法，组织开展、策划活动、设计作品。每年各班级必须推出至少1—2个具有创新性或创意性的好作品。

（5）建立"学生安全预警教育"工作机制，利用主题班会、安全专题教育、节假日安全温馨提示教育等重要时间节点和载体，全年对学生开展安全教育，确保学生安全稳定。

（6）探索关注心理精神疾病学生的多维度动态观测预警工作机制，争取学院政策增设心理就业专干1名，充分利用班级心理委员、寝室长平时观察，信息员重点关注，班主任定期谈心谈话，辅导员不定期访谈等方式，形成多维度动态观测预警，确保及时发现、及时报告、及时处置。

（7）探索"班长治班"的基本思路：班长是一班之首，是班级治理的领导者、管理者，承担班级事务管理的主体责任，负责班级的全面工作，要切实履行好统筹协调、上传下达、安排部署、督查督办等职责。班长治班并非班长对所有班级事务都要亲力亲为，而是要发挥头雁效应和班委团队作用，要积极做好辅导员、班主任、学生之间的沟通协调工作，促使师生关系良性发展。班长对"如何治理班级"应积极想事、谋事、干事；建立班级考核制度，做到宽严相济、奖惩分明；培养班级集体荣誉感等。班长也要做到正人先正己，率先垂范，在"四自"管理上下功夫，做到慎独，不威而立。

（8）加强实习生管理的工作思路：一是各班应根据各自的班情，自主选择班委成员联系制，或寝室长联系制，或以宿舍为单位指定负责人联系制，或预备党员联系制，在离校实习前确定好联系名册，认真核实、核准好学生及其父母的联系电话，及时掌握被联系人的动向及心理动态，定期向辅导员反馈信息。二是各班班长牵头组织，草拟简单可行的"实习班级管理条约"，经辅导员核准后，由每位班级学生签字认可，并报学生工作管理办公室备案。三是采取明暗线相结合，班委成员或知心朋友联系等方式，密切关注重点学生，及时掌握其实习动态和去向。倘若发现异常，第一时间报告辅导员进行处置。四是指导老师建立的学生工作群需加入辅导员、班主任，以便学工人员及时掌握情况。五是建立抽查打卡制度，由辅导员通过"拍照、打卡"（打卡照片上需附注"姓名、电话、地址"等重要信息）的方式，每周抽查1—2个实习班级学生的实习到岗情况。凡是屡教不改不配合的实习生，辅导员须与其家长进行沟通反馈，互通有无。严重者，给予延缓发放毕业证。

（9）应对和加强单招学生管理工作的对策：一是实行家校协同、家校共育。辅导员可以根据自身管理能力与驾驭能力等实际情况，建立家长群，及时与家长保持信息沟通，共同加强学生的管理与培养。同时，要加强对家长群的管理，确保其工作属性，不得在群里发布与学生管理工作无关的信息等；要注意与家长沟通交流的方式方法与技巧，要掌控好学生在校相关信息的发布时间、范围和影响度等，谨防家长因某些学生管理问题产生误解而串联、发酵，形成不良舆情，给本人、院部学生管理工作或学校声誉带来不利影响。二是建立包含心理状况、病史、身体特质情况、兴趣爱好与特长、担任班干部情况等电子信息档案，强化对单招学生基本情况的提前掌控与管理。三是根据学生管理工作发展实践，加快对已有的《班级综合量化考核实施办法》进行修订、完善。同时，制定出台《学生个人量化积分考核实施办法》，考核指标要体现出"以奖为主，以罚为辅，奖罚结合"的原则。四是联系相关公司，依据学生个人量化积分标准，制作出微信版APP应用软件。五是建立公平、合理强制性的活动开展轮流制度，推动院部学生活动正常有序开展，以此调动学生参与各类活动的积极性。六是探索学生分层管理及分级联系帮扶教育工作机制。根据"进步性、中间派、落后性"原则，对各班级学生进行分层划分并采取不同的管理与教育方式，同时，根据学生管理难度的不同，采取"一对多"的方式，分班委(发展对象)、辅导员两个层级实行联系教育帮扶：一是班委（发展对象）联系帮扶制："落后学生"中的"进步派"与"中间派"，即相较容易帮扶改正不良习性的学生；二是辅导员联系帮扶制："落后学生"中的顽固派。七是探索以赛促团结、以赛激热情的院部文化活动品牌。以年级、班级为单位，组织学生开展形式多样的比赛活动，以此融洽团结、激发学生的集体荣誉感，各年级或各班根据年(班)级实际情况，自主选择一项活动类型开展比赛(球类赛、拔河赛、专业技能赛等)。学生人数少的班级，可以联合组队参赛。

（10）坚持党建引领，切实做到党务工作。针对目前在党务工作中存在"碎片化""零散化"现象，前瞻性不够；对入党积极分子、发展对象、预备党员的培养、教育和管理呈现"机械化"执行上级要求，缺乏工作特色，以致他们的示范引领作用不明显等问题，我们的对策是：一是要学会定期梳理工作任务，实施工作任务清单制，做好工作总结与计划，以克服工作的"碎片化""零散化"现象；二是要加强制度建设，建立入党积极分子、发展对象、预备党员的培养、教育管理效果考核工作机制；建立开发入党积极分子、发展对象、预备党员的模范示范工作机制。

（11）加强心理健康教育工作。目前，心理健康工作存在以下主要问题：一是对"心困生"的摸排工作存在"为了摸排而摸排"的形式主义，摸排工作缺乏可持续性、精准性。对"心困生"只是停留在关注、观察、盯防等层面，缺乏规范性，不能真正深入了解他们心理疾病的致病因素，并未能对症下药，帮助其纾解情绪，化解心结。二是部分朋辈人员责任心不够，朋辈心理培训力度不够；三是各班级心理委员工作不配合，积极性不高；心理工作体系存在"肠梗阻"现象。解决上述问题有以下措施：一是加强心理委员、朋辈心理辅导人员培训力度，强化工作责任意识和纪律意识，提高心理观察发现、沟通交流与处理等能力。二是建立心理辅导台账，工作需留痕。三是加强各班心理委员的角色定位、工作职责、纪律要求等教育与管理工作。四是建立"传帮带"工作机制。

（12）提高学生分会工作效能。鉴于目前学生分会存在缺乏责任担当，"躲事、怕做事"，工作主动性不够，做事拖拉；办事思路不清，过分依赖老师；执行力不强，配合度不高；做学生工作能力、组织发动能力、统筹协调能力欠缺，致使各班级学生"佛系"现象严重，参与各类活动的积极性不高等问题，提出如下措施：一是改革学生分会例会制度，以主席团成员为主，着力总结上周工作情况，安排部署下周工作。二是实施"以教师为主导、学生为主体"的轮流交流制，即着眼于提高学生干部亟须开发的某种工作思路、方法技能等基本素能，以与此工作素能相适应的分管辅导员为主导，邀请学长学姐，以周或为月单位定期召开工作思路及方法、工作经验等交流会，培训提高学生干部相关素能。三是指导、教育、培训学生干部使用基本的办公软件。四是通过调研，提出学生分会组织机构设置及人员配置的改革方案。五是围绕纪律作风、执行力、学风等问题，对学生干部开展经常性教育，制订出学生干部满意度测评工作方案、激励工作机制等，奖勤罚懒、奖优罚劣。六是根据学生日常管理工作实践的发展变化，出现的新问题新情况，修订完善《班级量化考核方案》。

（13）构建"星级"荣誉奖励制度，发挥优秀学生的示范引领作用。为了发挥各类优秀学生的示范引领效应，推动整个院部学风、作风、考风、班风出现新局面，应构建"星级"荣誉奖励制度，根据不同类型的活动，择优推荐若干名学生获评诸如"学习之星""自强之星""运动之星""卫生之星""文明之星"等荣誉称号，并适当给予一定的物质奖励。同时，按照"谁分管、谁负责"的原则，谁组织分管的活动，谁负责评选工作，谁负责宣传推介工作。

（14）运用新思想加强和改进班级管理工作的几点思考。

①抓"关键少数"成为习近平总书记治国理政的重要抓手。在他看来，领导干部这个"关键少数"，是党的执政骨干，掌握着公共权力，在党和国家事业发展中起着重要作用。因此，全面从严治党，关键是要抓住领导干部这个"关键少数"，而各级领导班子"一把手"是"关键少数"中的"关键少数"。他强调，从领导干部特别是高级干部做起，让"关键少数"发挥关键作用，这是由领导干部特别是高级干部执掌重要权力的特殊地位所决定的，也是由领导干部特别是高级干部发挥示范作用的特殊职责所要求的。总之，抓"关键少数"，是对党的十八大以来我们党管党治党成功经验的科学总结和运用。

在我看来，在学生管理中"抓住关键少数"，这主要体现为：一是抓好体现"正能量"示范源的学生干部这一"少数"。因为学生干部是我们上情下达、下情上达的桥梁与枢纽，是我们学生管理中的中坚力量。正如毛泽东同志所说的那样："政治路线确定之后，干部就是决定的因素。"因此，抓好学生干部队伍建设，提高他们的整体素质与能力水平，关系着班级管理的发展与稳定。我们要经常性地同学生干部谈心谈话，以强化他们的组织纪律观念和工作作风，激发他们的责任与担当，提高他们的管理技术技能。同时，我们要发挥他们的模范、示范作用，相信并依靠他们的智慧与力量，来做好学生管理工作。二是抓好扩散"负能量"影响的违纪学生这一"少数"。由于他们的言行举止具有极强的"负能量"扩散销蚀作用，成为我们最需关注的群体，也是我们学生管理中的难点与重点，是需要我们下大力气去解决的学生管理难题。对此，这需要我们做好"分类管理"、区别对待。首先，要摸清家底，弄清这一少数群体的分层表现状况：在这些违纪学生中，哪些是属于最棘手的？哪些是属于比较棘手的？哪些违纪学生可以归为一般棘手的层次？其次，"化整为零"，实行分类分层帮扶教育，逐一化解。

②"坚持以人民为中心"思想是习近平新时代中国特色社会主义思想的重要内容之一。

这既是对"民心向背"中国传统优秀文化思想的继承和发展，又是对"人民群众是历史的创造者"这一历史唯物主义观的坚守，内涵丰富而深刻。当然，尽管"人民"属于历史范畴、具有一定的抽象性。但它又不是一个完全的抽象符号，而是由一个个有血有肉、有情感、有梦想的具体的人的集合体。每个学生个体就是"人民"中一员。将"坚持以人民为中心"思想运用到班级管理工作实践，就是要将坚持以学生为中心作为我们从事思想政治教育工作和班级管理工作的行动指南。坚持"一切为了学生，为了学生的一切"理念，以学生对美好教育生活的向往作为我们不断创新管理工作机制、提升服务水平的奋斗目标。

事实上，做学生工作从根本上就是一个引导、教育学生"做什么样的人的问题"。"05后""00后"学生的内心世界究竟如何，是我们每一个学生管理工作者所必须思考的基本问题。这是因为，我们的一切工作基点就在于首先弄清这些学生的内心世界情况。他们的现实需求是什么？他们的内心冲突和挣扎是什么？他们的真实想法是什么？他们的喜怒哀乐怎样……。只有弄清了这些基本问题，我们才能有针对性地提出管理思路与服务对策。这就是学生管理工作中贯彻坚持以人民为中心思想的思维逻辑起点。

然而目前，我们在做学生思想政治教育工作实践中更多地却是以自己的个人感受代替学生的感受，以自己个人的世界观、人生观、价值观代替或说教学生的"三观"。这无疑有悖于"坚持以学生为中心"思想的基本要义。我们应基于学生的"三观"实际，巧妙地运用教育方式方法帮助其纠正错误认知，引导其"扣好人生第一粒扣子"，树立正确的世界观、人生观和价值观。这是思想政治教育工作的难点，需要比较熟练的工作技巧。它的基点就在于以学生为中心，弄清他们真正的内心需求和真实想法。这其中的根本方法，首先要坚持群众路线，深入学生，与学生打成一片，与其平等对话，多交谈、多沟通、多聆听、多查问，"真正走入学生的内心世界"，了解他们的爱憎、情感、梦想等心理状况与诉求。其次要深入开展调查研究。作为一名辅导员，要同所带班级的每一个学生进行交流、谈心谈话，及时了解学生的思想动态和真实想法；要同班委成员开展工作调查，掌握第一手资料，"去粗取精"地分析，提出切实可行的班级管理工作思路与方案。

③ 2013 年 11 月，习近平总书记在湖南省湘西自治州十八洞村视察时首次提出"精准扶贫"概念，指出"扶贫要实事求是，因地制宜。要精准扶贫，切忌喊口号，也不要定好高骛远的目标"。所谓"精准扶贫"是指针对不同贫困区域环境、不同贫困农户状况，运用科学有效的程序对扶贫对象实施精准识别、精准帮扶、精准管理和精准考核的治贫方式。概言之，"精准扶贫"就是"扶贫对象精准、项目安排精准、资金使用精准、措施到户精准、因村派人精准、脱贫成效精准"。在学生班级管理过程中，我们可以借鉴运用习近平总书记"精准扶贫"思想，实施分层结对帮扶教育工作机制，因人施策。一是根据违纪学生的性质恶劣程度，我们可以将其分为学工教师帮扶对象与学生干部帮扶对象两大类型。而学工教师帮扶又分为学工书记/副书记帮扶与辅导员帮扶；学生干部帮扶又分为学生分会干部帮扶与班委干部帮扶。每一个帮扶主体可以考虑帮扶 1—3 名违纪学生。根据帮扶主体的管理角色和职责权限，按照上难下易原则，一般棘手的违纪学生由学生干部分

工负责帮扶化解；比较棘手的学生由辅导员老师分工负责帮扶化解；最棘手的违纪学生由书记/副书记分工负责帮扶化解。这样构建多层次分类帮扶教育工作机制，形成上下联动、齐心协力，破解学生管理难题。

（三）关于辅导员队伍建设

1.建议实施"以赛促学，以赛促建"的辅导员素质能力提升长效机制

目前，我校辅导员队伍在素质能力、知识储备、责任担当等方面参差不齐。这需要学生处做长期培训的顶层设计。建议实施"以赛促学，以赛促建"常态化校内培训比赛工作机制。即以辅导员素质能力大赛2年赛制为建设周期，以月份单位，全面、系统、科学地设计辅导员自学内容；以季度为单位，实施校内比赛，奖优罚劣。尤其是，年度综合比赛考核成绩未达标者，轻者诫勉谈话、调离岗位；重者待岗处置。

2.建议推行"标志性成果"在干部提拔、职称晋升、内部晋级、岗位等级晋升、人事聘用等中"直达"晋级提升或加重积分的激励机制

"标志性成果"是我校"双高"建设、提质"升本"的必备条件。建议学生处、团委认真梳理和界定辅导员"标志性成果"清单，以此设置在职称晋升、内部晋级、人事编制转聘、岗位等级晋升、"同工同酬聘用"等"直达"晋级提升的达标要求，或者加重积分，最大限度地激励辅导员的工作积极性、主动性和创造性，破除辅导员成长成才的"天花板效应"。

3.加大对辅导员工作的"放管服"改革

辅导员是学校学生管理工作的基石，其工作状态和工作效能，事关学校的安全稳定，事关二级院部学生管理工作的生机与活力。我们要从学校、二级院部两个层面，加大对辅导员工作的"放管服"改革，关心关怀和服务好辅导员，夯实基石，抓紧抓实学生管理工作。一是要厘清二级院部党总支副书记、学生管理工作办公室的职责和权限边界，各负其责，服务好辅导员。二是辅导员要主动想事、谋事，加强对学生干部的指导与培养，充分发挥团干的作用，干好具体事务。同时，辅导员要加强相互之间的联系、沟通，经常性地交流工作经验与心得，不断提升素质与能力。三是要强力依托学生"三会"组织，推行"班长治班""寝室长治寝"，发现和挖掘学生干部能力，把他们培养成为团学工作的得力助手。四是辅导员要统筹好"做学生工作和专业发展"的问题，在守好主业的同时，做好自己的专业发展规划，实行"两条腿"走路，实现"两化"建设目标。五是辅导员要独立自主地开展工作，抓好实习管理、毕业生就业、安全教育和宿舍文化卫生等；要多与学生谈心谈话，了解学生思想状况，纾解心理、化解困惑等，做到学生安全"零伤亡"。

（四）关于诚信教育

1. 倡导"诚信考试"，发布倡议书

诚实守信是中华民族的传统美德，是我们立身之本。诚信考试，是当代大学生的一份责任与义务，也是衡量大学生思想道德水准的试金石。为立诚信之本，守考试之纪，做诚信之人，营造良好的考风学风，特发出如下倡议：

（1）端正心态、积极备考。坚决杜绝网络游戏，坚决杜绝松散懒惰，自主自觉、认真积极复习备考，以真才实学迎接考试。

（2）克己以严、立己达人。坚持堂堂正正做人，清清白白做事。以诚信考试为荣，以违纪作弊为耻。坚决杜绝侥幸心理，自觉抵制作弊行为。

（3）严守考纪、诚信应试。尊重监考老师，严守考场纪律，不夹带、不抄袭、坚决杜绝舞弊行为，实事求是、真枪实干，考出水平、考出才学、考出风格。

（4）反躬自省、以身作则。自觉树立"自尊、公正、诚实、守信"考试观，坚持"文明考风、诚信考试"从我做起，从现在做起，守住内心的一份坚持，交出一份合格的答卷，做一个文明守信之人。

同学们，"知荣辱、守承诺；守诚信、塑人格"，让我们携起手来，立诚信之本，自觉遵守考风考纪，用诚信书写人生，做诚实守信的大学生。

2. 推行诚信考试承诺制

学生在考试之前，签署"诚信考试（考查）"承诺书，具体内容如下：诚信考试（考查），是当代大学生的一份责任与义务，也是衡量大学生思想道德水准的试金石。为了立诚信之本，做诚信之人，我郑重承诺：

从我做起，从现在做起，积极响应本院"诚信考试"倡议书，坚决杜绝网络游戏，坚决杜绝松散懒惰，自主自觉、认真积极复习备考；自觉遵守学院《考场规则》，尊重监考老师，严守考场纪律，坚决杜绝一切舞弊行为，坚决杜绝考场睡觉、考试迟到、交白卷、无故缺考等不良考试行为，实事求是、考出水平、考出才学、考出风格。

考试（考查）期间，本人若心存侥幸，违反考试（考查）纪律，存在夹带、传递、抄袭等非诚信的舞弊行为。本人将严格执行《湖南环境生物职业技术学院学生违纪处理办法（第三次修订）》第十一条之规定，自愿承担一切后果，接受相应处分。

（五）关于学生管理工作阶段性总结反思及整改行动

2020年秋季开学以来，总的来说，是比较平稳、有序的，我们也是辛苦、辛劳的；但从工作效能看，却是不尽如人意的。我们的活动项目质量、日常管理综合考核成绩、工作效能却呈下滑趋势，甚至某些工作出现了严重滞后现象。究其原因，有客观的，也有主观的；有外因，更有内因。

1. 存在的主要问题及其根源

（1）从思想认识上看，存在不同程度的消极懈怠思想。长达八九个月的疫情学生管理工作模式，尽管我们从正月初三开始就处于组织学生信息数据填报、筛查、核实、报送等工作忙碌状态之中，但总的而言没有了在校现场管理那样的高度紧张感、紧迫感与责任感。这种相对松弛的思想行为惯性成为我们开学以来所呈现出的消极懈怠思想苗头的直接诱因，也就直接导致了我们工作效能的降低。譬如工作中，有些事情未能按照"今日事今日毕""即时即办"原则贯彻落实，而是出现拖延缓办甚至是漏办现象；有些事情虽在催办下缓慢行动了，但效果却不佳；更甚者，有的事情虽多次催办、督办，仍未见行动；等等。

（2）从工作观念上看，存在较浓的经验主义思维方式。目前，我们每个人还没有从内心深处深刻认识到"生源规模扩大"以及"00后"学生思想特质给我们的组织管理、思想教育、工作方式方法等所带来的挑战，而是更多地仍停留传统思维惯式之中，存在"老马识途"式的"经验主义"思维与做法，也存在"等安排"的被动思维与做法，想事、谋事、干事缺乏主动性与创新性。譬如我们没有深入班级当中对学生的个性化特质和综合素质做全面、细致的调查摸底排查，做到分门别类的精准识别、筛选使用，而是采取"眉毛胡子一把抓"笼统式、粗略的工作方式进行强行要求，又不能适时地进行思想疏导、教育引导而是一味地强调纪律性。"覆盖面大、个性不足"，"刚性太猛、柔性不足"。所以，选非所能，选非所愿，学生思想情绪很大，工作效果差。

（3）从工作本领上看，存在缺乏"本领恐慌"的危机意识。正是在消极懈怠思想和经验主义思维的支配下，我们还陶醉在"自认为可以轻松、得心应手地应付处理各种学生管理难题"的"过度自信"之中。殊不知，我们的管理对象、管理范畴、管理范式已悄然发生变化，我们过去所积累的管理经验、工作技能、管理方式显然已是"捉襟见肘"了。譬如因疫情期间缺乏必要锻炼的学生干部队伍，该如何提高他们的办事能力、组织管理能力、统筹协调能力？如何对"00后"学生开展有效的思想政治教育？面对这些管理难题，我们是否具备了足够的应对处置这些问题的本领与能力？等等。如果我们还不根据变化的情况，与时俱进，加强学习、增技强能，就根本适应不了新形势下的学生管理需求。

（4）从工作方式上看，存在主次不分、忙乱芜杂的状态。目前，我们当中有因工作经验缺乏而不知所措的；有因不能正确处理教学与管理的矛盾而顾此失彼的；有因一时的工作繁忙而丢三落四的；有因轻重缓急不分而似无头苍蝇乱碰乱撞，忙而无效的；等等。又如组织管理工作中，对事先出现的问题缺乏足够的认识以及未能及时做出相应的处置，而是到了"临产时期"，才意识到问题的严重性，才来求助、咨询处理问题的策略与方法。再如对整个活动项目的时间管理与部署安排上缺乏统筹性与系统考虑，出现了"分练有余、合练不足"的"头重脚轻"现象。

2. 今后整改的方向及其行动

(1) 要强化思想认识，克服消极懈怠思想。适应我校教育教学质量提升的发展要求，在确保学生管理工作平安、有序、稳定的大前提下，每个人都要积极进取，加强理论政治理论与业务知识学习，坚决克服"无过便是功""按部就班"式的求稳思想，要牢固树立"今日事今日毕""即时即办"思想，想方设法使自己分管的事务性工作在工作质量、效率和业绩等方面在原有基础上有所提升，有所突破。

(2) 要加强工作主动性，"谁的地盘谁做主"。工作中，要主动想事、谋事，积极作为，绝不能以"不懂""不知道""无经验""没有接触过"等理由，为自己找借口，消极应对所承担的工作任务；更不能以"缓一缓""放一放""缓点儿"等思想，延缓、耽搁工作任务的完成。我们要树立"谁分管的事，谁负责"的思想，凡是自己所承担负责的事情，要主动做到"端盘子""做策划"和"抓落实"，坚决克服"等、靠、要"思想，要化被动为主动：一是要弄清做什么。应积极主动地去衔接工作任务的交代方，摸清工作意图、咨询、了解工作内容、预期及要求等；二是弄清怎样去做。根据自己所了解到的信息、数据、资料等情况，自觉做到"拿方案、定措施、做布置"；三是要推动工作怎样落地。不定时地跟踪所布置安排的工作的完成进度情况，及时督办、督查。

(3) 要树立"两手抓"思想，妥善处理好各种工作关系。我认为，不管我们在哪个岗位、从事什么工作，都既要做好工作，又要抓好自身发展，两者不能偏废。只有自身发展了，才能更好地安心工作。只有把工作做好了，才能获得更多的发展机遇。"机遇总是眷顾有准备的人"。因此，我们要学会"两手抓""两条腿"走路。这就要求我们必须妥善处理好专职与兼职、教学与管理、工作与自身建设等关系问题，明确现阶段自己的主要角色以及所承担的主业、主责。

(4) 要树立"本领恐慌"危机意识，创新工作方式方法。任何人都不可能一劳永逸地凭借一种本领或某些经验技能"通吃终身"。时代在变，社会在变，人的思想也在变，我们要克服经验主义，要深入研究招生规模扩大后的管理形态、创新管理形式与工作思路；深入研究"00后"学生的思想特质，创新思想教育工作方式方法。譬如如何开展"00后"学生的养成教育？如何推动团总支工作开展新局面？如何创新学生党建工作？新形势下如何架构学生分会的组织结构、创新工作机制，如何培养、教育与管理学生干部队伍？如何发挥"三好学生""优秀学生干部"的示范引领作用？如何促进本院部特色文艺活动质量提升？等等。

(5) 要学会"常进行工作反思与总结提高"。失败不要紧，关键在于总结提高。"人不能两次掉进同一条河流"。我们要善于学会总结经验教训，学会反思，要从组织管理、工作思路、思想教育等方面进行反思，不要一味地强调客观因素的影响，更要从主观上查找原因，要从自身上查得失。外因是条件，内因才是关键。要从行动结果上查找得失，更要从思想上查找根源。人的思想决定行为，有什么样的思想就会产生什么样的行动。

(6)要加强辅导员队伍的"传帮带"教育。这涵盖了两个方面的教育：一是以支部党建工作带动辅导员队伍整体素质提高，通过支部政治理论学习以及经常性的工作总结会、学情研判会等形式与载体，以理论学习夯实党性原则、责任心和使命感，指导提升业务工作思路；以工作总结提高认识、增强技能；以研判提高观察分析学情能力，寻找破题之法。二是通过一对一的方式，以老带新，老新互助，交流互鉴、相互勉励，共同成长，共同提升。

（六）关于我校医卫类"00后"学生职业素养的调查及对策。

为了及时全面掌握医卫类"00后"学生职业素养与社会责任意识现状，我们通过问卷调查、一对一访谈等方式，对湖南环境生物职业技术学院护理、助产、预防医学、康复治疗技术、口腔医学技术、临床医学和口腔医学等专业的"00后"学生开展调查。

1. 存在的主要问题

通过综合归纳、对比分析调查结果，我们发现医卫类"00后"学生的以下行为品质须引起高度关注：

（1）择业功利性明显，社会责任感欠缺。通过调查发现，大部分"00后"学生选择医卫类专业的初衷不是出于悬壶济世、济世救人的崇高理想，而是专注于"良好的职业发展、较高的薪水待遇和跻身较好的社会阶层"等诉求。譬如对"为什么选择医学专业？"这一问题,33.29%的学生答复是"父母的要求"；15.62%的认为"医学专业的社会地位高、工作收入比较稳定"。仅有22.83%的学生认为能够发挥自己的聪明才智，是治病救人的神圣职业。由此可知，77.17%的学生选择医学专业的功利性明显，对于这份职业的社会担当和责任意识缺乏普遍认知。

（2）功利性主义选择下的从医信念，相对坚定。尽管77.17%的受访者出于某种功利性诉求而选择医卫类专业，但面对"当今医患矛盾加剧，药品安全纠纷逐年上升，会动摇你学医的理想或就业信心吗"以及"面对新冠肺炎等重大传染疾病的挑战，可能光荣牺牲"等问题诘难时，65.25%的学生认为不会变更职业，仅有19.72%的学生选择调整自己的未来规划和职业追求，绝大部分受访者表现出坚定的职业信念。不难发现，学生内心偏重未来选择和个人经济因素之外，还是保留着一份高尚的职业理想追求，唯薪论和社会地位的追求并不影响我校医卫类"00后"学生对于这份悬壶济世的专业职业素养和社会责任感的认识，同时潜意识中也对自己有了某种相应的要求。

（3）知行不一，积极意识没办法转换为主动实践。调查中，尽管92.58%的学生从思想认识上意识到"医德与医术"是医务人员执业的必备要素，但事实上学生对医德所蕴含的职业素养知之甚少。譬如对"你是否了解所学专业的职业素养"这一问题的调查回答，仅有43.76%的学生表示了解本专业所需的职业素养，近六成的受访者要么对于医学职业素养一无所知，要么只知皮毛。同时，88.3%的受访者认为要通过健康服务、义诊等社会实践活动来提高职业素养，却有49.58%的受访者表示从来没有参加过健康服务活动；28.9%的受访者表示是被迫参与健康服务社会实践活动的。显而易见，受访者在思想认知与实际行为之间存在较大差距，表现出鲜明的"口头上的巨人，行动上的的矮子"这种知行不一"怪象"。

(4) 强烈认同人文素养教育，医学人文课程受追捧。根据调查发现，66.62%的受调查者非常满意我校的职业素养、职业精神及服务意识等教育培养。77.87%的学生表示有必要开展医学生人文教育来加强职业素养、职业精神及服务意识的培养。医学人文课程受追捧。90.7%的学生通过医学心理学、医学伦理学、卫生法学、社会医学、医学导论等人文课程的熏陶，认识到追求个人理想时需着眼现在、放眼未来，融入国家经济社会发展大潮中，承担起社会义务，为国家发展、民族复兴、社会进步和人民幸福而服务。

2. 原因探究

首先，家庭经济困难，成为医卫类"00后"学生功利性职业选择的主要因素。长期以来，我校作为农林医卫类高职院校，又受限于区位优势，生源主要来自于农村地区、边远山区、经济不发达地区，家庭经济困难学生占比较大。这些学生及家人急于改变家庭及个人的生存现状，更倾向于选择就业前景较好且能马上改观生活状况的医卫类专业，误把眼前困境的解决方案看作人生的重要追求和职业规划的关键前提。

其次，消极懒惰的人生心态，是医卫类"00后"学生知行不一的内在要素。近年来，随着职业教育的迅猛发展，高职的学生规模已占据高等教育的半壁江山，但不可否认的是，高职院校生源质量也存在鱼龙混杂的现象。懒惰的学习态度和消极的职业素养追求成了他们理想与现实的"拦路虎"。他们仅仅沉溺于美好愿望的"意境"之中，却不能将其内化于心，外化于行。

最后，社会信息化与享乐主义，是医卫类"00后"学生缺乏职业道德意识和社会责任感的外在因素。互联网的快速发展，学生平时手机不离身、电脑游戏不离手，大部分业余时间全部耗费在手机和电脑上，参加集体活动积极性不高，学生普遍缺乏集体主义观念。此外，受物质主义、拜金主义、享乐主义等影响，部分学生养成了享乐在前、抽烟、高消费等不良嗜好，不注重敬业奉献精神、实事求是、责任心、服务意识等品质的修炼。

3. 应对策略

(1) 学校要重视职业素养教育，激发学生对医学职业的责任认识。《教育部关于深入学习贯彻〈国家职业教育改革实施方案〉的通知》(教职成〔2019〕11号) 提出："高职高专教育要推动人才培养模式的改革，使学生既具有较强的业务工作能力，又具有爱岗敬业、踏实肯干、谦虚好学和与人合作的精神，安心在生产、建设、管理和服务第一线工

作。"教育与职业之间的联系是在于个人综合素质和所求工作要求之间的准确识别和精准匹配。而高职院校作为培养技能型人才的重要输出地，是高职医护生的综合素质教育基地。对于高职医护生的综合素质的培养，高职院校不应该只着重于学生的职业技能，还应该注重培养学生的职业精神、职业理想信念，促使其养成基本的职业道德规范，增强学生的社会责任感、使命感。

（2）专业课程教学应嵌入职业素养教育，培养德才兼备的学生。高职院校要根据社会需求和职业需求，注重学生人文素养的培养。教学实践中，结合专业课程教学内容，注重职业技术的培养，还要导入职业精神、职业担当方面的教育内容，养成学生良好的职业道德和精神素养。同时，专业课程教学之余应该辅助一些基础普及课程，如《大学生法律基础》《大学生思想道德修养》等，让学生了解法律法规和关于职业道德的规章制度，边学边做，心理上构建职业道德框架，知道什么能做、什么不能做。

（3）创新职业道德和责任意识教育方式，注重多样化。首先，教学方法上，除了课堂理论教学之外，应该采取更加多元化、个性化的方法，包括 PBL 教学、混合式教学、启发式教学等。其次，教育方式应该与时俱进、推陈出新，课堂教学固然重要，高校应当采纳课外活动、主题班会、线上自学等各种教育方式，用来全方位教育学生、全方位吸引学生、全方面提高职业道德教育的成效。最后，可以利用小视频、短片、小故事等年轻人受众较广的推广方式进行职业道德教育，点燃年轻医护生的学习热情，让内容丰富多彩，引起学生学下去的兴趣，摆脱填鸭式教学的困境。

（4）营造校园氛围，大力开展医学科学人文教育。医学是一门具有自然与社会双重属性的交叉性学科，蕴含着丰富的人文素养。但是，长期以来，人们习惯把医学看成一种单纯的治疗技术，把医学教育看作是治疗技术的传承，在教育中过于突出其专业知识和技能的培养，而忽视了其职业人文素养教育。为此，我们应营造氛围，大力开展医学人文素养教育：一是努力发掘本校医卫类师生的榜样人物及其个人先进事迹，讲好他们的职业道德故事，弘扬其道德精神，让这种崇高的精神在一代又一代医护生心中留存。二是充分利用开学、毕业典礼，医生节、护士节、护士授帽仪式等特定教育场域，营造庄严而肃穆的氛围，通过重温南丁格尔和希波克拉底誓词，让学生体认自身所学专业与所从事职业的神圣与自豪。三是开展道德教育活动和节庆，在活动中展现职业道德精神，敦促医护生重视道德精神的学习，寓教于乐，学生在参与活动中获得成长，养成道德精神。

（5）积极开展社会实践活动，以志愿服务培育职业道德。仁心、仁爱是医务人员所必备的一种基本的道德情感。只有发自内心地去理解病患者的痛苦，同情病患者，才能转化成为病患解除痛苦的原动力和实际行动。然而，生活在信息时代的"90后""00后"大学生，大多数在成长过程中都是被关注的对象，缺乏人与人之间面对面的交流，较难产生"共情"情感。爱心义诊、健康知识咨询与宣教、暑期"三下乡"、健康调研等志愿服务活动可以让他们提前了解社会健康状况，对接基层，在为基层人民健康服务的同时增加对于职业的理解和道德的关注，通过志愿服务也可以更充分地了解人民群众，尤其是农村的老弱妇孺在健康护理中存在的困境和瓶颈，深刻体会人民的疾苦，从而培育医学生大爱无疆、救死扶伤的精神，强化其全心全意为人民健康服务的使命和担当。医学生也可以在这种志愿服务中享受快乐，学会感恩，这也有助于他们养成良好的职业道德和职业行为。

第四章 课程育人的教学改革创新

习近平总书记强调,"思想政治理论课是落实立德树人根本任务的关键课程","我们办中国特色社会主义教育,就是要理直气壮开好思政课,用新时代中国特色社会主义思想铸魂育人,引导学生增强中国特色社会主义道路自信、理论自信、制度自信、文化自信,厚植爱国主义情怀,把爱国情、强国志、报国行自觉融入坚持和发展中国特色社会主义事业、建设社会主义现代化强国、实现中华民族伟大复兴的奋斗之中。"[①] 作为兼职教师的高校辅导员,应致力于以"思政课程"和"课程思政"为目标的课堂教学改革,把各门课程所蕴含的思想政治教育元素和功能,有效融入课堂教学各环节,充分发挥课堂教学在大学生思想政治教育中的主导作用。

第一节 生态文明视域下"毛特概论"课程资源开发与教学考量

长期以来,《毛泽东思想和中国特色社会主义理论体系概论》(以下简称"毛特概论")课因其具有强烈的思想性、政治性、理论性等特质,通常被大学生视为灌输马克思主义世界观、价值观、人生观的"意识形态"教育而遭冷落。

事实上,它是一门不断吸纳消化自然科学、人文科学与社会科学最新发展成果,譬如关于人们在认识世界和改造世界中所形成的诸如政治生态、人际生态、社会和谐等生态文明思想,而凝练上升为马克思主义科学理论的课程体系,其教育教学的出发点与落脚点就是着力于以最新发展的理论成果武装大学生头脑,使其形成科学的世界观和方法论思想,增强其透析现象考量问题的理论分析与思辨能力。毋庸置疑,"毛特概论"课这一育人基点与时兴倡导的生态文明教育具有较强的通融性。因为生态文明教育以马克思主义自然观为指导,旨在从人与自然和谐统一的视角出发,培育大学生成为具有生态思想观念、生态法治意识、生态行为意识和生态道德境界的"生态人"。

因此,我们有意识、有目的地开发、挖掘"毛特概论"课程中的生态文明思想资源,

---
① 习近平:《在学校思想政治理论课教师座谈会上的讲话》,《人民日报》,2019年3月19日。

适度拓展、创新教学，对大学生开展生态文明教育，帮助大学生从理论上明确生态文明建设的基本理念，树立科学的生态文明观，这不仅是该课程的题中之义，而且是高校思政课教师与时俱进探索科研教改的现实命题与历史使命。

一、以政治生态观的视角，多向挖掘政治生态建设课程资源，培育大学生良好的政治人格

政治生态是相对自然生态、环境生态、经济秩序而言的一种社会政治状态，是党风、政风、社会风气的综合体现，其核心是党员领导干部的党性问题、觉悟问题、作风问题。从个体层面讲，"人的本性就是政治的动物"，政治生态影响着我们每个人。古语说："风俗既正，中人以下，皆自勉以为善；风俗一败，中人以上，皆自弃而为恶。"对一个政党而言，政治生态的状况，直接决定着从政环境的好坏，关系着党的形象和人心向背。当代青年大学生作为中国特色社会主义事业的接班人和建设者，他们拥有什么样的政治生态观，直接关乎着我国社会主义发展的命运。

"毛特概论"课程对"政治生态建设"这一命题的诠释，尽管未集中论说，散见各章节，但内容丰富。譬如"全心全意为人民服务"的宗旨观；"一切为了人民、依靠人民"的群众观；"权为民所用、情为民所系、利为民所谋"的民本观；"一心一意为民谋利"的利义观；"没有调查就没有发言权"的调查研究观；实事求是的思想路线观；"反对主观主义以整顿学风、反对宗派主义以整顿党风、反对党八股以整顿文风"的除弊整风观；"两个务必""四大考验、四大危险"的居安思危观；以及新时期的"八荣八耻"社会主义荣辱观，以为民务实清廉为主题的党的群众路线教育实践活动；等等。

教学中，我们可以采取专题讲授、案例分析、相互讨论等教法，引导大学生剖析现象、思考问题、明辨是非、坚定立场。譬如讲述"党群关系"问题时，可以让学生观看《淮海战役》中有关"人民群众支前"的宏伟场面影视资料，并结合"淮海战役期间，支前民工累计达 543 万人。他们用肩挑、车拉、驴驮、船运等方法，向前线运送弹药 730 多万公斤，运送粮食 9800 多万公斤"的史料，以及陈毅元帅的评价："淮海战役的胜利，是人民群众用小车推出来的"等等，让学生在历史的厚重中体认到当时我党与人民群众那种"鱼水情深"的政治生态；也可以结合当前全国上下轰轰烈烈开展以为民清廉务实为主题的党的群众路线教育实践活动以及 1942 年延安整风运动的历史，让学生党员干部从历史和现实的角度上谈论我党重视政治生态建设的认识与体会，以增强学生的思想共鸣。又如在讲述"党的作风建设"问题时，事先可以列举目前社会上流行的"'不跑不送，原地不动'的潜规则；'拼搏不如拼爹'的特权现象；'能力不如关系'的关系学；'琢磨事不如琢磨人'的投机钻营；'干的不如看的'的论资排辈；'做事不如作秀'的形式主义；'摆平就是水平'的伪稳定；'多栽花少栽刺'的好人主义；'劣币驱逐良币'的逆淘汰；'不怕犯事只怕出事'的地方保护主义"十种政治生态"常见病"，以此让学生感知当前我国政治生态环境的弊病；随之引述我党在净化政治生态环境的积极作为：新中国成立初期毛泽东惩治刘青山、张子善贪污案以及黄克功枪杀刘茜案的史例；以及现阶段中央出台"八项规

定"六条禁令";对内"苍蝇老虎一起打"、对外实施"2014年猎狐行动",周永康、薄熙来、徐才厚等"大老虎"相继落马的事实,教育学生以此为鉴,引导他们讨论、反思净化我国政治生态环境的重要性、必要性和长期性。

总之,我们要充分利用"毛特概论"课的政治生态建设思想资源,结合社会时事热点问题,以案例、讨论等教法,帮助大学生树立"风清气正、崇廉尚实、干事创业、遵纪守法"的政治生态观,塑造其良好的政治人格。

二、以生态自然观的视角,系统总结生态文明建设课程资源,塑造大学生的生态人格

生态自然观认为,人与自然都是主体,都有价值,两者之间相互依存、共生发展;尊重生命与自然,人与其他生命共享一个地球;坚持可持续发展,确保人与自然之间的公平、当代人之间的公平以及当代人与后代人的公平。党的十八大更是将生态文明建设上升到"关系人民福祉、关乎民族未来"的高度突出其地位,并纳入社会主义现代化建设"五位一体"总体布局之中加以阐释。

"毛特概论"课程围绕"什么是社会主义生态文明,怎样建设社会主义生态文明"这一主题对其内涵本质、总体要求、根本目标、建设思路等方面给予了翔实阐释:①关于生态文明的内涵和本质。生态文明是指人类在自身历史发展进程中遵循"人—自然—社会"和谐发展这一客观规律,所形成的人与自然、人与社会环境和谐统一、可持续发展的物质与精神成果的总和,其本质特征是人与自然和谐相处、协调发展的文明形态。②关于生态文明建设的总体要求。即以在全社会树立尊重自然、顺应自然、保护自然的先进生态伦理观念为价值取向,以建设美丽中国、实现中华民族永续发展为终极目标,突出生态文明建设,并融入经济建设、政治建设、文化建设、社会建设各方面和全过程。③关于生态文明建设的根本目标。即建设以人—自然—社会和谐共生为基本宗旨,以资源环境承载力为基础,以自然规律为准则,以建立可持续的产业结构、生产方式、消费模式以及增强可持续发展能力为目标的资源节约型、环境友好型社会。④关于生态文明建设的基本思路。即坚持改革创新,建立全国土空间开发、资源节约利用、生态环境保护的机制;坚持节约优先、保护优先、自然恢复为主的基本方针;实施"绿色、循环、低碳"发展,推动形成人与自然和谐发展现代化建设新格局。⑤关于全面建设小康社会。即将"两型社会、主体功能区布局、资源循环利用、能源消耗与碳排放、森林覆盖、生态系统与人居环境等生态文明建设目标新要求作为衡量标准纳入其中加以考查,旨在在全社会牢固树立生态文明观念;⑥关于科学发展。该课程教材从论述新世纪新阶段我国发展中所面临的深层次矛盾和问题出发,提出了破解这一问题的根本方法就是坚持科学发展,其实质就是坚持以人为本,坚持全面协调可持续,坚持统筹兼顾。这也是生态文明建设的行动方针。通过系统汇集传授这些知识资源,以唤起大学生的生态情感,塑造他们的生态人格。

由于诸如雾霾天气、食品安全、水污染、固体垃圾污染等生态环境问题最为现实,人们亦是感同身受。因此,对这部分内容的讲解极易引起学生的思想与情感上的共鸣。教学

中，我们可以采取如下方法进行：①生态危机教育。利用计算机多媒体技术，借助图片、纪录片等方式，在课堂上图文并茂地向学生展示我国经济发展中的生态破坏现象以及生活中的生态破坏行为，如"太湖蓝藻事件"、沙尘暴、土地荒漠化以及硫酸伤熊事件、微波炉烘烤宠物狗等"虐畜事件"。通过展示这些生态危机图片以及生态道德滑坡行为，唤醒大学生的生态意识，增强其生态情感。②开展大学生生态行为习惯养成调查活动。将学生分成若干个小组，围绕"大学生生态行为习惯养成"这一主题，每小组从不同角度调查本校大学生日常生态行为状况，并制作 REC 小视频，在课堂上播放。据此，教师在同学们欣赏各小组所摄制的 REC 小视频的同时，引导他们思考：视频中所反映出的行为是否有悖于生态文明理念？这样的行为对我校建设绿色大学有何影响？这样的生态道德行为是否在我们自己的身上发生过？今后我们应树立怎样的生态文明道德行为？通过大学生自我拷问，督促他们体认生态行为习惯养成的必要性，并自觉内化为自己的实际行动。

三、以生态和谐观的视角，挖掘关于"人—自然—社会"的和谐思想课程资源，养成大学生幸福人格

生态和谐观从人与自然、人与人、人与社会和谐共处、共生共存的思想观点出发，主张人类要理性思考现代社会发展的代价，自觉构建"人—自然—社会"的持续和谐秩序。

"毛特概论"课程在关于"如何构建'人—自然—社会'和谐"问题上有着丰富论述：①关于社会主义生态文明建设，着力系统阐释了人与自然的关系问题，前已详述，此不赘述；②从国家、社会、个人三个层面积极倡导培育和践行以富强、民主、文明、和谐，自由、平等、公正、法治，爱国、敬业、诚信、友善为内容的社会主义核心价值观，以此塑造现代公民价值轴，为构建"人—自然—社会"和谐秩序奠定基础；③关于建设社会主义和谐社会：一是明确了"人与自然、人与社会、人与人之间和谐统一与协调发展"这一和谐社会的一般本质特征；二是明确了"民主法治、公平正义、诚信友善、充满活力、安定有序、人与自然和谐相处"的社会主义和谐社会的科学内涵与总体特征；三是明确了建设社会主义和谐社会基本路径，以保障和改善民主为重点，深化涵盖教育、就业、收入分配、社会保障、医疗卫生和社会治理等方面的体制机制改革。④关于建设持久和平、共同繁荣的和谐世界，以世界的眼光，在和平共处五项原则的基础上，提出了"平等互信、包容互鉴、合作共赢""求同存异""与邻为善、以邻为伴""睦邻、安邻、富邻""亲、诚、惠、容"等国际关系处理准则。通过挖掘这些生态和谐思想，以帮助当代大学生学会如何更理智地处理好实际学习生活中所面临的各种矛盾冲突，有效疏导心理问题，养成幸福人格。

教学中，针对这部分内容的特点，我们要具体问题具体分析，可以依据不同的教学内容，创新不同教学方法：①开展社会实践调查。可以布置诸如大学生低碳生活、城市环境卫生、特定区域河流水污染状况等主题的课外社会实践调查活动，并开展调查报告评比积分活动。在调查实践中，唤起大学生居安思危的生态忧患意识，引导大学生从身边做起、从小事做起，养成良好的生态行为习惯。②启发式教学法。即以书本理论知识为基，以社

会热点问题为轴,启发大学生思索现象背后的原因,寻找解决问题的方法与举措,以深化对理论知识的理解与运用。譬如在讲述"构建社会主义和谐社会"时,首先,引导学生列举当前社会上存在的"不和谐"现象。其次,启发学生剖析这些"不和谐"社会现象背后产生的深层次原因。再次,让学生继续探索解决这些现象问题的途径与方法。最后,教师列出国家对破解这些问题所采取的政策措施、制度构建等。③小组讨论学习法。即将学生分成若干个学习小组,课前,教师根据教学内容事先将任务布置给各学习小组,由他们围绕学习任务自主查阅资料,成员之间相互商讨,形成本小组的观点;课中,各学习小组组长将本组商讨后所形成的观点公之于众,并接受质询。譬如在讲授"建设持久和平、共同繁荣的和谐世界"内容时,可以围绕"我国提出构建和谐世界的新理念有哪些?""构建和谐世界与建设社会主义和谐社会有什么样的关联性?""构建和谐世界的新理念对我们处理人际关系有什么现实指导意义?"等问题开展小组讨论学习。

总之,从生态自然观出发,挖掘和谐思想资源,通过创新教学,旨在让学生们体认到每个人的幸福皆源于"社会—人—自然—世界"之间的和谐共处。

第二节 "互联网+"视域下高职思政课创新移动学习的考量

近年来,"互联网+"已经成为我国的国家发展战略。各行各业都在创造性地推进"互联网+"新业态,这已成为新时代发展潮流。教育领域亦不例外。因此,基于"互联网+"探索高职院校思政课移动学习模式,是新时代赋予高校思想政治教育工作者的现实使命。

一、移动学习:"互联网+教育"新业态下高职思政课创新学习方式的时代选择

2018年4月,教育部颁发《教育信息化2.0行动计划》(教技〔2018〕6号),明确提出"办好网络教育,积极推进'互联网+教育'发展","开展以学习者为中心的智能化教学支持环境建设,利用智能技术加快推动教学方法改革,探索泛在、灵活、智能的教育教学新环境建设与应用模式"。①很显然,利用互联网平台和信息通信技术,并将两者深度融入教育教学实践中,创造出一种新的教育生态,便成为我国教育信息化发展的大势。国家教育部同时出台了《新时代高校思想政治理论课教学工作基本要求》(教社科〔2018〕2号),强调"高校思政课教学要不断创新网络教学形式,推动传统教学方式与现代信息技术有机

---

① 教育部《教育信息化2.0行动计划》,http://www.moe.gov.cn/srcsite/A16/s3342/201804/t20180425_334188.html,2018年4月18日。

融合"。①而"移动学习"作为一种基于云计算、大数据、移动通信技术、互联网技术和智能技术普及发展的环境下所催生的学习变革方式，则成为我国教育界推进"互联网+教育"新业态下进行探索的一种重要的教育教学改革思路。

事实上，移动学习作为一种新式学习范式，最早源于20世纪90年代的美国。之后，英国、德国等开放大学以及欧盟委员会IST（European Com-mission's Information Society Technologies）等均开展了关于移动学习的项目研究②。这有力地促进了移动学习资源的开发和移动学习体系的建设。2000年，爱尔兰国际远程教育学家戴斯蒙德·基更（Desmond Keegan）在庆祝上海电视大学建校40周年上做了题为《远程学习·数字化学习·移动学习》的学术报告，便首次将"移动学习"概念介绍传入中国，并称"移动学习"将代表"学习的未来"。嗣后，中国开始了"移动学习"的研究热潮。BB掌上学习、移动图书馆以及MOOC在线视频课程等移动学习平台相继开发和建设。

随着移动通信和智能技术的迅猛发展，"移动学习"作为一种强调以个体为主导的主观自觉、自主学习的可持续、非正式的学习创新模式，具有远程学习、电子学习所无法比拟的优势。它必将成为"引领未来学习"的不可或缺的一种学习模式。与此同时，目前在我国大力推进"互联网+"行动计划的驱动下，"移动学习"作为一种"互联网+教育"新业态，变革了传统学习模式，有益地辅助和延伸了课堂教学，较好地融通了课堂内外，提高了课堂的亲和力和针对性，日益受到高职院校思想政治课堂教学的青睐。

二、高职院校思政课选择"移动学习模式"的困境分析

当前，"00后"大学生已成为高校的主体。伴随信息化、智能化成长起来的新时代大学生，几乎人人拥有一部智能手机。据调查统计，他们每天使用智能手机的时间基本不低于1个小时，甚至50%以上的大学生超过3个小时，用以浏览网页、网络社交、娱乐、学习、购物等。③按理说，他们运用智能手机进行"Anyone、Anytime、Anywhere、Anystyle"的移动学习本应得心应手。然而，在高职院校思政课运用移动学习开展教学实践的现实却是另一番场景，遭遇到意想不到的困境与难题。

（一）存在教育主客体选择移动学习的动源不足的问题

移动学习作为一种以个体为主导的课堂教学有益补充的自主学习业态，强调的是主体

---

① 教育部《新时代高校思想政治理论课教学工作基本要求》，http://www.moe.gov.cn/srcsite/A13/moe_772/201804/t20180424_334099.html，2018年4月13日。
② 侯爽：《基于移动通信终端的培训机构教育平台设计与实现》，上海交通大学，2011。
③ 王鹏、左瑞玲等：《大学生移动学习现状调查及应对策略研究》，《高教学刊》，2018年第20期。

学习的主观自觉性。然而事实上，这却面临着教育主体与客体双向动源不足的教学困境。首先，作为教育客体的受众高职生，本来欠缺人文知识素养，又受"重专业、轻人文"思想的不良影响，加之思政课本身具有的政治性、理论化、抽象性等学科特性，在此共同作用下，他们对思政课的学习缺乏主动性、自觉性，"低头族""梦游族"常见于高职思政课堂。因此，他们自觉自主选择移动学习的动力相当不足。根据我们的调查，98%的"00后"大学生不喜欢选择移动学习方式来学习高职院校思政课程。其次，作为教育主体的授课教师尽管在思想认识上认同"移动学习"这种灵活、智能、泛在的教育教学新应用模式，但是囿于他们对"移动学习"模式研究不深、了解不透彻，以及受限于自身信息化教育教学能力水平。因此，他们本身也缺乏积极推动信息技术与教育融合创新发展、将课堂教学内容通过移动技术平台拓展到课外、开发与设计思政课移动学习资源、有效引导学生在思政课中运用移动学习等主观能动性，从而导致了移动学习在实际的课堂教学活动中缺少了一极重要的"助推器"，以至于移动学习更多地停留在认识层面而鲜见于广泛推广运用的实践中。

（二）缺乏合乎高职思政课/高职生特性的个性化移动学习资源

目前，在国家实施"互联网+"发展战略的助力下，政府和少数高校正在以项目为牵引加速推进教育信息化建设，譬如教育部的"移动教育"项目、北京大学的"移动教育理论与实践"项目、上海电视大学的"移动英语学习系统"、中央民族大学的"移动数字校园"等等[①]，打造出了一批移动学习平台，加之市场上也涌现出了诸如优学院、超星学习通等移动学习平台，这客观上为大学生获取海量的学习资源提供了有力支撑。然而，不可否认的是，这些平台都是基于大众需求而开发设计的公共资源平台，而非针对高校客户特定需求的量身定制，缺乏个性化设计。换言之，这些资源共享的平台，在开发设计上鲜有体现高职生学习特点及高职思想政治课特色的个性化移动学习资源，故而不能满足那些原本学习动力不足的高职学生在短时间内快速找到自己所需要的学习资源，以实现其"Anyone、Anytime、Anywhere、Anystyle"移动学习的需求。相反，他们要花费许多时间才能在海量的公共资源中找到自己所需所用的思政课学习资源，这让他们更加不愿意在思政课程学习中选择移动学习方式。

（三）免费网络（学习）资源的稀缺制约了移动学习的发展

目前，我省大部分高职院校的智慧校园建设刚刚起步，免费Wi-Fi无线网络环境尚未完全覆盖全校范围，即使少数高职院校实现了校园免费Wi-Fi全覆盖，但也受流量和网速的限制，学生难以流畅下载和查看一些学习视频和音频，严重制约了高职学生移动学习的情景体验。据调查，44.0%的大学生认为网速太慢或者无免费网络是制约移动学习的首

---

① 王鹂、左瑞玲等：《大学生移动学习现状调查及应对策略研究》，《高教学刊》，2018年第20期。

要因素。[①] 诚然，有部分高职学生为了享受网络生活，而自主接入 4G 或 Wi-Fi 等无线网络信号，但在需承担较高通信网络费用的情况下，他们对自己本不感兴趣的思政课采取移动学习的态度就显得很无奈甚至是选择回避。另外，由于学习资源的开发与设计成本较高，大多数学习资源都要收取一定的费用，以至于网上免费学习资源较少。学生要想获得较好的移动学习体验，需付出一定的经济代价，这就使得高职学生更多的是选择购买专业课程的移动学习资源，而很少会选择思政课之类的公共学习资源。显而易见，有限的 Wi-Fi 无线网络环境，较高的网络资费以及稀少的免费学习资源，便成为高职学生选择"Anyone、Anytime、Anywhere、Anystyle"移动学习方式的"拦路虎"，在很大程度上制约了高职学生移动学习的发展。

三、高职院校思政课推广移动学习方式的几点建议

针对当前高职院校在推广运用移动学习方式时所遇到上述瓶颈，我们将如何坚持以问题为导向，从客观实际出发，采取行之有效的措施，努力探索构建适合"00 后"高职学生特点的思政课移动学习模式，是摆在我们面前的一项重要课题。在笔者看来，当前我们应主要从三个方面苦下功夫：

（一）高职院校要加快推进智慧校园建设，为移动学习的推广打下坚实的物质条件

毫无疑问，目前高职院校校园网络网速不畅、通信网络费用太高等问题普遍存在，根本难以适应于移动学习所需要的"无缝学习"这一特质，也就成为制约高职院校广泛运用推广移动学习的重要因素。因此，高职院校要推进"互联网＋"教育教学改革，变革高职学生的传统学习范式，推动他们转向移动学习范式并养成一种学习习惯，从学校层面来说，首要的是必须拥有一个覆盖全校园的无死角的网络生态环境。对此，学校需抢抓国家教育部实施《教育信息化 2.0 行动计划》，推进信息、智能技术与教育深度融合，构建"互联网＋教育"一体化平台的重要机遇，花大力气研究吃透、充分利用教育行政部门大力发展"互联网＋教育"的利好政策，采取项目申报或引融社会资本的形式，加快推进"智慧校园"建设，打造免费、高速、无线网络信号覆盖全校园的网络基础设施，为学校运用推广移动学习方式奠定坚实的物质条件。

（二）结合高职生、移动学习与思政课三者特性，聚智汇力开发网络思政学习资源

通过搜索、筛选和整理现有移动学习平台学习资源，发现针对高职学生学习特点的思

---

① 同上①。

政课学习资源很少且缺乏系统性。这充分表明，基于高职学生学习基础差、学习动力不足等特质，移动学习"Anyone、Anytime、Anywhere、Anystyle"的特点以及思政课的"理论抽象化、思想政治性、阶级性"等学科特征，聚智汇力开发出适应高职学生个性化的网络移动思政学习资源，便成为我们今后努力的方向。要解决高职网络移动思政学习资源缺乏的问题，需从两方面发力：一是加强校际合作，按照"共建、互通、共享"的合作原则，双方或者多方联合开发设计思政课移动学习资源。二是强化校内聚智，整合组建思政课教师网络资源建设教学科研团队，按照"系统筹划、模块设计、团队研讨、个人制作"的原则，系统开发优质的高职思政课移动网络学习资源。同时，在开发设计过程中需结合高职生、移动学习与思政课三者特性，进行有针对性的组织实施。譬如内容要短小精悍、直观感性、形象生动，避免理性抽象，体现趣味性、交互性和差异性，使高职生在移动学习中获得与课堂教学不同视角、不同方式、不同境界的体验；提供学习方法策略和各章节学习要点，以便于每个人都能以自己喜欢的方式、合适的进度与难度进行移动学习，以增加他们移动学习的吸引力，等等。

（三）加速变革高职生学习的传统习惯，探索思政课堂教学与移动学习的无缝对接

"移动学习"作为移动通信技术和智能技术发展的时代产物，也是我们在"互联网＋教育"新业态下创新学习模式的一种必然选择。诚如有学者预测的那样："将来如果移动技术完全融合在我们的日常学习和生活中，以至于我们没有意识到那就是学习，那么移动技术教与学就成功了。"[①] 这就需要我们：一是高职思政课教师须从"为国家培育引领未来学习人才"的高度，以强烈的社会责任感和改革创新精神，积极响应《教育信息化2.0行动计划》，主动做教育信息化发展的时代"弄潮儿"，深入跟踪研究移动学习理论、技术及实践发展的前沿动态，结合实际，自觉运用到高职思政课教育教学改革实践中去，推动移动技术与思政课学习融合创新、无缝对接，探索出反映高职院校育人规律、高职思政课教学规律和高职生学习规律的中国特色移动学习模式。二是采取"边运用、边指导、边宣传"的思路，大力推动高职生逐步破除传统学习思维定势对移动学习和思政课的认知桎梏，因势利导，鼓励、引导他们利用智能手机除了刷朋友圈、浏览网页、看视频、听音乐、玩游戏、聊天等外，更应用于移动学习，并最终养成一种自觉移动学习的行为习惯。三是统筹兼顾思政课堂教学和移动学习两者之间的辩证关系，构建课堂教学与移动学习交互的学习模式。即要以课堂教学为主阵地，移动学习作为课堂教学的有益辅助，两者在教学内容、目标上都要交互融合，相辅相成，线上线下共同作用，以实现思政课教书育人效益最大化。

"移动学习"作为一种代表着"学习的未来"的学习创新模式，颠覆着我们传统学习

---

① 王琳：《大学生移动学习模式的选择困境与有效性评价》，《肇庆学院学报》，2016年第1期。

的行为习惯和思维范式，正在深刻改变和影响着我国的教育教学工作机制。《教育信息化2.0行动计划》的出台，"互联网+教育"成为时代发展大势，信息技术和智能技术与教育的深度融合成为必然，这势必将推动"移动学习"在我国的深入发展。然而目前，我国高职院校还存在诸多制约移动学习广泛运用发展的主客观因素，这需要政府、企业、学校等各方的通力合作，共同努力去解决。这也充分说明了在我国探索出反映高职院校育人规律、高职思政课教学规律和高职生学习规律的中国特色移动学习模式，任重而道远，需要长期艰苦的奋斗。

第三节 基于微信平台构建"概论课"交互式移动学习模式

党的十九大以来，以习近平同志为核心的党中央领导集体在不同场合反复强调，高校思想政治教育要切实贯彻落实"立德树人"根本任务，要全面推动习近平新时代中国特色社会主义思想进教材、进课堂、进学生头脑，培养德智体美劳全面发展的中国特色社会主义合格建设者和可靠接班人，培养担当民族复兴大任的时代新人。很显然，与专业课、其他公共课相比，《毛泽东思想和中国特色社会主义理论体系概论》课（以下简称"概论课"）在教学过程中不仅要解决学生"知不知道"的问题，更重要的是要解决学生"认同不认同"的问题。目前，面对"与网络共舞、个性张扬、价值观多元化"的"00后"大学生这一教育对象客体时，如何结合高校思政课学科特征、互联网移动技术以及"00后"大学生个性特性与学习特点，探索基于微信公众平台的交互式移动学习模式，让他们能主动、愉悦地参与课堂，参与课程学习，敞开胸怀去接受和拥抱中国特色社会主义意识形态，牢固树立"四个意识"、坚定"四个自信"，成为当前"概论课"教学改革的选择路径之一。

一、基于微信平台构建"概论课"交互式移动学习模式的必要性

（一）这是适应信息时代构建"互联网+"课程教学新业态的一种必然选择

随着物联网、云计算、大数据、区块链、5G移动网络技术等智能技术的迅猛发展，业已对传统教育的理念、文化和生态，教与学的方式等形成了巨大的思想冲击和深刻影响。对此，我国制订出台了《教育信息化2.0行动计划》，吹响了加快教育现代化和建设教育强国新征程的号角，提出"要适应信息技术特别是智能技术的发展，积极推进'互联网+教育'，坚持信息技术与教育教学深度融合的核心理念，加快推进教学方法改革，探索泛在、灵活、智能的教育教学新应用模式。"所以说，我们在高职院校思政课中探索运

用基于微信平台的交互式移动学习模式，是高校思政课主动顺应时代潮流发展、开展教育教学改革、构建"互联网+"课程教育教学新业态的一种必然选择。

（二）这是高职院校"概论课"提升亲和力与实效性教学改革的必然要求

根据对本校"00后"新生"手机或电脑使用情况"以及"'概论课'学习态度"两项调查，发现：89%的学生会使用智能手机，6%的学生使用平板电脑，5%的学生使用笔记本电脑来进行移动学习；而关于对"概论课"持什么态度，86%的学生表示不感兴趣，6%的学生表示感兴趣，8%的学生持"无所谓"态度。但是，《新时代高校思想政治理论课教学工作基本要求》（教社科〔2018〕2号）强调，"要深入研究网络教学的内容设计和功能发挥，不断创新网络教学形式，推动传统教学方式与现代信息技术有机融合""促进思想政治理论课教学有虚有实、有棱有角、有情有义、有滋有味"，不断提升思想政治理论课的亲和力和实效性。因此，改革高校思政课教学范式，构建适应高职学生学习特点、吸引学生眼球、激发学生学习兴趣的新的教学范式，成为势在必行的时代潮流。

（三）这是增强课堂的吸引力，从而破解高职"概论课"课堂困境的现实所需

目前，高职院校"概论课"课堂在学生"重技能轻人文""重专业学习轻政治素养和价值养成"思维定势，课程"政治性、抽象性、理论性"等学科特征，以及"灌输式"教学方法等综合因素的交织作用下，成为"清醒的学生没有发呆的学生多，发呆的学生没有梦游的学生多，梦游学生的没有玩手机的学生多"的"三多"低效课堂。同时，通过调查我们也发现，在"00后"学生群体中有76%的学生存在利用手机开展思政课移动学习的行为和愿景。因此，探索基于微信公众平台的交互式移动学习模式，有望成为一种为学生所接受、所期盼而达到破解高职思政课堂困境的教学改革现实路径。

二、"概论课"构建交互式移动学习模式的微信平台设计与开发

自从"移动学习"概念被传入中国后，出现了众多诸如基于短信、邮件、资源下载为主的学习工具为中心的学习模式；基于不同学习问题为中心的学习模式，基于学习资源为中心的学习模式，基于个人、小组自学为主的学习模式等移动学习建构模式。但是，这些单纯的基于学习工具、学习问题、学习资源、学习方式为中心的移动学习模式已不能满足当代大学生的学习需求，尤其是学习思政课这种政治性、理论性强的课程。为此，我们一直在探索基于微信平台，糅合"00后"大学生思想、行为和性格特性以及"概论课"的教学需求，集学习工具、学习问题、学习资源、学习方式为一体化的交互式移动学习模式。通过教学实践探索，我们发现构建这一模式的微信平台开发的关键着力点在于"平台界面架构及其功能的设置以及移动学习资源的开发与设计"两个基本问题。

(一)平台界面架构及其功能的设置与开发

开发实践中,本着营造亲和力和趣味性的设计原则,我们基于微信平台对其信息架构做了如下设置,以真正达到"交互式"移动学习的目的。

(1)在菜单界面上,我们采用了时尚简明的多层级菜单界面,按钮各自独立,内容简明扼要,以方便学习者快速跳转到自己所需求的模块。具体如下:①在一级菜单中设置了"多学习""多看看""多有趣"三个模块;②二级菜单作为其子栏目,默认隐藏状态,共九个,各有侧重,各有千秋。其中"思维导图""自学清单""作业清单"等栏目主要是呈现课堂教学和学生自主学习的要点,解决真学真懂马克思主义中国化理论成果的问题;"案例集库""图片展区""故事集锦"等栏目主要是以更直观的形式呈现与教学目标相关的案例、图片和故事,启发学生结合现实热点学习马克思主义中国化理论成果,解决马克思主义信仰、社会主义核心价值观"内化于心"的问题;"听听""说说""做做"等栏目主要呈现课外拓展延伸的相关内容,包括习语、关于讴歌中国共产党的领导、改革开放、从严治党、依法治国等视频,师生时事点评、心得感悟、大学生社会实践活动和报告等,解决马克思主义方法论"真用"和马克思主义信仰、社会主义核心价值观"外化于行"的问题。(详见图1)

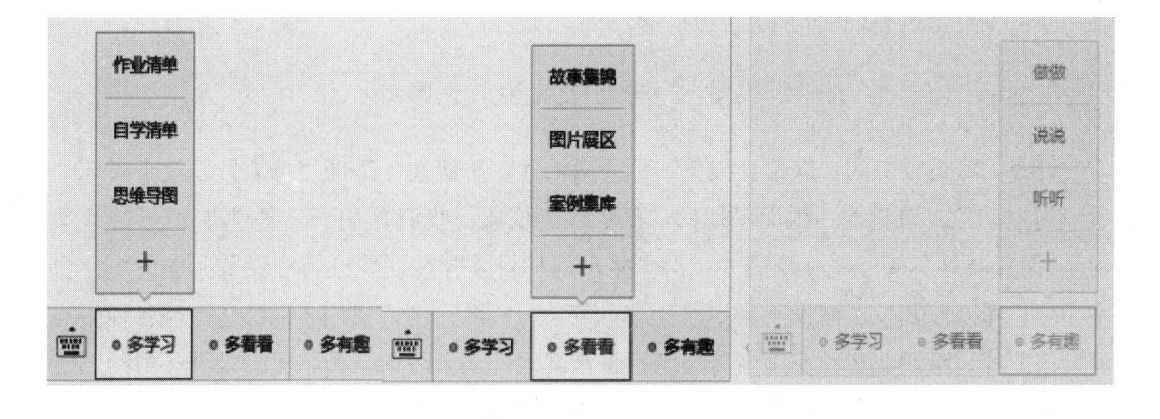

图1:"学习毛概"微信公众平台界面构设图

(2)在功能设置上,平台设置了阅读推送、自动回复、留言互动、内容分享、数据统计等五大功能,可以为师生提供内容发布、资源搜索、学习交流、信息传播、学习情况分析等服务,从而及时掌握学生思想动态、满足学生学习个性需求和动态了解学生移动学习情况,分析学生移动学习效果。

(二)结合学习主客体特性开发移动学习资源

根据目前思政课移动网上学习存在资源太少且理论性、抽象性太强,说教式仍占比很大而致使学生不愿运用移动学习平台学习高校思政课的现状,我们在开发"概论课"微信移动学习资源时做了以下创新：

1. 结合高职学生的知识结构特点，按章节设计学习思维导图

高职学生尤其是五年制学生学习基础差、人文知识薄弱，很多学生觉得"概论课"晦涩难懂，不知道学什么、怎样学，或者对所学知识一知半解。基于此，我们在开发这门课的学习资源时，首先应以章节为单位，把该门课的教学目标、教学重点、教学难点、知识要点以及逻辑联系制成一张张简单明了、逻辑清晰的思维导图，帮助他们学懂弄通各章节知识结构联系及其教学目标要求。

2. 结合高职学生的行为特点，按"碎片化"方式开发知识模块

从行为学角度看，"00后"大学生强调平等、自由，喜欢标新立异、创新思考、微言微语，厌恶传统说教式教学方式。对此，我们开发了自学清单栏目，教师在自学清单里根据教学目标设置学习指南、探究任务、争鸣话题和展示成果，并把系统化的知识体系切割成受学生欢迎和喜爱的"碎片化"知识片段，方便学生在课前随时随地开展移动自学模式。同时，教师可以根据自媒体时代人人都是发声器、传播源的特点，设置"我要争鸣"话题，引导学生进行思想交锋和经验分享，方便教师与学生交互学习，进一步了解学生思想状态，掌握学生意识形态工作主动权。

3. 结合"概论课"的课程特质，将抽象的理论化知识具体化

针对"概论课"的"理论抽象化、思想政治性、阶级性"等课程特质，以至于高职学生学习主动性、自觉性不强而呈现的"低头族"现象，我们开发了"案例集库""故事集锦""图片展区"等一些直观感性、形象生动的栏目，并在这些栏目中设置问题情境，引发学生思考。以开发"建设美丽中国"这一节学习资源为例，我们可以推送反映各种生态问题的图片、秦岭北麓西安境内违建别墅整治案例、太湖污染案例、保护太湖环境的杰出人物事迹故事、习近平同志关于建设美丽中国的重要讲话等学习资源；也可以设置"如何理解绿水青山就是金山银山""怎样使天更蓝，地更绿，水更清"等思考题，让学生学思结合，深化认识；还可以设置争鸣话题："中国特色社会主义建设是要 GDP，还是 GNP？我们大学生如何行动？"

同时，还可以在"听听"栏目中设置有关建设美丽中国的"专家观点""习语之声"等内容；在"说说"栏目中设置"学习交流"，让学生分享学习成果、交流心得感悟、探讨学习反思等；在"做做"栏目中设置"绿水青山，大学生在行动""美丽中国，你我他的责任""环境问题调查"等实践体验活动，彰显直观性、趣味性、交互性，使高职生在学习中获得不同视角、不同方式、不同境界的全新体验，从而提高高职思政课堂的亲和力和吸引力。

三、基于微信平台构建"概论课"交互式移动学习模式的教学创设

实现"交互"性，则是构建"概论课"移动学习模式的出发点和落脚点。为此，我们基于建构学习理论的内涵和要求，从课前、课中、课后三个过程环节探索了教师与学生在课堂与平台交互学习、交互探讨的形式。(详见图2)

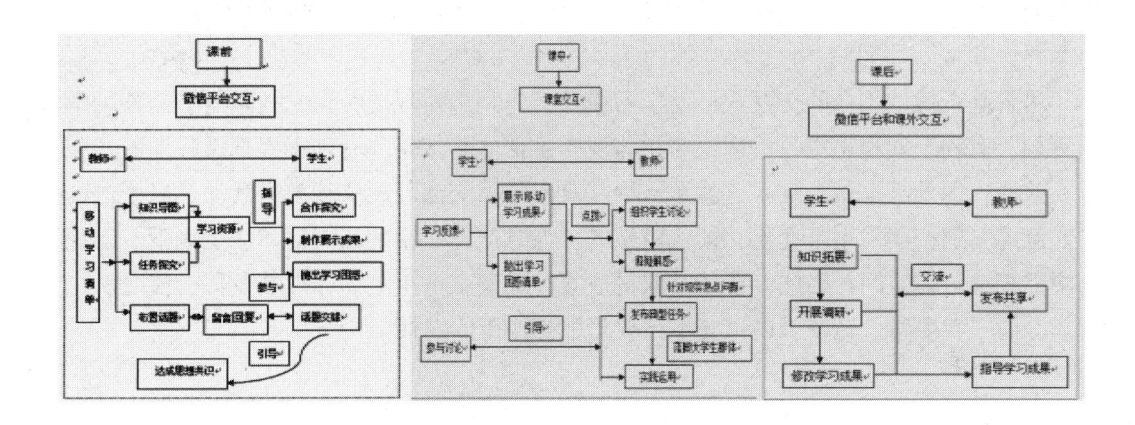

图2：师生基于微信平台"交互"学习探讨流程图

（一）课前的"平台交互"

师生开展学习信息发布与自主自觉学习。在开展某章节课堂教学的前两周，教师事先通过微信平台发布与所授知识点相关的移动学习任务清单和相应的学习资源，这包括知识思维导图、任务探究、"我要争鸣"等内容。学生依据发布的学习任务清单，自觉自主地开展网络学习，并自行组建5—6人的研究性学习小组，根据各自的认知与体认，交流完成探究任务，形成学习成果，列出学习困惑清单，借助微信平台留言回复功能开展话题讨论，达成思想共识。同时，教师与学生开展在线话题探讨，引导学生争鸣方向，归纳学生主要观点和分歧点，分析学生思想困惑、指点学生学习成果。

（二）课中的"课堂交互"

师生开展学习成果展示与问题释疑解惑。按照轮流不重复又叠加的原则，授课前由任意1—2组学生代表用15分钟时间以PPT的形式展示学习成果，简单明了地汇报本组成员所学、所获、所疑情况。教师用20分钟针对汇报小组的学习成果及其提出的问题，引导学生进行课堂讨论，在充分讨论的基础上进行点拨、释疑解惑。最后教师用10分钟结合现实热点和大学生群体，发布典型任务，引导学生运用所学思想、观点和方法看待社会热点、武装大学生思想、辨别是非对错等，强化大学生的学习和体悟，积极培育和践行社会主义核心价值观，使其内化于心，外化于行。

（三）课后的"线上线下交互"

师生开展学习交流反思与成果共享。课后，各小组学生根据师生课堂上的讨论、释疑、解答所形成的思想观点、交流成果，对本组成员的学习感悟与反思进行修改完善，教师择优推送各小组的学习成果至"说说"栏目发布。教师也可以在课外指导学生开展社会调查、现场观摩体验、实地参与行动等社会实践活动，并形成社会实践活动成果，推送至"做做"栏目发布，与学生广泛交流、共享成果。教师还可以要求学生在"听听"栏目观看纪录片或习近平总书记系列重要讲话，撰写心得体会、延伸拓展课堂，升华学生思想境界。

尽管基于微信平台的交互式移动学习模式，有利于实现传统课堂教学与微信移动学习的互补，有利于实现思想政治理论知识与现实生活体验接轨，有利于提高思政课的亲和力和实效性，但是从本质上讲，它就是一种"双向学习交流"的实践教学活动，只不过这种"交互式"的空间发生了变化，即从单纯的"课堂交互"空间拓展到"线上线下"的现实与虚拟相结合的空间。因此，要使其取得成效，关键在学生主体作用的发挥，使之从"要我学"向"我要学"转变，这也离不开教师主导作用的发挥。

第四节 故事述评教学法在高校思政课中的实践运用

2016年12月，习近平总书记在全国高校思想政治工作会议上就"如何开展思想政治理论课"这一实践问题做出了解答，提出"用好课堂教学这个主渠道""坚持在改进中加强""提升其亲和力和针对性"等新要求、新举措[1]。嗣后，中共中央、国务院、中共教育部党组等先后颁发了《关于加强和改进新形势下高校思想政治工作的意见》(2017年2月)、《高校思想政治工作质量提升工程实施纲要》（教党〔2017〕62号）、《新时代高校思想政治理论课教学工作基本要求》（教社科〔2018〕2号）等文件，从"课程思政"目标出发，对新形势下思想政治理论课教学提出了指导思想和解决思路。譬如"结合教学实际、针对学生思想和认知特点，积极探索行之有效的教学方法""自觉强化党的理论创新成果的学理阐释，努力实现思想政治理论课教学'配方'先进、'工艺'精湛、'包装'时尚的课堂教学改革，增强教学的吸引力、说服力、感染力"[2]"打造课程育人质量提升体系，全面推动习近平新时代中国特色社会主义思想进教材、进课堂、进学生头脑"；等等。为此，基于贯彻落实新思想、增强教学吸引力和课程育人效果的考量，我们尝试性地探索了"故事述评教学法"在思政课堂中的运用，取得了一定效果。

---

[1] 习近平：《把思想政治工作贯穿教育教学全过程》，新华网，http://news.xinhuanet.com/politics/2016-12/08/c_1120082577.htm，2016年12月8日。

[2] 教育部：《新时代高校思想政治理论课教学工作基本要求》，新华网，http://education.news.cn/2018-04/26/c_129859868.htm?from=singlemessage，2018年4月26日。

一、高校思政课故事述评教学法的内涵、特征及其教学价值

（一）故事述评教学法的内涵及其突出特征

回顾总结该教学法在思政课堂中的实践运用，所谓"故事述评教学法"，就是指从基于大学生这一受众对象的知识结构和思维特点出发，在坚持以教师为主导、以学生为主体的教学法则指导下，结合思政课教学知识点内容，课前由老师布置学生受众通过网络、图书、期刊等途径，收集、查询、学习既与授课内容紧密相关又能体现出思想价值引领的中华优秀传统典故，或红色故事，或新时代故事，等等，课中由教师根据教学内容、进度与需要，引导学生叙述课前已预备的与此教学知识点相关的富有哲理或教育意义的故事，然后结合社会热点问题或思想观点组织启发学生加以拓展评论，以提升思政课教学吸引力和亲和力，有效实现课堂教学目标而组织、设计、开展的一种教学方法。

据此，我们认为，"故事述评教学法"与以赏析故事为主的故事教学法和以体验故事为主的故事情境教法相比，其突出的特征在于"评"。这是由青年大学生的知识特征和思维特质所决定的。即基于教学知识点，切入故事，从其趣味性、思想性、寓意性入手，深度挖掘故事本身的内在思想价值，深化大学生对该故事本身的认知，并由此拓展延伸、引导启发学生评论与此相关的社会热点问题、现象或思想观点，以达到对大学生进行思想引领的教育目的。

（二）故事述评教学法的教学价值

经过近几年的尝试性教学实践，从课堂教学气氛、效果和学生反馈信息看，这种教学方法在高校思政课的教学运用具有较好的教学价值，达到了预期效果。这主要体现在：

1. 从"学"的角度看，通过"课前寻、课中评"的方式，极大地激发了大学生学习思政课的主动性

长期以来，思政课因其意识形态化、理论抽象化和公共课程化等学科特性，加之高职学生对思想政治专业知识的相对缺乏而停留在"一知半解，或不求甚解"的学习状态，这双重消极效应致使高职学生对这门课的学习主动性不强、积极性不够，往往持被动、应付态度，以致高职院校思政课堂"低头族""梦游族""畅想族"等厌学现象频发。而采用故事述评法教学，课前教师结合教学知识点，坚持以问题导向，引导他们带着问题自主地去查询与教学内容相关的故事、掌故；课中教师以教学知识点为基点，引导学生叙述某一故事并加以诠释说明，继而拓展延伸至与此相关的社会热点话题，启发学生开展评论，从而通过故事讲述和拓展评论的方式，将教学知识点化抽象为具体、化繁杂为简单，帮助学生进一步理解所学理论知识，领悟其中内涵真谛，极大激发了学生的学习兴趣和主动性。

2. 从"教"的角度看，综合采用"引导、启发、延展"的教学法，有效地达成了课堂教学的互动性

反思当前高职院校思政课堂的教学实践，客观上确实存在许多亟须改进和提高的地方。这固然是有多种主客观因素交织作用而造成的。然而不难发现，从"教"的角度反思，当前思政课堂教学尽管绝大多数教师均能采用多媒体现代化教学手段，但是从教学实践来看，仍未能跳出"灌输式"教学的窠臼。即思政课堂教学仅是从教学形式上由传统的"粉笔＋黑板"式转变为"PPT"播放式而已，其实质的教法仍是"灌输式"。课堂上只有"教"而无"学"，教师讲到哪一张PPT学生就看到哪里，几乎成为一种教学常态。对此，我们探索的"故事述评教学法"，综合运用研究学习式、引导式、启发式、评论式等多种教学法，通过"课前督促学生有针对性地开展搜寻查阅研究故事；课中结合教学知识点启发学生切入故事引证观点并以此组织引导学生拓展思考评论与其相关联的社会现象或思想观点"等方式，尽最大可能地发挥"学生主体、教师主导"的作用，在某种程度上比较有效地解决了思政课堂教学互动性的难题。

3. 从"育"的角度看，通过"深度挖掘、延伸评论"的方式，较好地发挥了"思想引领"育人作用

按理说，"理论武装""思想引领"和"价值传导"是思政课堂教学理应承担的育人功能。但是不可否认的是，当前思政课课堂教学更多的是注重灌输式的"理论武装"，却因其抽象性、阶级性所带来的教学难点，而在实际教学中选择性地忽略了深度挖掘其内含的"思想引领"和"价值传导"的思想政治教育元素，弱化了其育人功能。通过"故事述评教学法"，可以通过历史典故、红色故事、寓言故事等掌故的叙说和评论，深度挖掘故事本身的内在思想价值以及延展启发学生对社会相关热点问题或思想观点的评论，让学生认可和认同教学理论知识点及其所蕴含的思想价值，内化于心、外化于行，坚定理想信念，树立正确的世界观、人生观、价值观，从而较好地发挥了思政课所承载的育人功能，实现了理论知识传授与思想政治教育的有机统一。

二、高校思政课运用故事述评教学法的关键着力点

总结反思多年的教学实践，要实现故事述评教学法运用于高校思政课堂所取得的预期效果，我们须在教学过程中处理好以下几个关系问题：

（一）故事萃取与思想引领的关系问题

故事述评教学法的出发点和落脚点，就在于通过叙述故事的方式以引起学生对所学知识点的兴趣，从而主动深入地思考问题，最终达到思想引领、教学育人的目的。由此可

知，运用此方法并实现其有效性的基础与前提就是"故事萃取"问题。这需要我们引导学生在搜寻、发掘故事时，应充分考量故事本身的典型性、思想性以及与教学知识点的相关性等问题，尤其要注重故事思想引领的价值取向问题。

（二）教师主导与学生主体的关系问题

故事述评教学法的突出特征就是"叙"与"评"，其中以"叙"为基础，以"评"为核心。教学实践中，通过"叙"和"评"，以帮助大学生坚定理想信仰，树立正确的"三观"，养成完全人格。不难发现，在"叙"和"评"的教学环节中，必须坚持"学生主体、教师主导"的教学法则。这主要体现在：课前"寻 / 讲"故事环节着力发挥学生的主体作用，要求他们在教师的引导下自主自觉地去查阅搜集相关故事；课中"评论"环节则注重在教师的点拨、启发下发挥学生的主动性、积极性和创造性，各抒己见，阐述自己对故事的体认与启迪。

（三）叙述评论与课堂驾驭的关系问题

教学实践中，故事述评教学法最难把握的关键点之一在于教师的课堂驾驭能力。首先，教师要让学生根据教学进度能够自如地在自己的引导启发下比较轻松地切入教学所需的故事并加以诠释。这需要教师与学生密切配合，而这种配合度需要两者之间的反复训练才能达成。其次，评论过程更是检验教师课堂驾驭能力与知识广博与否的试金石。课堂上，教师对学生的评论必须做到"收放自如"。即是说，围绕教学知识点，教师既要适度放开，让学生所叙故事具有一定的广度；又要把握好学生所叙故事的深度与精简性，不可漫无边际，也不可就事论事，以免偏离"思想引领"的育人目标。

（四）点评升华与课堂育人的关系问题

这是思政课堂教学过程中教师所必须掌握的一个常态化教学技巧问题。高校思政课堂运用故事述评教学法的核心要素在于以点带面地"评"，评出事中之义、事外之音、事后之行，更关键的是要通过评析来规范大学生的思想和行为。"评"的技巧及其效果直接决定了该教学法运用的效度。这其中的关键难点在于点评的升华，即紧扣教学知识点，运用故事的趣味性吸引学生的关注度，最重要的是通过挖掘故事所蕴含的深刻思想价值来诠释所授知识点的当代意义，通过学生结合所授知识点的故事阐述与评论，引导学生进行现实问题的思考，以达到课堂育人的目的。换言之，故事述评教学法不能就故事论故事，仅囿于叙说故事学习知识点的层面，更重要的是需评论故事以挖掘其内在思想性，以帮助学生认知现实问题。

三、故事述评教学法在高校思政课教学中的应用探索

通过我们实践教学探索发现，要实现故事述评教学法在高校思政课中的实效性，需把握好课前准备、课中实施、课后反思三个环节。这也高度契合了教育部对高校思政课教学所提出的"坚持全流程管理，贯穿思想政治理论课课前、课中、课后各环节"的基本要求。[①]

（一）夯实基础：课前师生双向互动，制作优化"故事化"学案

课前按照"教师主导，学生主体"的教学原则，充分交流互动，制作优化"故事化"学案，是故事述评教学法运用于高校思政课取得实效的基础与前提。对此，这既需要发挥教师悉心指导的主导作用，更要发挥大学生自主学习的主体作用。首先，教师要在课前将高校思想政治课适用于故事述评教学法的知识点进行"专题化"重构，且根据知识点特性提出育人目标和查阅搜寻相关故事的方向性宏观指导建议，引导学生在一定时期内制作那些能够贴近学生特点、贴近教学内容、贴近教学和育人目标、贴近实践的故事及叙说评析学案，并重点指导学生在实践中不断优化学案。其次，学生在教师的指导下自主组建3—5人的学习小组团队，选择某一"专题化"教学内容开展小组研究性自主学习，实行头脑风暴法，形成故事叙说评析学案。学案内容必须包含由谁来叙说故事、叙说什么故事、怎样来叙说这些故事、从哪些角度来评析故事、评析故事的最终落脚点在哪里等内容。总之，本环节需遵循的流程为：

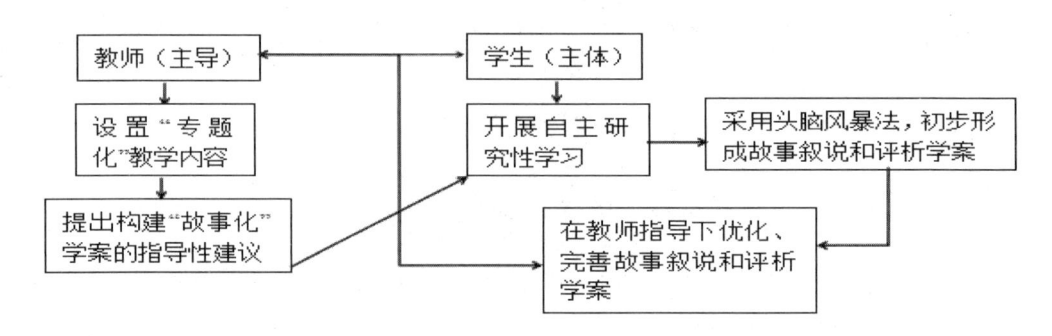

（二）把握关键：课中教师引导学生述评故事以塑育其"三观"

高校思政课运用故事述评教学法的最终目的就在于通过紧扣教学知识点的故事述评激发学生学习毛泽东思想和中国特色社会主义思想的积极性、主动性以及以故事的趣味性和知识的理论性相结合的评论启迪学生认知世界、明辨是非、坚定理想信念、践行社会主义核心价值观，树立正确的世界观、价值观和人生观。这需要我们做到：①结合当代大学生的思想特点和行为方式，用他们喜闻乐见的语言交流方式和新媒体引导他们参与故事的评析和课堂辩论，让他们在述评（学生）、总结（教师）中形成对马克思主义理论和主流思

---

① 教育部：《新时代高校思想政治理论课教学工作基本要求》，新华网，http://education.news.cn/2018-04/26/c_129859868.htm?from=singlemessage，2018年4月26日。

想的认同与共鸣，最终使其真正内化于心，外化于行。②注重故事的典型性与思想性。譬如，讲授"社会主义核心价值观"知识点时，可以从"南京彭宇案"、"天津车主许云鹤案"所反映的"负面"社会问题出发，引导学生叙说一些有关"见义勇为"的中华传统优秀文化故事，从正反两方面引发学生对"老人摔倒到底该不该扶"这个问题的辩论，以澄清是非，净化大学生思想阴暗面，重塑诚信友爱公平正义的价值观。③注重引导学生开展反躬自省式的思考，以在故事述评中明对错，辨是非，立信仰，塑"三观"。

（三）有力保障：课后教师注重不断反思总结教法得失以臻完善

马克思主义认为，实践是检验真理的唯一标准。而实践检验的过程在某种意义上说也是一个不断反思总结的过程。实践证明，运用任何一种教学法均会因受不同授课对象、授课环境和条件以及教师自身能力水平和准备的充足性等因素的影响而产生迥异的课堂效果。故事述评教学法在高校思政课中的运用亦是如此。这一教学方法论规律也就决定了我们要在高校思政课中熟练运用故事述评教学法并取得最佳课堂效果，则需要我们必须进行课后教学反思：①运用该教学法的总体课堂效果如何；②萃取的故事与所授知识点的紧密结合度怎样；③所叙故事是否典型，思想价值如何；④引导学生故事评论是否脱离了教学知识点；评论是否客观合理；评论的价值取向如何等等；⑤需要怎样改进和优化，能否和其他教学方法融会贯通等等。

故事述评教学法作为一种创新教法，在很大程度上需要发挥教师的主导作用和学生的主体作用。这不仅要求教师的教学技能和知识储备有较高水准，也对学生的自主研究学习能力提出了新要求。只有师生双向互动、积极配合，才能发挥其最佳效果。加之高校思想政治理论课本身所具有的理论抽象化、思想政治性、阶级性等学科特征，决定了并非所有的理论成果知识点都可以通过故事述评教学法来组织开展教学活动。因此，我们在高校思政课教学中应把握运用这种教学方法的"度"和"量"，积极探索把它和其他教学方法的交叉融合，从而"促进思想政治理论课教学有虚有实、有棱有角、有情有义、有滋有味"。

第五节　产教融合下高职思政理论课实践教学的创新

深化产教融合是促进职业教育发展的重要举措，产教融合将政府、行业、企业均纳入高职院校的育人体系中，围绕人才培育、创新创业、技能培训为学生提供全方位指导，让学生有更多的实践契机，也为思政理论课实践教学的创新带来了新的资源支持。

一、高职思政理论课实践教学现状分析

（一）实践教学安排不合理

在思政课教学中，理论、实践均处于重要地位，实践教学的顺利开展，要具备明确的目标、整体的教学规划和教学大纲，并将实践渗透在科研、教学、校企合作、就业等活动中。然而，在具体的思政课教学中，却一直偏向于理论内容，课堂依然是主阵地，高职院校很少通过讲座、社会实践、社团素质拓展等渠道来开展思政实践教学，在顶岗实习期间，也是以专业知识的传授为主，思政课实践教学目标不够明确、随意性较大、总体上稍显薄弱，实践活动也存在随意性，缺乏完善的标准。

（二）实践教育主体单一

在思政课实践内容的教育主体上，多是以辅导员、思政教师为主，此类教师群体中，以年轻教师居多，这类教师学历高，系统接受过思政教育培训，能够胜任理论教学，但是却普遍缺乏实践经历，在实践教育上，显得心有余而力不足。由于缺乏经验，很难掌握好学生在实习环节中心理和思想上的变化，针对学生实践中遇到的问题，不能予以针对性的引导，在具体的教学内容上，也更加侧重于理论，教学内容与学生实际生活脱离，影响了思政教育的实效性。

（三）教学手段不够新颖

实践是思政课教学的一个重点环节，需要落实到每个学生之中，实际上，不少高职院校渴望为学生提供更多的思政实践学习机会，但是由于实践基地较少，加之资金、人力的限制，很难达到理想成效。加上当前思政课实践教学手段不够新颖，让很多学生认为思政课学习内容牵强、抽象、脱离实际，说教式的教学模式不仅无法让学生信服，也很容易出现排斥心理和厌学情绪。从具体的实践教学方法来看，多是为固定的教师、课堂、教材版

本，实践内容没有及时根据企业用人标准来调整，对于学生而言，他们普遍对思政课实践缺乏深入认识，在参加实践时，玩手机、聊天等现象屡见不鲜，致使本就有限的思政课实践学习机会沦为形式。

二、产教融合下高职思政理论课实践教学的创新

（一）科学规划思政理论课实践内容

思政理论课与实践内容的教学目标一致，均是为帮助学生树立正确价值观，养成良好的职业态度与道德观念，具备法治理念，提高学生的市场竞争力，让他们可以成长、成才。在产教融合背景下，高职院校的各门课程都有了改革机遇，思政课实践也是如此，在实践课程设计上，要引入顶层设计理念，进行科学部署，让实践、理论之间成为一个系统工程，要求学生管理处、就业办、教务处、团委等各部门共同参与，推进实践教学的发展。同时，加强思政教师团队的建设，改变以往填鸭式、灌输式、人人可上的教育理念，除了现有思政教师外，还要吸纳企业人才、行业专家，共同为思政教学提供指导，实现教师团队的产教融合。

产教融合背景下的思政实践课程安排还要按照国家文件部署与教育部最新要求来调整课程方案，如，针对大一学生，可开展职业生涯规划、哲学与人生实践课程，对于大二学生，开展职业道德与法律、经济政治与社会实践课程，并为学生提供安全教育、心理健康教育选修课程，在考核方面，理论课占比60%，实践课占比30%。

同时，在思政实践课程上，大力推行"学分银行"模式，在2019年颁布的《国家职业教育改革实施方案》中，对于"学分银行"做出了明确规定，针对每一位大学生，设置学习账号，根据思政实践课程内容与分值来合理划分，在每完成一项实践内容后，学生即可登录平台将获取的学分存入"银行"，"学分银行"将学生在校期间的行为、思想、学习等动态表现出来，可查询、可追溯，此类模式可以显著提升学生参与思政课实践的主动性，发挥育人目的。

（二）丰富思政理论课，实践课程内容

产教融合下思政理论课实践教学内容需要形成课程思政思潮，发挥思政课堂与专业课程的协同效应，打造出全员育人的新格局，在具体的教学体系上，需要将思政课实践看作系统化的工程，将各类内容植入专业课程与思政课程，拓宽施教路径。借助产教融合的契机，进一步在实践中渗透企业文化，利用学校的优势资源，在思政实践中，引入与企业相关的文化教育内容，渗透工匠精神，要求学生做到爱岗敬业、依规做事，将与学生专业学习的岗位要求、职业素养融入实践内容，通过学习合作企业的岗位要求、企业文化等，让学生形成与企业工作相吻合的工作技能和态度，为后续就业奠定基础。同时，在实践内容中，还要与职业精神相结合，当前的思政课实践教育并非单单是思政教师的重任，专业课

教师也需要承担相应的教育职责，与思政课教师相比，专业课教师经验丰富，多有在企业中实践的经历，其言传身教对于学生而言更具说服力。对此，在专业课教学中，要增加实践内容，在为学生讲授专业知识时，专业课教师要利用自身的实践经历挖掘企业中的先进事迹、典型人物等，引导学生树立正确的职业理想，提高其职业使命感。对于思政课教师，要强化与专业课教师之间的联系，通过各类渠道了解企业、行业动态，主动学习，获取与思政实践相关的知识，提高自身的实践教学能力，了解各个专业学生对应的职业精神和职业道德，更好地将其融入实践教学。

另外，在产教融合背景下，学生有了更多到企业中参与实训的机会，因此，在思政课实践上，也可借鉴专业课教学方式，推行双导师模式，在学生实习期间，为其配备校外导师，除了负责专业知识教育外，还负责学生实习期间的思政教育、德育指导，跟踪学生心理状态和思想的变化，开展关于规章制度、专业知识与企业文化的培训，避免校内教学与校外教学出现脱节。

（三）创新校内思政理论课实践教学

校内思政课实践教学是思政实践的短板所在，长期以来，在校内思政课教学上，大多是为理论说教，学生参与实践的机会并不多，对此，在思政课堂上，需要丰富实践途径，通过合作讨论、影视欣赏、辩论赛等方式锻炼学生分析、解决问题的能力。并放眼于整个校园，利用学风建设、校园文化建设来开展思政课实践，如，在学校内举行经典诵读活动、号召学生参与光盘行动、推选校园文明代言人等。并定期邀请优秀毕业生、行业专家、技术能手等进入学校，开展专题讲座，通过潜移默化的渗透来创新思政课实践教育，让学生逐步养成良好的习惯。

另外，在校内思政课实践教学上，还要发挥新媒体的作用，新媒体内容丰富，借助新媒体，能够为学生提供种类齐全、内容丰富的线上实践素材，将实践活动从线下延伸至线上，让思政课实践教学更具吸引力。在具体的内容上，可针对高职学生在不同阶段的学习需求来构建网络平台，让学生能够主动与教师交流，解决其在在校、实习环节中的思政实践障碍。

（四）强化校企之间的深度衔接

产教融合模式下，学校、企业、政府之间的连接更加紧密，高职院校可充分利用企业、政府的资源开展思政实践教育，将思政实践拓展至企业中，可以让学生主动吸收企业的职业理念与企业文化，养成正确的职业观。高职院校可将企业请入学校，利用学校自身优势与企业共建实践基地，推行校企合作工作室、订单班等，学生可直接感受企业文化与纪律理念。当代大学生在各类因素的影响下，常出现价值观混乱、人生规划不清晰等问题，若未予以正确引导，会影响学生后续发展，在校企合作中，能够直接看到学生的心理、思想状态变化，根据其表现予以一对一指导，让学生树立正确的就业观与价值观。在实习过程中，由于学生分散在不同企业中，学校力量有限，思政实践教育成本较高，因此，学校可借助微信公众号、微信群等渠道开展实践教育，要求学生每日按要求签到，每周汇报本周工作动态和思想动态，由思政教师针对学生在实习中的困惑予以解答，引导学生用乐观、积极的态度对待工作。为了实现校企之间的深度衔接，还要解决学校与行业、企业的"两张皮"问题，使各方可以具备共同的信仰，以立德树人作为教育目标，摒弃原有的本位主义，提高教育凝聚力，形成承诺遵循，这是产教融合的一项前提条件，高职院校、企业属于不同组织，其性质具有显著差异，校园文化、企业文化之间尽管具有联系，但其本质却不同，为了保证思政实践教学的实效性，要促进两种文化的相互融通，将企业文化带入思政实践中，也要将社会主义先进文化、革命文化以及中华民族优秀的传统文化带入企业生产过程中，使学生无论在校内实践，还是在校外实践，都能够接受优秀文化的熏陶。

高职院校是我国职业教育的重要渠道，其目的是为了培育社会需求的一线技能型人才，在高职教育中，思政教学是其中的灵魂工程，旨在健全学生人格，使之具备正确的三观，能够做到理论联系实际。针对当前高职院校思政实践教育的种种问题，在实践教学中，要利用产教融合的契机，创新实践教学模式，针对实践中的问题做出深入调查，找到行之有效的对策，从多个层面来改革与创新，让实践能够与理论之间实现深度结合。

第六节 "中国国防"语境下高校军事理论课教法探索

"中国国防"是高校军事理论课的开篇章节，其教学目标在于帮助学生"树立正确的国防观、增强国防意识、激发爱国热情"[①]。"首战即决战，一战定乾坤"。教学实践中，如何教好"中国国防"这一章节，是关乎激发学生学习该课程兴趣、提升课堂教学效果、达到教学预期目标的关键一环，具有至关重要的牵引定局作用。

一、高校军事理论课的教学困境

目前，军事课程虽是高校开设的一门必修课，对提高大学生的国防素养发挥着重要作用。但不可否认的是，军事理论课教学中也存在诸多困境，主要体现在：

（一）"学情"困境

大学生对军事理论课程缺乏正确认识，学习态度不端，学习兴趣低，学习动力不足。我们教学发现，有些学生因存在"我又不参军入伍，学军事理论有啥用""我们不是军校，

---

① 教育部、中央军委国防动员部：关于印发《普通高等学校军事课教学大纲》的通知（教体艺〔2019〕1号），2019年1月11日。

为何要学军事理论""军事理论课与所学专业课没有任何关联，学它有何用"等等质疑心态与认识偏见，从而在内心上产生了对学习此门课程的抵触心理，以致"身在曹营心在汉"，心不在焉。也有些学生，尤其是女生本来就对国际国内发展大势、国家安全、国防军事等方面的信息流、知识流毫无兴趣、从不关注，更遑论要他们对该课程感兴趣，投入足够精力去认真学，深刻悟了。还有部分学生因存在"为了学习而学习""为了上课而上课"的心态而对学习军事理论课程抱着"无所谓"的心理，缺乏足够的学习动力。少数存在"手机迷""佛系心""躺平态"等"异类"学生就更不用说了。正是学生这般迥异的学习心态、学习认知、学习动机、学习行为，致使军事理论课程教学课堂气氛不浓，教学质量偏低，难以达到预期教学目标①。

（二）"师情"困境

授课教师的"非专业化"背景，缺乏必备的军事理论知识，课堂教学难以得心应手。目前，高校尤其是高职院校一般是辅导员、思政课教师、行政人员兼教军事理论课。他们几乎都是"非军事专业"人员，没有足够的军事理论知识储备和部队院校教学经历，也几乎没有接受过军事理论课的专业培训，更没有从事这方面的研究及成果。因此，授课教师对军事理论课的整体架构和理论体系缺少科学、全面、系统的认识，对各章节之间以及章节内各知识点之间的逻辑结构关系缺乏正确把握，以及对本课程的教学重点、难点问题难以正确把握，等等。课堂教学中，他们极易因自身知识瓶颈问题而对某些授课知识内容产生盲点，难以进行课堂引导与知识延伸②；或因对"课程知识结构内在逻辑关系和教学重难点"把握不准而出现授课头重脚轻、主次不分等现象。这些都会直接影响学生的听课热情，导致教学效果大打折扣。

（三）"教情"困境

课堂教学"为授课而授课"，教学方式方法陈旧简单，缺乏价值引领，课堂效果差。当前，课堂教学是高校军事理论课的主要载体和依托；大班授课是其主要教学形式；讲授知识是课堂教学的主要方式；PPT演示、视频观看是授课的主要教法。尤其是，尽管军事理论课蕴含着丰富而鲜明的诸如"强军报国""居安思危""富国强兵""军民融合"等"思政育人"元素，具有极强的"课程思政"功效。但是部分授课教师却仍固守"为授课而授课""为教知识而教知识"的僵化滞后思维，只注重课程知识的传授，忽视了对课程知识背后的价值引领。即未能自觉地认真梳理挖掘该课程的"思政育人"元素，将课程知识与价值引领有效结合③；未能适时开展"国防思政"教育，脱离了军事理论课教学的原旨初衷。

---

① 赵崇阳、任笑笑：《高校军事理论"课程思政"教学现状与改革路径探析》，《教育教学论坛》，2019年第42期。
② 杨军、孙长江、陈泉杉：《多维度、立体化教学模式创新研究——以高校"军事理论"课程为例》，《教育教学论坛》，2021年第19期。
③ 游毅文：《"课程思政"视角下高校军事理论课教学路径探析》，《无锡职业技术学院学报》，2020年第3期。

由是，课堂教学呈现出教师"一人堂、满堂灌"，学生"看专业课书籍、玩手机、睡觉"等弊端；教师教法陈旧简单，学生参与度低，课堂气氛沉闷，严重影响了课程的吸引力与实效性。

二、"中国国防"教学内容的基本特点

认真仔细阅读"中国国防"这一章节内容，不难发现，本章节教学知识点具有以下鲜明特点：

（一）"概念定义"诸多

本章节教学内容涵盖了"国防概述""国防法规""国防建设""武装力量""国防动员"五部分，涉及与此相关的概念、定义多达40余个，且都是以军事政治术语或法律术语进行诠释。这种枯燥乏味的"概念（定义）化"教学内容，最易让学生形成排斥心理而陷入学习困境。同时，这也极大考验着授课教师的理解阐释能力与教学转化能力。如果授课教师不能精准把握与理解这些概念（定义）化的军事理论知识，也不会对其进行主次轻重地教学选择和采取合适的教法，而是一味地"从概念到概念"讲述，则极易陷入教学困境。

（二）"国防军史"简化

本章节教学内容涉及了"中国国防发展、国防成就、人民军队发展"等板块的国防军事历史，横跨了中国古代、近现代发展的历史。这些教学模块知识点虽然历史维度大，但内容简约。这就需要授课教师具有较强的军事历史知识素养。譬如"国防的历史与启示"，覆盖了中国几千年来的国防意识、国防教育、国防理论及国防建设发展的得失。授课教师只有运用丰富的军事历史知识，纵横捭阖、明理释义，才能深化学生的国防认知，提升其国防意识。又如"国防成就"，涉及新中国成立以来"国防领导体制""武装力量建设""国防法规建设"等方面70余年的发展变迁。这需运用历史比较法，以前后成就的发展史对比演绎，方可厚植学生爱国强军情怀。再如"人民军队发展历程"，也是横跨了人民军队90余年的发展历史。只有厘清人民军队在革命化、正规化、现代化建设发展中所历经的"凤凰涅槃"式变迁史，才能增强学生爱军拥军参军意识。

（三）"法律条文"较多

本章节教学内容"法律条文化"现象亦比较明显。它主要涉及我国《宪法》及《国防法》《兵役法》《国防动员法》《国防教育法》《军事设施保护法》等法律的相关条文近40条，涵盖了"军民融合""武装力量""公民的国防义务和权利""国防的对象、目的与手段"等教学模块内容。这在很大程度上需要授课教师必须掌握一些与国防军事教育有关的基本法律，熟悉其条文内容，吃透其条文精神，在课堂教学中才能得心应手地运用，鞭辟入里

地讲述。

（四）"知识内容"简缩

本章节尽管涵盖了"国防概述""国防法规""国防建设""武装力量""国防动员"五大教学模块，信息量很大，但是各教学模块的知识内容却相当精简、浓缩。有的仅是概念阐述，如"国防体制"；有的只是法规条文阐释，如"公民的国防义务与权利"；有的只是简单地罗列说明，如"国防类型"等等。这需授课教师在实际课堂教学中有选择性地做适当的知识延伸与拓展，或创新教法，让学生参与其中，强化师生教学互动，帮助学生深化对这些知识内容的理解与把握。

三、"中国国防"课堂教学的方法创新

基于"中国国防"章节内容的特点以及高校军事理论课的学情、师情、教情现状，为了尽最大可能提高课堂教学效果，激发学生的学习兴趣与学习动力，我们除了运用案例（战例）植入法、讨论探究法、启发式等常见的教学方式方法外，还探索了一些新教法，收到了一定效果。

（一）"以史诠释"法

即运用历史思维，根据课程的相关教学模块知识点，有针对性地撷取与此相关联的国防军事历史，加以论证说明或阐述拓展，让学生在聆听精彩的历史故事、掌故或史实、史例中体认道理，激发情感，增强其国防意识。譬如讲述"国防的历史与启示"时，我们通过简述春秋战国时期齐、魏、楚、秦等诸侯国分别经过管仲变法、李悝变法、吴起变法及商鞅变法而后成就中原霸主的历史，以及先秦诸子尤其是兵家、墨家、法家为应对这个"动荡纷争、群雄逐鹿"时代而著书立说、百家争鸣，形成了《孙子兵法》《吴子》《孙膑兵法》《司马法》《尉缭子》《六韬》等军事杰作的史实，既论证了我国国防理论的源远流长和博大精深，更揭示了"富国"与"强兵"之间的辩证关系。我们又通过汉朝"犯我强汉者，虽远必诛"和唐朝"天边饮马，所向无敌"所彰显的国防实力与北宋时期"以文制武""重文轻武"而积弱积贫、蒙受"靖康之耻"的历史对比，阐述了"有国必有防，无防国不立，防强则国安"的深刻道理。

（二）"研究学习"法

也就是由学生按照"自愿、必需"原则，以5—6人为单位，组成若干个研究学习小组，设组长1名；围绕教师事先布置的主题任务，组织成员通过万方、维普、知网等电子数据库与图书杂志期刊，自主查阅资料、开展学习研讨，形成学习成果；由组长代表进行

课堂交流的一种学习研究教法活动。譬如讲授"我国国防战略与政策"时，我们可以安排学生查阅国家主要领导人的重要讲话、重要报告、指示以及国家政策文件，摘录学习有关"我国实行积极防御的国防战略与政策"的思想观点与政策论述，如"人不犯我，我不犯人；人若犯我，我必犯人""有理、有利、有节""对外永远不称霸，决不侵犯别人，也决不允许别人侵犯中国""严守自卫立场、坚持后发制人""中国不同任何国家或国家集团结盟，不参加任何军事集团。中国永远不称霸，永远不搞扩张""把预防危机、遏制战争、打赢战争统一起来，把备战和止战、威慑和实战、战争行动和和平时期军事力量运用作为整体加以运筹"等等，研究讨论，提炼出其中的共性原则。通过"查阅摘录→学习研讨→课堂交流"，化"被动学"为"主动学"，既调动了学生的学习主动性、积极性和创造性，又活跃了课堂气氛，提高了教学效果。

（三）"思维导图"法

这是由英国著名心理学家、教育学家东尼·博赞(Tony Buzan)提出的一种将思维形象化的方法。将此法运用于课堂教学，就是运用图文并重的技巧，把所授内容的各级主题的关系用相互隶属与相关的层级图表现出来，帮助学生厘清知识结构的内在逻辑关系，一目了然地理解记忆与消化吸收。譬如讲述"人民军队发展历程"时，我们运用思维导图法，以"三化"为纵轴，以历史发展期为横轴，分期分区以人民军队建设的突出特征、战略目标或发展成就为主题构架思维逻辑关系导图（详见下图），帮助学生更好地了解、掌握90余年来中国人民军队由弱到强、由"小米加步枪""万国牌"到"正规化、现代化""革命化"贯穿各个时期的发展历程和创建"世界一流军队"奋斗目标，从而增强学生的拥军爱军意识。

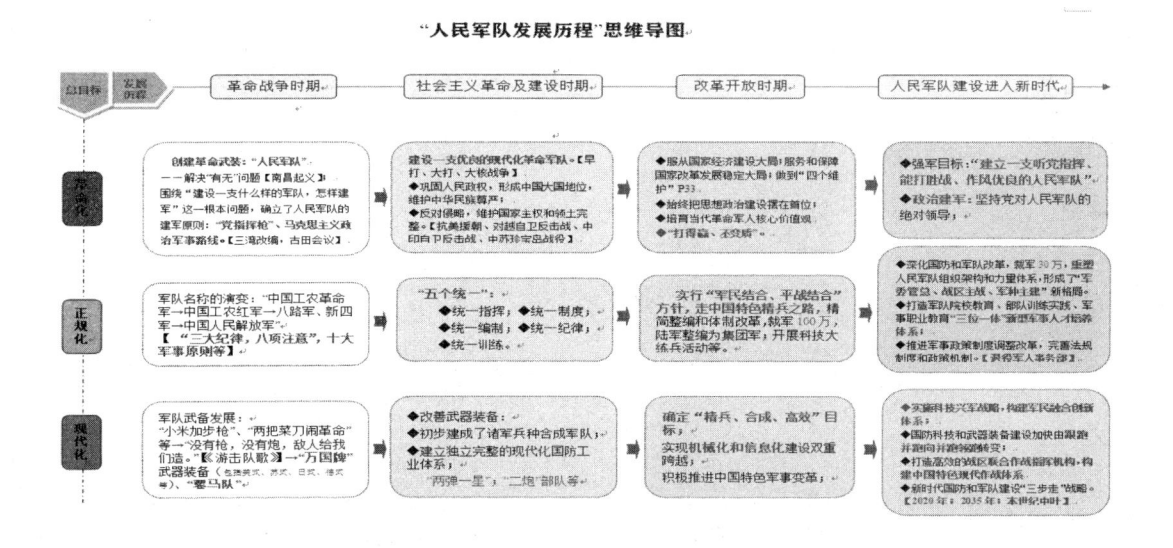

"人民军队发展历程"思维导图

(四)"拓展延伸"法

就是根据教学内容的知识性特征，以拓展补充相关资料、延伸学习启发等方式，深化学生对所授内容的认知。譬如"军民融合"教学模块，尽管是一个教学重点却涉及的内容极少，仅粗略地列举了含有"军民融合"意蕴的相关法律条文以及党的十八大、十九大关于"军民融合"的重要论述和重大决策。对什么是"军民融合"、我国为什么将军民融合发展上升为国家战略、军民融合对我国国防和军队现代化建设有什么重要意义、国际上有哪些典型案例，这些基本问题需要授课教师拓展延伸相关知识，由浅入深地阐释清楚，才能让学生真正弄懂悟透"军民融合"这一重大战略举措。又如讲述"公民的国防义务"时，教材以法律条文的形式列举了公民必须履行的七项义务，但对公民为什么要履行国防义务尚未涉及。这恰恰又是大学生所质疑的一个常见问题，亟须解答。对此，我们帮助学生延伸学习：鸦片战争前后的清朝，得益于"八旗绿营兵"的"虎狼之师"而立国，"康乾盛世"，国泰民安；也因其营务废弛、军纪荡然，"国防不固、军队不精"而沦为半殖民地半封建社会，国将不国，民不聊生。据此演绎了国防的盛衰强弱与公民个人命运息息相关的深刻哲理，从而增强了学生的国防意识和深化了他们履行国防义务的行动自觉。

附　录：大学生教育管理工作的自创制度成果

二级院部辅导员管理暂行规定

第一条　为了加强本院部学工队伍建设，规范言行举止，提高办事效能，推动学生管理工作水平向高层次、高品位、高质量发展，根据《普通高等学校辅导员队伍建设规定》（教育部第43号令）以及学校关于辅导员队伍建设的相关管理要求，结合本院部实际情况，特制定本暂行规定。

第二条　辅导员必须恪守"爱国守法、敬业爱生、育人为本、终身学习、为人师表"的职业守则，切实履行"思想理论教育和价值引领、党团和班级建设、学风建设、学生日常事务管理、心理健康教育与咨询工作、网络思想政治教育、校园危机事件应对、职业规划与就业创业指导、理论和实践研究"九大工作职责。

第三条　辅导员必须坚持以学生为中心的教育理念，关心、关怀、关爱学生，与学生打成一片，努力成为学生成长成才的人生导师和健康生活的知心朋友。

第四条　辅导员应自觉服从组织安排，无条件地接受党总支书记（副书记）和院长所安排的各项工作任务，包括辅导员职责范围内的工作、兼任的事务性工作和临时交办的工作等。

第五条　辅导员必须按照学校规定的要求进行坐班。为了便于及时处理学生请假、咨询等日常管理工作，辅导员须每日按照学校正常作息时间提前约10分钟到办公室上班（上午8:20/下午1:50），因下寝、下教室等巡查或处理突发事件而未能按时上班，须向副书记发短信告知。坐班期间，辅导员应坚守工作岗位，认真履职，不得随意串岗聊天；因公出差或因私离岗的，须严格履行请假手续，半天及以下的，须通过QQ、微信、短信等方式向书记、副书记请假；一天及以上的，须按学校规定的程序履行书面请假手续，经副书记、书记批准，并安排好工作后方可离岗。

第六条　辅导员实行值班制度，须认真履行值班职责。值班期间，处置学生突发事件，原则上前期以轮值辅导员为主，主要负责统筹协调、现场处置，包括及时报告、救护呼叫、安排陪送学生、车辆安排及登记等工作。当事学生所属辅导员接到轮值辅导员或班主任、副书记（书记）等人的通知后，须第一时间马上赶赴事发现场，及时全面了解情况，并全权接管轮值辅导员处置突发事件的工作职责，负责医院相关处置、及时告知学生父母、临时垫付医药费用等工作，轮值辅导员妥善交接工作后，须全力配合处置。

第七条　辅导员须强化工作档案管理意识，对自己所从事的工作承担材料归档职责。按照"谁负责的事，谁归档"的原则，辅导员每完成一项工作任务或活动后，应及时将相应的工作/活动资料，依据档案管理要求，分类整理、归档管理。每年年终，须将自己所从事工作的电子档案材料压缩打包，分别发给副书记、书记留存备查。辅导员对工作档案材料收集整理的完整性、及时性和条理性，作为其年终考核的重要依据之一。

第八条　建立辅导员工作日志检查考核制度。辅导员须对自己每日所做的工作情况、辅导学生情况等进行详细的日志记录。每个季度，党总支副书记须对辅导员的工作日志进行例行检查。凡是工作日志记录简单马虎、杂乱无章，甚至无工作日志的辅导员，酌情由党总支副书记或书记进行谈话提醒。

第九条　辅导员是所带班级学生意识形态工作的直接责任人，负责所带班级学生的QQ、微信等媒体阵地的管理、舆情监管等意识形态工作，确保所带班级具有良好的生态舆情环境；负责密切关注所带班级学生的思想动态、心理情绪等，及时采取各种有效措施，处置不当舆情，应对非政府组织、宗教组织、邪教势力、境内外敌对势力对学生的思想渗透等工作。

辅导员应承担各自直管工作领域的新闻宣传职责，按照"谁直管、谁负责、谁宣传"的原则，自觉自主地撰写新闻稿，大力宣传推介自己直管工作情况，并对新闻信息内容的政治性、合法性与合理性承担直接责任。

第十条　辅导员必须保持24小时手机畅通，做到"随叫随通"。确因特殊情况未能接通的，辅导员发现后需第一时间马上回电。凡是超过半天时间未能及时回电的，酌情由副书记或书记进行严肃批评教育；屡教不改的，按旷岗论处，记入月考勤记录，报备组织人事处。凡是故意不接电话或者电话长期处于静音状态，由此误事的，问责当事辅导员。

第十一条　辅导员须加强所带班级学生的日常管理，每周至少进行2次学风督查，了解掌握学生上课出勤、学习纪律等情况，及时处置学生迟到、早退、旷课等违纪行为。经常深入学生宿舍了解情况，按照"学习型、生态型、和谐型"宿舍建设要求，督查、督办学生宿舍卫生、文化建设等情况。

第十二条　辅导员需通过定期或不定期召开所带学生大会、班干部会议、主题班会，以及经常性地与学生谈心谈话等方式，及时了解掌握所带学生，尤其是家困生、心困生、学困生的思想动态、心理状况等等，并记录在册，及时做好困难帮扶、心理纾解、平复情绪，化解矛盾等思想政治工作。

第十三条　辅导员应加强"三风"建设，与班主任、任课教师建立长期的工作联系制度，及时了解掌握所带班级班风及学生学风、作风、考风等情况，坚持问题导向，列出问题清单，切实采取有效措施，及时整改，推进班级建设及"三风"建设良性发展。

第十四条　辅导员应不断提高自身综合素质和能力，积极参加校内外组织的各类培训、辅导员素质能力大赛、技能竞赛等活动；积极指导学生参加"挑战杯""黄炎培职业能力大赛""互联网+"等竞赛活动并出高质量作品；积极参加学生工作处（部）、团委及院部召开的相应会议或组织开展的活动，如确有特殊情况不能参加，应提前向主办部门请假说明。

第十五条　辅导员要高度重视加强学生维稳工作，树立"生命至上、安全第一""学生安全无小事"的工作理念，做到学生安全教育警钟长鸣，时刻关注学生中的异常情况，对学生学习、生活、活动中存在的安全隐患，要防微杜渐，做到"早预测、早发现、早报告、早控制"。对出现的突发事件和存在的突出问题要在第一时间内向相关领导报告，竭尽所能地及时妥善处置。

第十六条　辅导员要严格遵守逐级汇报制度，按照工作要求和程序，定期或不定期地向分管学生工作的副书记汇报日常工作开展情况，对存在的问题提出合理化建议。绝不搞越级汇报。

第十七条　辅导员做事须雷厉风行、积极作为，按照"今日事今日毕"的原则，开拓创新，按时高效地完成各项承担的工作任务。坚决反对"遇事过夜""等两天"等拖沓、推延懒惰思想，由此造成工作滞后、事情延误的，由当事人自行承担一切后果。

第十八条　建立辅导员学情研判会议制度。为了确保会议的实效性，辅导员须会前认真做好调查研究，客观全面地了解掌握某一时期所带班级学生的真实"学情"，会议研判中能较准确地找到主要问题和关键点，并提出合理化、建设性的意见建议或解决措施。

第十九条　辅导员要做好职业生涯规划，加强职业化、专业化建设。树立"本领恐慌"危机意识，强化理论武装，坚持以学促工、以工带研、以研促工，工研学结合，立足工作岗位搞科研，力争每学年至少撰写1篇调研报告或论文，并在公开刊物上发表；积极申报或参与省、市、校级相关科研项目，不断提高自身理论素养和业务能力。

第二十条　辅导员要秉承集体主义、团队精神，坚持分工协作原则，既要独立自主、独当一面地做好"分内事"，又要相互支持、相互帮助、团结合作，共同完成某些工作任务。坚决反对"自扫门前雪""事不关己高高挂起"的个人利己主义思想和行为。

第二十一条　辅导员要牢固树立法纪意识，坚守纪律底线，严于律己、廉洁自律，绝不利用职务之便牟取私利，徇私枉法，擅自接受学生及家长的宴请吃喝，接收学生及家长的财物、土特产品等。

第二十二条　实行辅导员工作责任追究制和重大失误考核"一票否决"制，一旦出现问题，年度考核即评为"不合格"等级。

第二十三条　学生管理工作办公室协助学生处、副书记及相关职能部门，做好辅导员的日常管理工作的考勤考核，并登记在册，作为辅导员年度考核、评优评先的重要依据。

第二十四条　本暂行规定经院部党政联席会议审核同意，自公布之日起试行。

第二十五条　本暂行规定由学生管理工作办公室负责解释，本暂行规定与上级文件要求不一致或相抵触时，以上级文件规定为准。

"主席治会"管理暂行规定

第一章 总则

第一条 推行"主席治会"旨在充分发挥学生干部的主观能动性，最大限度地调动学生干部的积极性、主动性和创造性，在学生管理工作办公室（以下简称"学工办"）的统筹协调以及分管辅导员的指导下，自觉自主地"学习、管理、做学生工作"，实现学生干部的自我教育、自我管理、自我服务、自我监督，共同推动院部学生管理工作开创新局面。

第二条 "主席治会"是指实施执行主席领导下的主席团成员分工合作制，执行主席和副主席各司其职、各负其责，共同治理学生分会。执行主席是治理学生分会的领导者、统筹协调者，承担学生分会事务管理的主体责任，副主席及其管辖下的部门负责人是学生分会治理的执行者、实施者、组织者，承担学生分会事务管理的直接责任。

第三条 "主席治会"实行宣誓践诺制度，主席团成员履职前必须履行就职宣誓仪式。就职誓词为：我宣誓：忠于组织、团结同事、服务同学，以治理好"大学生会"为己任，恪尽职守、认真履职，率先垂范、乐于奉献、攻坚克难、积极作为，为推动学生干部"四自"管理和创建优秀学生分会砥砺奋进、笃行致远。

第四条 执行主席团结带领主席团成员在治会过程中须充分发挥各自的聪明才智，理顺、协调、畅通好主席团与辅导员之间、主席团各成员之间、主席团与各部门之间、主席团与各班委之间的各种关系，通过平等、合作、互动的方式，实现"辅导员、主席团、部门、班委"之间的良性互动，规范与治理好"大学生会"，实现学生管理工作效能的最大化。

第二章 主要职责与素质能力

第五条 为了充分发挥执行主席的参谋助手作用，其应承担以下主要职责：

（一）负责学生分会的全面工作，对学生分会所有工作负责；

（二）认真履行好上传下达、统筹协调、安排部署、督查督办等职能；

（三）指导、支持副主席工作，团结带领主席团成员，齐心协力，高质量做好学生分会各项工作；

（四）积极发挥桥梁纽带作用，沟通协调好"学工办"、辅导员、学生分会各部门及班委等之间的各种关系，使其良性发展；

（五）积极开展调查研究，摸清学情，开展研判，集思广益，提出有效对策；

（六）协助辅导员及时处理各种学生突发事件和舆情事件；

（七）引领和推动学生干部"自我教育、自我管理、自我服务、自我监督"。

第六条 要实现良好的治会效果，执行主席应具备如下素质能力：

（一）具有较强的思想政治素质，品行端正，学习态度和行为习惯好，能模范地遵纪守规；

（二）具有较强的学习领悟、组织管理、沟通交流、语言表达、统筹协调等能力；

（三）具有较强的执行力，做事雷厉风行、不折不扣、不拖拉推诿；能讲究工作方式方法，积极发挥团队力量高效完成任务；

（四）具有较强的服务意识、大局意识和奉献精神，与同学们打成一片，能吃亏吃苦；

（五）具有较强的责任心和使命感，敢抓敢管，工作积极，主动想事、谋事、干事；

（六）具有端正的学习工作态度，认真钻研专业、工作业务和政治理论等知识，做到工作学习两不误。

第七条 为了打通"最后一公里"，督促班长及团支书认真履职，提高学生管理工作效能，主席团须切实执行班长及团支书履职考核制度与约谈"落后班级"班长及团支书制度。

（一）主席团每周须结合各班级综合量化考核情况，对班长及团支书的上传下达、贯彻执行、督查督办等履职情况进行实事求是的考核，由执行主席填报《各班班长／团支书第×周工作履职状况台账管理一览表》，并分别向分管辅导员和"学工办"副主任报告。

（二）根据各班级综合量化考核结果，依据《约谈"落后班级"班长及团支书的实施意见》，由执行主席负责牵头，其他主席团成员共同参加，开展约谈工作，弄清管理滞后原因，提出改进意见，责令其限期整改。

第三章 选拔、管理与培养

第八条 主席团成员的选拔任用由"学工办"统筹，分管学生分会的辅导员具体执行负责，通过个人申请、资格审查、竞聘演讲、谈心谈话、民主测评、座谈了解、平时观察、工作表现等程序与环节，综合考查后，由"学工办"共同研究商讨拟任名单，经院部党政联席会议研究确定，公示无异议后，在当年学生分会换届大会上正式公布任命。

第九条 主席团成员各自分管的部门负责人，原则上由分管辅导员与原主席团成员通过个人申请、谈心谈话、民主测评、平时观察、工作表现等程序与环节的综合考查，共同商定拟任名单，并经"学工办"审核，院部党政联席会议研究确定，公示无异议后，在当年学生分会换届大会上正式公布任命。

第十条 "主席治会"须每周定期由执行主席组织召开至少1次主席团成员会议，听取主席团各成员的周工作汇报，共同商议：

（一）学生分会的治理情况；

（二）回顾总结上周贯彻执行院部"学工办"或上级学生会安排部署的工作任务完成情况；

（三）院部各班级"班长治班""舍长治寝"等情况；

（四）安排布置本周工作任务及其要求、完成的时间节点等；

（五）其他管理工作情况。

第十一条 副主席应根据岗位职责及工作分工，每周定期组织召开至少1次分管部门会议，听取部门负责人的周工作汇报，共同商议：

（一）周工作完成情况及其工作困难、难点和存在的主要问题；

（二）提出工作改进的对策与建议；

（三）安排布置本周工作任务及其要求、完成的时间节点等；

（四）部门其他工作情况。

第十二条 根据工作需要，每周应定期由学生分会主席团成员轮流组织召开1次由各班长、团支书及学生分会干部参加的工作例会。本着"精简、高效"的原则，周例会召开的主要议程为：

（一）各副主席需向大会报告各自分管的上周工作完成情况、存在的主要不足及其整改措施与努力方向；

（二）轮值主席或副主席做本周的工作安排部署；

（三）执行主席总结周工作情况，指出不足，提出工作要求。

第十三条 为了指导主席团成员有效开展工作，督促学生干部认真履职，实行"四层级联系指导帮扶制"：

（一）第一层级：党总支副书记联系指导学生分会执行主席，辅导员分工联系指导学生分会副主席，定期或不定期听取汇报、指导协调、鼓励督促、批评教育；

（二）第二层级：学生分会主席团分工联系帮扶本会的各部门部长及其成员，统筹协调、上传下达、督查督办；

（三）第三层级：学生分会各部门分工联系帮扶各班长及其班委成员，统筹协调、上传下达、督查督办、整改落实；

（四）第四层级：各班班委成员分工联系帮扶本班4—5名学生，了解情况、监管掌控、管理引导、及时反馈。

第十四条 "学工办"须加强对学生干部的业务指导与训练、能力培养与品行锤炼等，不断提高学生干部的"四自"管理能力，不断提高班长治班、主席治会的效能。

（一）加强学生干部理论修养，解决"本领恐慌"问题。"学工办"须将学生分会干部、各班委成员纳入"先锋"理论学习小组、青年大学习、青马培训班等，以科学理论武装头脑，学以致用、锤炼品性、提升能力。"先锋"学会负责规划编录每期的理论学习内容与范围，并由"学工办"副主任审定后实施；负责对各"先锋"理论小组的学习情况进行考勤考核。

（二）加强调查研究，根据学生干部治理班级和学生分会的实际情况以及在工作实践中所出现的能力短板等问题，每学年统筹安排举办1—2期学生干部培训班，提升他们的工作业务能力。

第十五条 主席团成员应主动每月定期或不定期分别与联系指导帮扶辅导员进行沟通交流，反映心理困惑、管理困境与工作难点等，共同探讨学生管理相关问题。

第十六条 为了确保"联系指导帮扶制"的实效性，推动主席团成员快速成才，负责联系指导帮扶的辅导员须认真履行以下职责：

（一）每月定期或不定期地倾听被联系指导对象的心理困惑、管理困境及工作难点等。

（二）耐心、有针对性地帮助被联系指导对象解析原因、解疑释惑与鼓励鞭策。

第十七条 分管学生分会辅导员或工作分工负责的辅导员应定期或不定期听取主席团相关成员或学生分会相关部门人员的工作汇报，并进行认真细致的工作业务指导。

第十八条 联系指导帮扶人员、分管学生分会辅导员或工作分工负责的辅导员应认真听取学生干部的心理困惑、管理困境、工作难点等，记录在册。"学工办"每月须将学生干部所反映的问题与难点作为学情研判会议的重要议题，实行集体讨论研究，形成对策措施。

第四章 附 则

第十九条 本暂行规定由辅导员会议商定，经学生党支部委员会审定后颁布实施。

第二十条 本暂行规定的解释权归属学生管理工作办公室。

"班长治班"管理暂行规定

第一章 总 则

第一条 推行"班长治班"旨在强化班长治理班级的责任心和使命感,明晰其管理职能,自觉承担起治理班级的主体责任,推动班级班风、学风、考风、作风建设良性发展,促推学生自我教育、自我管理、自我服务、自我监督。

第二条 "班长治班",涵盖以下两层基本含义:

(一)实施班长领导下的班委分工合作制,班长及班委成员各司其职、各负其责,共同治理班级。班长是班级治理的"领头雁"、统筹协调者,承担班级事务管理的主体责任,其他班委成员是班级治理的执行者、实施者、组织者,承担班级事务管理的直接责任。

(二)班级治理是指在班级管理教育活动中,充分发挥学生的主体作用,通过班长与班委之间、班委与学生之间、辅导员与班委、学生之间以平等、合作、互动的方式,对班级事务进行规范与管理,实现辅导员、班委、学生之间的良性互动,促进学生在遵纪守规中实现人格健康成长。

第三条 班长治班实行宣誓践诺制度,班长履职前必须进行就职宣誓仪式。班长就职誓词:作为一班之长,我宣誓:忠于组织、团结班委、服务同学,以治好班级为己任,恪尽职守、认真履职,率先垂范、乐于奉献,攻坚克难、积极作为,为推动学生"四自"管理和创建优秀班集体砥砺奋进、笃行致远。

第二章 主要职责与素能要求

第四条 班长治班,须充分发挥班长对班主任、辅导员的助手与参谋作用,其须承担以下主要职责:

(一)负责班级的全面工作,对班级所有工作负责;

(二)每周定期或不定期组织召开1次班委会议,上传下达、安排部署、统筹协调班级各项工作;

(三)率先垂范、团结带领班委成员,齐心协力抓好班级班风、学风、考风、作风建设;

(四)指导、支持其他班委成员的工作,督查督办,落实每项工作,并保质保量完成;

(五)发挥桥梁纽带作用,积极做好辅导员、班主任、学生之间的沟通协调工作,促使师生关系良性发展；

（六）采取各种方式积极开展调查研究，摸清班情，及时掌握班级学生心理、思想、去向、舆情等动态情况；不定期组织班委开展班情研判，集思广益，提出有效对策；

（七）加强班级学生意识形态监管工作，发现问题，第一时间向辅导员或班主任报告，及时处理班上出现的突发性事件；

（八）指导、引领和推动班级学生"自我教育、自我管理、自我服务、自我监督"。

第五条 班长治班成败的关键取决于班长的素质与能力。要实现良好的治班效果，班长应具备如下素能：

（一）具有较强的思想政治素质，品行端正，学习态度和行为习惯好，能模范地遵纪守规；

（二）具有较强的学习领悟、组织管理、沟通交流、语言表达、统筹协调等能力；

（三）具有较强的执行力，做事雷厉风行、不折不扣、不拖拉推诿；能讲究工作方式方法，积极发挥团队力量高效完成任务；

（四）具有较强的服务意识、大局意识和奉献精神，与同学们打成一片，能吃亏吃苦；

（五）具有较强的责任心和使命感，敢抓敢管，工作积极，主动想事、谋事、干事；

（六）具有端正的学习工作态度，认真钻研专业、工作业务和政治理论等知识，做到工作学习两不误。

第三章 选拔、管理与培养

第六条 选拔一个合格的班长，是"班长治班"有效运行的关键。辅导员、班主任须采取查阅学生档案、调查过往经历、观察现实表现、了解民意基础等方式，结合第五条班长素能标准要求，全面客观地考查班长人选。班长被正式任用前，应设置1—2个月的试用期。

第七条 班长治班需要一个团结合作、战斗有力、奋发有为的团队。从有利于团结战斗、担当作为出发，班长可以自行组建班委会，也可以通过竞选，或推荐（自荐）与学生选举相结合的方式组建班委会。无论以何种方式组建班委会，其中团支书、学习委员的人选须充分征求辅导员、班主任意见并得到他们的肯定与认可。

第八条 班长须不断提高班委成员的治班能力，团结带领班委成员开拓创新、积极作为，不断提高治班效能。班长须自觉参加利用"先锋"理论小组、青马培训班、青年大学习、学习强国等载体平台，不断提升政治理论素养，学思践悟、学以致用，内化为治班能力。

第九条 为了提高班长的治班能力，促推班级学生"四自"管理水平，辅导员、班主任须定期（1次/两周）或不定期地召开所带班级班长会议或者一对一式地谈心谈话，对班长治班进行业务指导和价值引领，帮助班长解决治班过程中所遇到的管理困境、工作难

点、精神懈怠与心理困惑等问题，不断提升班长治班能力，提振其工作的"精、气、神"。

第十条 学工办应每月分年级组织召开1次班长"治班"与学情研判会议，解剖麻雀，了解掌握情况，列出问题清单，研究制定对策；评估班长"治班"效能，提出改进方向。

第十一条 为提高治班效能，班长可以采取"分类分层管理、班委联系帮扶制"等方式，依思想政治表现、活动参与度、学习态度等参照标准，按照"三分法"方式，将本班同学分类划分为"进步学生、游离学生、落后学生"，分类精准施策，联系帮扶改进，提升学生的"四自"管理能力。

第十二条 班长治班应考虑半年的适用入轨期。在此期间，负责指导学生分会的辅导员须利用周例会时间对班长治班开展业务指导和思想价值引领。入轨后，应有针对性地进行不定期业务指导。

第十三条 为了提升班长的威望，增强班长的责任心，班长实行聘任制，聘期原则上为一年，由学工办统一组织召开班长聘任大会，颁发聘书。班长履职年度考核合格者，可以续聘一年。年度考核不合格者或聘任期间履职不力者，及时解聘并向院部全体学生公开通报。

第十四条 班长治班须每周定期或不定期召开班委会议进行议事决事、统筹协调、上传下达、安排部署等。班委会议由班长召集，实行民主集中制原则，议事内容一般为：（一）回顾总结上周班务完成的基本情况；（二）近期治班中所存在的主要问题及整改方向与措施；（三）根据学工例会精神，安排部署本周工作，并责任到人，分别由相应的班委成员领取工作任务；（四）听取班委成员的意见，积极吸取，达成共同决议。

第十五条 各班班长组织召开的每次班委会议均须认真做好议事记录，以备查。学生分会办公室须定期检查各班班委会议召开情况与记录登记本。对班委会议召开不及时、不认真、敷衍塞责的班长，学生分会主席团须对其进行约谈警醒。

第四章 考核及运用

第十六条 学生工作管理办公室（简称"学工办"）每学年须对各班班长的履职情况进行考查考核。其结果，直接作为班长聘任或解聘的重要依据。院部学工办将以正式行文的方式向全院发布班长的聘任或解聘情况。

第十七条 学生分会执行主席协同主席团成员每周须对班长参会、上传下达、贯彻执行、督查督办等履职情况进行过程考核。负责指导学生分会的辅导员须根据周考核情况，及时对"落后"班长进行谈心谈话，了解情况，指导工作，或开展提醒谈话、批评教育。

第十八条 班长在治班过程中因履职或执行不力造成本班每周的班级综合量化考核成绩相当低且居于同年级考核后三名的，将酌情由主席团→辅导员→副书记逐级深化诫勉约谈。由副书记诫勉约谈的班长，取消其当年的评优评先资格。诫勉谈话后，仍我行我素、屡教不改的班长，将被解聘并全院通报，且责令辅导员重新改选班长。

第五章　附　则

第十九条 本暂行规定由辅导员会议商定，经学生党支部委员会审定后颁布实施。

第二十条 该暂行规定的解释权归属学生工作管理办公室。

"舍长治寝"管理暂行规定

第一条 舍长治寝旨在增强寝室长治理寝室的责任心，以主人翁的姿态主动承担起治理寝室的直接责任，推动室友自我教育、自我管理、自我服务、自我监督，团结带领全体室友争创"学习型、和谐型、生态型"（以下简称"三型"）文明宿舍。

第二条 寝室长原则上由室友共同推选，也可以由各班班委共同商讨，酌情确定。寝室长确定后，须向学生管理工作办公室（以下简称"学工办"）报备。

第三条 寝室长在治理寝室实践中既是管理者，又是信息员。寝室长应具有为室友服务的意识与自主治寝的自觉性；应了解知悉本室友的思想动态、心理、情感、家庭状况等基本信息。

第四条 为了更好履行舍长治寝职能，寝室长须具备以下条件：

（一）思想表现好，具有较强的责任心和集体荣辱感；

（二）组织纪律性强，自觉遵规守纪，没有受到任何的纪律处分；

（三）组织协调能力较强，具有较强的语言表达能力，善于沟通协调，能够做到室友间团结友爱；

（四）个人行为习惯较好，具有较强的担当精神，不计个人得失，乐于助人。

第五条 寝室长作为一寝之长，应承担起管理本宿舍安全、卫生、内务、公物、就寝纪律等重要职责。其主要职责如下：

（一）带头自觉遵守学校宿舍管理规定，带头养成良好的生活习惯，督促本室友严格遵守各项规定，杜绝发生打架斗殴等现象。

（二）带头并督促室友成员轮流清扫宿舍卫生、处理生活垃圾，认真做好宿舍及各自床上的内务整理，节水节电、爱护公物；自觉抵制饲养宠物等违规行为，保持室内及楼内公共卫生场所的卫生清洁，团结室友共建"三型"文明宿舍。

（三）带头并引导室友成员自觉抵制熬夜打电游、玩手机，睡懒觉，"宅"宿舍，等不良习性；带头引领室友成员积极开展各种室外活动，丰富室友生活。

（四）带头并督促室友成员自觉遵守作息制度，每日按时就寝、起床、出操、上课；自觉维护宿舍秩序，按时按点签到，实事求是地考勤本室友晚归、外宿、留宿他人等归宿情况，坚决做到不谎报、不隐报、不瞒报。

（五）带头并督促室友成员自觉遵守宿舍安全管理，坚决抵制使用大功率电器、炊具、管制刀具等违禁物品，绝不在宿舍煮饭炒菜、私拉电线，自觉做到防火防盗防电，规范电线插座摆放；不定期地排查宿舍安全隐患，一旦发现，应及时报告，帮助处理。

（六）负责协调室友成员与宿管老师、班主任、辅导员及院部宿管会的联系。

（七）切实履行信息员职责，做好朋辈辅导。密切关注每一位室友成员的心理情绪变化、思想动态状况等，一旦发现室友的异常言行举动，第一时间报告辅导员或班主任，并设法妥善稳住当事人。

（八）负责管理和保持本室所有的公物和公用设施，如有遗失或损坏，须尽快查出原因，向宿管老师和辅导员报告，以便及时处理。

第六条 宿管会总舍长每周对寝室长的履职情况进行考核。根据考核情况，学工办每学年开展一次"优秀寝室长"评选活动。对履职不力的寝室长，实行"主席团→辅导员→党总支副书记"三级约谈制度，开展鼓励、警醒、批评教育。

第七条 为了推动和提高舍长治寝工作效能，实行"楼栋→楼层→寝室长"三级负责管理制，由宿管会副部长（总舍长）担任楼栋长，宿管会干事担任楼层长。楼栋长对某栋楼中本院部所有宿舍的卫生、安全等管理工作承担领导、监管责任；楼层长对栋楼中的某一层院部宿舍的卫生、安全等管理工作承担督查督办责任；寝室长对所在宿舍的卫生、安全等管理工作承担直接责任。

第八条 实施"三型"文明宿舍示范引领机制，由辅导员自行选择所带班级学生宿舍4—5间，指导、督促寝室长按照"三型"文明宿舍标准打造成好"样本"，典型示范、引领推广。

第九条 宿管会部长负责对楼栋长、楼层长工作的统筹协调、督查督办及其履职情况的检查考核；总舍长负责对寝室长工作的督查督办和履职情况的考核等工作。

第十条 本暂行规定由辅导员会议商定，经学生党支部委员会审定后颁布实施。

第十一条 本暂行规定的解释权归属学生管理工作办公室。

"学情"研判工作会议规则

第一条 为了加强学生管理，以班级为单位，收集、整理各类信息，建立"班情"档案，开展"学情"研判，对纪风、学风、考风、安全稳定、意识形态、心理健康教育等方面进行分析和预测，确定学生管理工作的阶段性目标、重点及方法，有针对性地开展工作，提高工作质量和效率。

第二条 "学情"研判工作会议由党总支副书记负责定期（每月）或不定期组织召开，辅导员、团学宿会主席、副主席及相关班级班长和团支书等成员参加。

第三条 各班班长和团支书负责建立本班级的"班情"档案数据库，包括班级基本信息、日常量化考核情况、特殊学生信息（家庭经济困难、学习困难、心理问题、守纪意识弱等）、外宿晚归、主题班会记录等等。各班的"班情"信息数据电子版须及时上报给辅导员，辅导员须以班为单位，分年级建立"班情"信息档案文件夹。

第四条 "学情"研判工作会议坚持问题导向、民主集中制原则。会议按以下议程开展：

（一）班长/团支书汇报本班级前段时期的基本情况、存在的主要问题，以及针对所出现的问题而采取的主要措施及其效果；

（二）团学宿会主席汇报前段时期团学宿会运行情况、执行情况等方面内容，存在的主要问题，以及针对所出现的问题而采取的主要措施及其效果；

（三）辅导员汇报本院部前段时期学生日常管理中存在的主要问题（事先须开展相应的调研工作），提出解决问题的建议与对策；

（四）党总支副书记在集思广益的民主研析基础上集中各方面的建议与意见，并结合本人对学生日常管理工作的调查研究情况，形成下阶段学生管理工作的目标、重点及方法、举措。

第五条 "学情"研判会须形成工作会议纪要，作为本院部下阶段学生管理工作的重要依据。会议纪要形成后，辅导员须及时下发至各班级，班长须第一时间组织全体班委会成员认真学习，做好集中学习记录，并上交至学工办留存归档。

第六条 "学情"研判会所达成的下阶段学生管理工作的目标和重点、建议及处理方案或举措，各班班委须坚决按时、不折不扣地执行，辅导员须跟踪督查督办，及时反馈信息。对于工作中出现的新情况、新矛盾和新问题，辅导员须形成新的专题材料，提出新的解决建议与对策，提交下次"学情"研判会进一步讨论、研究。

第七条 辅导员负责督查、督办及考核各班"班情"档案的建立情况，以及"学情"

研判会所做决议的执行情况，其结果纳入各班综合量化考核成绩。各班委对"学情"研判会所做决议的执行效果，作为他们评优评先、奖助贷的重要依据之一。

第八条 对"学情"研判会所做决议执行不力者，视不同情况实行惩戒处理。

（一）党总支副书记对"学情"研判会所做决议督查督办不力的辅导员进行谈话、批评教育；屡教不改者，上报党总支书记批评教育；因玩忽职守且造成恶劣影响者，提交党政联席会研究，给予通报批评，且形成专题书面材料报告学生处和分管学生工作的副院长／党委副书记。

（二）辅导员对"学情"研判会所做决议执行不力的各班班长和团支书进行劝诫谈话、批评教育；屡教不改者，上报党总支副书记进行严厉批评教育；因玩忽职守且造成恶劣影响者，上报院部学工办研究决定，给予留用察看或撤职处理。凡是做出撤职处理的，须形成《关于×××同学撤职处理的通报》书面材料，由党总支书记签发，进行张榜公布。

（三）院部学工办对"学情"研判会所做决议执行不力的各班委成员，要求班主任必须改组本班班委会，一经解聘的班委成员，不得评优评先、不得参与奖助贷等评选活动。

第九条 本规则由学生工作管理办公室负责解释。

约谈"落后班级"班长及团支书的实施意见

第一条 为了进一步强化班长、团支书共同管理班级的工作职责，充分调动各班委齐心协力管理班级的主动性、积极性和创造性，切实推动班级"四自"管理水平更上新台阶，特制定本实施意见。

第二条 被约谈的对象是在每周班级综合量化考核成绩中排名倒数1—3名，或者班级综合量化考核扣分相当严重，或者班级管理及"三风"建设长期较差的班级的班长与团支书。

第三条 落后班级班长及团支书被约谈实行三级制。即根据班级管理的落后程度逐一升级约谈：学生分会主席团约谈→辅导员约谈→党总支副书记约谈。

第四条 班级管理中出现以下情形之一者，由学生分会执行主席负责牵头，其他主席团成员协同约谈该班班长及团支书：

（一）首次周班级综合量化考核排名倒数1—3名且成绩低于90分以下的；

（二）连续两次周班级综合量化考核排名倒数1—3名；

（三）周班级综合量化考核成绩中扣分严重，达到10分及以上的；

（四）班级日常管理中，学生违纪违规现象严重，尤其是"三风"建设变差，师生反映强烈的；

（五）与上述情形相当的其他情况。

第五条 班级管理中出现以下情形之一者，由辅导员约谈该班班长及团支书：

（一）连续两次周班级综合量化考核成绩排名均居倒数1—3名且经学生分会主席团约谈而限期整改不到位的；

（二）周班级综合量化考核成绩中扣分较严重，达到15分及以上的；

（三）班级日常管理中，学生违纪违规现象相当严重，尤其是"三风"建设连续两周表现较差，师生反映较强烈的；

（四）与上述情形相当的其他情况。

第六条 班级管理中出现以下情形之一者，由党总支副书记约谈该班班长及团支书。

（一）连续三次周班级综合量化考核成绩排名均居倒数1—3名；

（二）周班级综合量化考核成绩中扣分极其严重，达到20分及以上的；

（三）班级日常管理中，学生违纪违规现象相当严重，尤其是"三风"建设连续两周表现很差，师生反映相当强烈的；

（四）与上述情形相当的其他情况。

第七条 被学生分会主席团约谈的班长及团支书须做出书面情况说明，认真反思班级管理中存在的问题，列出问题清单，提出切实可行的整改措施，限期整改到位。

第八条 被辅导员约谈的班长及团支书，须进行批评与自我批评，从执行力、履职能力等方面深刻反思管理困境与问题，共同提出有针对性的改进措施，并限期整改到位。

第九条 首次被党总支副书记约谈的班长及团支书，须做出深刻的书面责任检讨，并签署限期整改到位的责任承诺书。

被党总支副书记约谈两次及以上的班长及团支书，将取消入党、评优评先、奖助学金评选等资格。同时，辅导员与班主任须共同改组班委会。

第十条 本实施意见自颁布之日生效。

参考文献

一、著作

[1] 毛泽东选集（第二卷）[M]. 北京：人民出版社，1967.

[2] 中共中央文献编辑委员会. 邓小平文选（第3卷）[M]. 北京：人民出版社，1993.

[3] 习近平. 谈治国理政 [M]. 北京：外文出版社，2014.

[4] 中共中央宣传部. 习近平新时代中国特色社会主义思想学习问答 [M]. 北京：学习出版社，人民出版社，2021.

[5] 中共中央宣传部. 习近平新时代中国特色社会主义思想学习提纲 [M]. 北京：学习出版社、人民出版社，2019.

[6] 党的十九大文件汇编 [C]. 北京：党建读物出版社，2017.

[7] 人民日报评论部. 习近平讲故事 [M]. 北京：人民出版社，2017.

[8] 中央党校采访实录编辑室. 习近平的七年知青岁月 [M]. 北京：中共中央党校出版社，2017.

[9] 教育部思想政治工作司组编. 加强和改进大学生思想政治教育重要文献选编（1978—2014）[C]. 北京：知识产权出版社，2015.

[10] 冯刚. 改革开放以来高校思想政治教育发展史 [M]，北京：人民出版社，2018.

[11] 谭小雄. 高职辅导员素质能力建设简论 [M]，长春：吉林大学出版社，2020.

[12] 教育部思想政治工作司. 加强和改进大学生思想政治教育重要文献选编（1978—2008）[C]. 北京：中国人民大学出版社，2008.

二、学术论文

[13] 尤长军. 新媒体时代高职院校学生党员网络党建模式的创新实践 [J]. 辽宁农业职业技术学院学报. 2020(04).

[14] 陈希、周松. "佛系青年"现象的主要特征、成因分析与引导策略 [J]. 河北青年管理干部学院学报，2020（3）.

[15] 杨新武. 新时期下高职院校学生安全教育管理现状及发展方向 [J]. 公关世界，2020(04).

[16] 李正军、陈勇. 习近平学习观的逻辑理路 [J]. 湖南省社会主义学院学报，2020,

118（6）.

[17] 蒋永发、陈树文. 习近平学习思想对新时代大学生培养正确学习观的重要意义 [J]. 湖南广播电视大学学报，2019（02）.

[18] 李会，魏国方. 新媒体时代高职思想政治教育面临的挑战及对策研究 [J]. 产业与科技论坛. 2019(21).

[19] 朱红茹. 大数据视域下高职院校档案信息化管理研究——以南京交通职业技术学院学生技能大赛为例 [J]. 档案与建设，2019(11).

[20] 魏秋彦. 大数据技术在高职院校智慧校园建设中的应用 [J]. 计算机产品与流通，2018(11).

[21] 肖飞."抛头颅、洒热血，早已视等闲"——夏明翰给妻子的信 [J]. 炎黄春秋，2018（11）.

[22] 邹春英、何子谦、何京泽. 新媒体时代高职学生党员思想道德建设研究[J].学理论.2017(02)

[23] 蒋成宣. 新媒体环境下高职院校安全管理探析 [J]. 淮南职业技术学院学报，2017(04).

[24] 徐东. 论夏明翰精神的内涵 [J]. 青年时代，2017（32）.

[25] 武星亮. 增强"三个认同"：高校思想政治理论课教学改革的目标 [J]. 思想理论教育导刊，2016（2）.

[26] 李旭炎. 全面完善大学治理结构 [J]. 教育与职业，2015（4）.

[27] 韩丹. 高校思想政治教育变革中的路径依赖现象及消解——基于教育政策的视角 [J]. 河南社会科学，2011，19（6）.

[28] 习近平. 深入学习中国特色社会主义理论体系，努力掌握马克思主义立场观点方法 [J]. 求是，2010（7）.

[29] 郑敬斌、王立仁. 改革开放以来思想政治教育发展的历史回顾与思考 [J]. 兰州学刊，2011（6）.

[30] 骆郁廷. 改革开放30年来高校思想政治教育的历史发展 [J]. 思想理论教育，2008（19）.

三、政策文件

[31] 国务院关于印发国家职业教育改革实施方案的通知 [Z]，2019年2月13日.

[32] 普通高等学校辅导员队伍建设规定（中华人民共和国教育部令第43号）[Z]，2017年9月21日.

[33] 中共教育部党组. 关于印发《高校思想政治工作质量提升工程实施纲要》的通知 [Z]，2017年12月4日.

[34] 中共中央、国务院.关于进一步加强和改进大学生思想政治教育的意见[Z]，2004年8月26日．

[35] 中国教育改革和发展纲要[Z]，1993年2月13日．

[36] 中共中央关于加强高等学校党的建设的通知[Z]，1990年7月17日．

四、报纸杂志

[37] 习近平．在庆祝中国共产党成立100周年大会上的讲话[N]．人民日报，2021-07-01（1）．

[38] 习近平．在全国脱贫攻坚总结表彰大会上的讲话[N]．人民日报，2021-02-25（1）．

[39] 习近平.在学校思想政治理论课教师座谈会上的讲话[N].人民日报,2019-03-19(1).

[40] 习近平．在纪念五四运动100周年大会上的讲话[N]．人民日报，2019-04-30（1）．

[41] 习近平．在纪念马克思诞辰200周年大会上的讲话[N]．人民日报,2018-05-05.(1)

[42] 习近平．二〇一八年新年贺词[N]．人民日报，2017-12-31（1）．

[43] 习近平．在高校思想政治工作会议上的讲话[N]．人民日报，2016-12-09（1）．

[44] 习近平.在庆祝中国共产党成立95周年大会上的讲话[N].人民日报,2016-07-01(1).

[45] 习近平．在文艺工作座谈会上的讲话[N]．人民日报，2015-10-15（1）．

[46] 习近平．在北京大学师生座谈会上的讲话[N]．人民日报，2014-05-04（1）．

[47] 习近平．在同各界优秀青年代表座谈时的讲话[N]．人民日报，2013-05-04（1）．

[48] 习近平．承前启后继往开来朝着中华民族伟大复兴目标奋勇前进[N]．人民日报，2012-11-30（1）．

五、网络文章

[49] 习近平给中国石油大学（北京）克拉玛依校区毕业生的回信[EB/OL]，http://www.xinhuanet.com/politics/leaders/2020-07/08/c_1126211499.htm，2020年7月8日．

[50] 习近平．坚持中国特色社会主义教育发展道路 培养德智体美劳全面发展的社会主义建设者和接班人[EB/OL]，http://cpc.people.com.cn/n1/2018/0910/c64094-30284598.html，2018-09-10.

[51] 习近平论扶贫工作——十八大以来重要论述摘编[EB/OL]，http://theory.people.com.cn/n/2015/1201/c83855-27877446.html，2015-12-01．

[52] 习近平．在中央党校建校80周年庆祝大会暨2013年春季学期开学典礼上的讲话[EB/OL]，http://cpc.people.com.cn/n/2013/0303/c64094-20656845.html，2013年3月3日．

[53] 习近平．紧紧围绕坚持和发展中国特色社会主义 学习宣传贯彻党的十八大精神[EB/OL]，http://cpc.people.com.cn/n/2012/1119/c64094-19615998-3.html，2012年11月19日．

[54] 2019年全国教育事业发展统计公报[EB/OL]，http://www.moe.gov.cn/jyb_sjzl/sjzl_

fztjgb/202005/t20200520_456751.html，2020-05-20.

[55] 中共中央关于坚持和完善中国特色社会主义制度 推进国家治理体系和治理能力现代化若干重大问题的决定[EB/OL]，http://www.gov.cn/zhengce/2019-11-05/content_5449023.htm，2019-11-05.

[56] 中共中央关于全面深化改革若干重大问题的决定[EB/OL]，http://www.gov.cn/jrzg/2013-11-15/content_2528179.htm，2013-11-15.

[57] 世界读书日，习近平为你讲述他与书的故事[EB/OL]，http://www.xinhuanet.com/politics/2018-04/23/c_1122724592.htm，2018年4月23日.

[58] 习近平总书记的文学情缘[EB/OL]，http://cpc.people.com.cn/n1/2016/1014/c64094-28777430.html，2016年10月14日.

[59] 夏明翰女儿口述一家5名烈士红色故事[EB/OL]，http://news.sina.com.cn/c/sd/2011-05-17/103222478901.shtml，2014-01-13.

[60] 张小娟：扶贫一线永不凋零的格桑花[EB/OL]，http://www.fjnusoft.cn/dx/4291.html，2019-10-16.

[61] 研究员赵亚夫：把论文写在大地上[EB/OL]，http://cpc.people.com.cn/n/2014/0528/c64104-25076932.html，2014-05-28.

后 记

　　寒来暑往，岁月如梭，十余载的辅导员生活一晃而过。回顾过往，青丝由此而褪色，青春为此而多彩！

　　2007年9月，我们满怀信心地步入"湘环"这个绿树成荫、环境优美的校园，开始了我们的高校辅导员生活。一切都是那么新鲜，新的身份地位，新的工作领域，新同事新同学新业态……我们全身心地投入自己的辅导员工作之中，学习积累、丰富自我。一切又是那么苦累，纷繁芜杂的事情，"24小时开机""黑加白"的工作状态，家庭子女的照顾与教育等等，有时使我们筋疲力尽，无所适从。对此，我们彷徨过，迷茫过，萎靡过。

　　但是，领导的指点迷津、亲朋好友的关心开导，使我们重拾信心、重整旗鼓、重破自我，把辅导员工作当作自己的职业与事业，加强思想政治理论学习，充实提升自己的知识结构，拓展自己的视野与思维，从中汲取智慧与力量；加强工作研究，以大学生思想政治教育与管理为研究范畴，以高职学生为研究对象，以文化育人、思想引领、课程育人、实践育人等为研究内容，常思常想，总结反思，提炼观点，形成工作思路、工作经验和工作特色。

　　这本书稿，就是我们平时点滴思考、常年研究所得，是实践工作所获而汇集的成果。为此，我们心情愉悦，顿感收获满满。因为十余载的奋斗，终于"天道酬勤"见了"真章"；十余载的研究思考，终于积沙成塔地有了物质性的思想成果；十余载的工作实践，终于总结，"出彩"地告别了一个"历史阶段"，开启了新征程。

　　回望来时路，我们的成长进步离不开国家与组织的培养，离不开领导的指导、支持与提携，离不开学工团队成员的互助帮扶，离不开亲人的鼎力支持和自身的勤奋努力。值此，我们要衷心感谢那些在工作、学习、生活中给予我们诸多帮助和指导的人。首先，要感谢校党委委员屈中正副校长对该书稿提出了许多富有建设性的意见与建议，并进行了润色、修改等工作；其次，要感谢陈剑旄院长多年来在学习工作及学术研究中予以不断的教诲、鼓励与鞭策，学生处处长石英在项目申报、辅导员素质能力大赛、辅导员年度人物参评等方面给予我们大量的指导与惠助；感谢校党政办公室主任顾裕文、医学院党总支书记刘淑春等领导以及程度、宁高倩、黄静、邹仁芳等同事给予我们工作、学习上的大力支持与帮助。再者，要感谢父母、亲朋对儿女的照顾以及主动分担部分家庭事务，使我们能够抽身出来，专心致志地从事我们的工作和研究。

同时，本书撰写中参考了国内同行专家学者的诸多研究成果，特此说明，并向他们表示由衷的感谢。"理无专在，学无止境"。由于自身学识水平有限，书中肯定有欠缺不当之处，恳请学界同人和广大读者批评指正！